Oráculo da
GRANDE MÃE

*Divinação, Magia e Espiritualidade para
praticantes de Wicca e Bruxaria com os*
ARQUÉTIPOS DA DEUSA

CLAUDINEY PRIETO

Oráculo da GRANDE MÃE

Divinação, Magia e Espiritualidade para praticantes de Wicca e Bruxaria com os
ARQUÉTIPOS DA DEUSA

© Publicado em 2017 pela Editora Alfabeto

Supervisão geral: Edmilson Duran
Revisão: Luciana Papale e Bárbara Cabral Parente
Capa e diagramação: Décio Lopes

DADOS INTERNACIONAIS DE CATALOGAÇÃO NA PUBLICAÇÃO

Prieto, Claudiney

Oráculo da Grande Mãe: Divinação, Magia e Espiritualidade para praticantes de Wicca e Bruxaria com os arquétipos da Deusa / Claudiney Prieto | 3ª edição | São Paulo | Editora Alfabeto, 2022.

ISBN: 978-85-98307-44-2

1. Oráculo 2. Grande Mãe 3. Religião da Deusa 4. I. Título

Todos os direitos reservados, proibida a reprodução total ou parcial por qualquer meio, inclusive internet, sem a expressa autorização por escrito da Editora.

EDITORA ALFABETO
Rua Protocolo, 394 | CEP: 04254-030 | São Paulo/SP
Tel: (11) 2351-4168 | editorial@editoraalfabeto.com.br
Loja Virtual: www.editoraalfabeto.com.br

Sumário

Prefácio 7

1. No Princípio Era a Deusa 9

2. O Oráculo da Grande Mãe 17

   Divinação e o Oráculo da Grande Mãe *20*

   Meditando com as cartas *24*

   Fazendo magia com o Oráculo da Grande Mãe *27*

   Usando velas *32*

   Usando pedras *35*

   Relação das pedras com as Deusas *40*

   Aromas mágicos *42*

   Deusas e suas funções *46*

   Deusas e Elementos *50*

   Criando um altar para a Deusa *51*

   Traçando um círculo mágico *53*

   Destraçando o círculo mágico *55*

   Outras ideias úteis *56*

3. O Significado de Cada Deusa 57

4. Embaralhando e Usando as Cartas 275

   Conhecendo as deusas e se familiarizando com o baralho *276*

   A consagração do oráculo *277*

   A atitude durante a consulta *279*

   Embaralhando as cartas e fazendo a leitura *279*

   Cruzamento de mensagens entre as cartas *281*

5. Métodos de Leituras 283

    Método 1 – uma carta, uma deusa 284

    Método 2 – mente, corpo, espírito 285

    Método 3 – o pentagrama 286

    Método 4 – o caldeirão 287

    Método 5 – os ciclos da vida 288

6. Palavras Finais 289

   Bibliografia 295

   Biografia do Autor 301

Prefácio

O *Oráculo da Grande Mãe* reúne uma deliciosa coleção de imagens do Divino Feminino como uma ferramenta para aprender a conectar-se com as Deusas dos nossos antepassados. Suas cartas são portas que encorajam a aprender sobre o simbolismo e atributos de sessenta Deusas históricas antigas de todo o mundo – de Afrodite a Yemanjá. São portais que nos convidam a experimentar a magia e o simbolismo do passado no momento presente.

Dando ao Sagrado Feminino o seu lugar legítimo em nossas vidas, desvendamos nosso pleno potencial como seres humanos nos dias de hoje. A Deusa sempre esteve conosco, representando forças dentro e fora de nós mesmos ao longo da história da humanidade e em todos os cantos do mundo. Muito antes de seu bisneto Apolo, era Gaia, a Deusa da Terra, quem presidia o famoso Oráculo de Delfos e inspirava e guiava as palavras das sacerdotisas em seu trabalho como profetisas. Na verdade, ao longo da história, Deusas e seus oráculos foram consultados para proporcionar vislumbres em cada enigma humano possível. Da mesma forma, as cartas deste oráculo podem ser usadas hoje para fornecer insights sobre os desafios aparentemente impossíveis de serem transpostos que às vezes enfrentamos, relativos aos dilemas humanos eternos como amor, saúde, prosperidade e felicidade.

O trabalho primoroso de Claudiney Prieto com o Sagrado Feminino nas duas últimas décadas é um testemunho de seu amor

8 | Oráculo da Grande Mãe

e dedicação à Deusa, e com este projeto ele convida você a aprofundar sua própria conexão com ela através de suas muitas faces. As imagens atemporais e poderosas da Deusa que ele selecionou para compor este oráculo irão encorajá-lo a aprender mais sobre o Divino Feminino em diferentes culturas do mundo e suas respectivas histórias.

Você também aprenderá aqui a reconhecer o poder da Deusa através das cores, cristais e fragrâncias naturais, e desenvolverá sua capacidade de entender seus muitos símbolos na medida em que desenvolver habilidades essenciais na visualização, meditação e adivinhação.

Este oráculo em forma de cartas é ao mesmo tempo uma ferramenta poderosa de sabedoria e um mestre descontraído que o ajudará a conectar-se com a Deusa, além de incentivá-lo a viver em paz e harmonia consigo mesmo e com o mundo ao seu redor. Ele abrirá para você portas para uma nova compreensão e percepção de si.

Muitas bênçãos,

Sorita d'Este.
Glastonbury, março de 2017.

SORITA D'ESTE é uma das mais influentes autoras pagãs da atualidade. Ela é fundadora do Covenant of Hekate e proprietária da Avalonia Books. Sorita escreveu e editou mais de 20 livros incluindo *Hekate Liminal Rites, Practical Elemental Magick* e *Wicca Magickal Beginnings*. Atualmente vive e trabalha em Glastonbury, Inglaterra (Reino Unido), terra famosa por suas inúmeras associações místicas com Morgana, Rei Arthur e muitas outras antigas lendas pagãs. Você pode conhecer mais sobre o trabalho de Sorita acessando www.sorita.co.uk.

1

No Princípio Era a Deusa

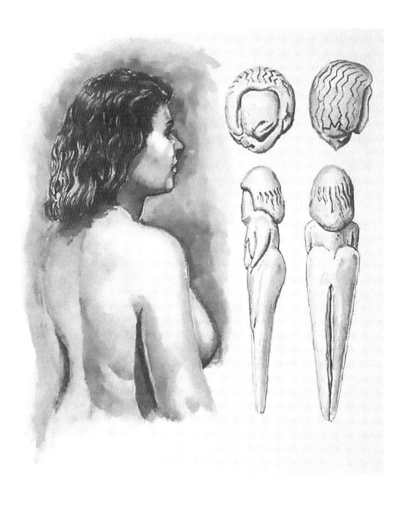

Os primeiros vestígios que demonstram que a primeira divindade cultuada no mundo foi a Deusa datam do Paleolítico, cerca de 20.000 AEC[1]. Ícones religiosos que indicam o culto ao Sagrado Feminino foram encontrados em um vasto território que vai dos Pireneus até a Sibéria. Essas estatuetas foram nomeadas pelos primeiros pesquisadores como Vênus. Assim, cada nova estatueta que surgia ganhava o nome da região onde tinha sido descoberta, tendo o termo "Vênus" acrescido ao seu início. Você já deve ter ouvido falar na Vênus de Laussel, Vênus do Nilo, Vênus de Willendorf. Esses são apenas alguns exemplos dos ícones mais famosos que representam a Grande Mãe do mundo encontrados em sítios arqueológicos.

Para os povos antigos, a Deusa era a fonte de toda vida. E integrava toda a vida em si, inclusive o masculino. Como Deusa da vida, ela era também a Deusa da morte, pois expressa os ciclos ininterruptos da vida. Talvez esta seja a razão pela qual um dos maiores símbolos da Deusa é e sempre foi a Lua, eternamente nascendo e morrendo. Assim como acontece com a Lua, que aparece e desaparece nos céus, a morte não representa a total ausência da vida, mas apenas sua permanência em uma dimensão invisível em caráter transitório. A reencarnação e seus sucessivos ciclos encerram o mistério da corporificação da vida que se torna visível outra vez, como a Lua que nasce, cresce e desaparece, em um ciclo sem fim. Consequentemente, os povos antigos tinham uma visão mais positiva da morte, pois morrer representava retornar ao útero vivo da Deusa. Isso não era algo temível, mas regenerador.

Como a Deusa era a Mãe de tudo, todas as coisas estavam unidas por irmandade. Os animais, seus filhos, eram considerados também sagrados pelas culturas ancestrais. Em muitos casos, eram

---

1. O autor usa as modernas siglas de marcação do tempo com AEC representando Antes da Era Comum e EC para Era Comum, em vez de a.C. e d.C respectivamente.

mais importantes que os homens, pois possuíam habilidades e forças que eles não tinham. Vivendo em perfeita harmonia com o mundo animal, os homens estavam irmanados com esses pequenos seres, que não podiam ser superexplorados, maltratados, abusados e nem eram vistos como inferiores. Eles eram respeitados como membros da mesma família, e se tivessem que ser abatidos, isso era feito em respeito e reverência para alimentar sua família humana e garantir a sobrevivência desta.

A espiritualidade da Deusa entende que a natureza, os animais, os homens, os Deuses e as divindades carregam em si uma parte divina que os equipara e os une. Como filhos da mesma mãe, todos são iguais. Todos são seus representantes. Cada ser humano, cada forma humana e divina, é uma expressão viva da Deusa sobre a Terra e no Universo, que a auxiliam na grande obra da criação em todos os níveis de existência. A natureza e todas as suas manifestações evidenciam a vida da Deusa, e exatamente por isso, seus maiores ícones demonstram uma conexão profunda com ela.

A Terra é o corpo da Deusa. As pedras, seus ossos. Os rios, sua boca. Os mares e oceanos, seus olhos. A vegetação sempre crescente, seus cabelos. As estrelas brilhantes do céu são o seu colar de diamantes, cuja pérola é a Lua. Assim, ela é não só a Senhora da Terra, mas também dos céus. Seu corpo abarca todo o universo.

A morte, a vida e o renascimento também podem ser percebidos nos ciclos de plantio e colheita. Desta forma, após ter sido identificada como a Senhora dos Animais, a Deusa também incorporou os aspectos de divindade das colheitas e ciclos sazonais. Aqui ela assumiu o papel de Deusa da vegetação e guardiã das sementes e do mistério que faz brotar a vida de dentro da Terra, sendo capaz de nutrir seus filhos humanos e animais.

No período Neolítico tardio, surgem as primeiras imagens da Deusa sendo representada não somente como uma divindade individual, mas bipartida, trazendo primeiro as representações da

Deusa e sua filha e posteriormente a Deusa e um Deus, que pode ser visto tanto como seu filho quanto consorte. Essa divisão inicial ganha ainda mais vida na Era do Bronze, em que o masculino é definitivamente simbolizado como uma força externa à Deusa, com vida e atuações próprias que se entrelaçam com as dela em dados momentos. É neste período que o culto à Deusa atinge seu apogeu por meio da história de cinco regiões que têm na imagem da Grande Mãe sua maior referência religiosa: Suméria, Anatólia, Canaã, Egito e a Civilização Minoica.

Das cinco culturas, a minoica se destaca por demonstrar uma Deusa herdeira da Grande Mãe do Neolítico como senhora da Terra, dos céus, do Submundo e dos animais. Porém, essa Deusa traz um elemento iconográfico distinto alheio às representações neolíticas do sagrado feminino: o machado de fio duplo, um antigo instrumento de sacrifício para touros.

Touros e outros animais de chifres são a representação iconográfica da figura do Deus, o princípio masculino. As representações encontradas em Micenas indicam que somente as sacerdotisas podiam carregar um Labrys, o machado de fio duplo. Assim, por meio dessa simbologia, torna-se claro que, ainda que o touro represente a vida concreta, são as mulheres que têm a capacidade de dar e tirar a vida. A morte do touro representa o retorno do Deus ao ventre da Deusa, para renovar suas energias e renascer novamente mais novo e em pleno vigor. Traços dessa simbologia poderosa minoica sobrevivem mesmo depois que o culto à Deusa foi corrompido para dar lugar a uma sociedade patriarcal e marcial. O labirinto do Minotauro e a peça teatral Oréstia nos mostram como a iconografia da Deusa sobreviveu nas regiões do Mediterrâneo em meio à opressão do patriarcado, por exemplo.

Durante algum tempo, Deusa e Deus conviveram de forma equilibrada atuando como parceiros. Porém, no final da Era do Bronze e início da Era do Ferro, uma mudança radical de poderes se dá, e o Deus, filho e consorte da Deusa, é elevado ao posto de divindade predominante e se torna o pai criador. Isso acontece quando os invasores indo-europeus e semíticos eliminam definitivamente a cultura e religião da Deusa, que estava bem estabelecida, e estipulam as bases do patriarcado que chegou até nós por meio da mitologia grega e do poderoso Zeus, ou do Velho Testamento com seu implacável Deus. Note a semelhança entre as palavras Zeus e Deus. Um é a continuidade do outro, e não é de se espantar que ambos punam seus infiéis com tempestades e raios furiosos e representam os céus, inalcansáveis e desconhecidos. Terra e céus se separam irreconciliavelmente, e assim inicia-se à cisão entre a Deusa e o Deus. A divisão entre a matéria e o espírito. A separação entre a vida e a morte. O início da disputa entre a luz e as trevas, dos homens e das mulheres. Essa luta encontraria eco durante milênios e sucessivas eras passando pela marginalização da figura da mulher e a perseguição, durante a inquisição, das bruxas, chegando às lutas das ondas feministas.

Se observarmos com cuidado, perceberemos que essa mudança de paradigma histórica, iniciada na Era do Ferro e repetida ininterruptamente num ciclo sem fim, perdura até os dias de hoje. A morte da Deusa foi sentenciada quando os mitos passam por uma inversão e o Deus, muitas vezes representado por um herói, vence a Deusa transformada em monstro ou triunfa sobre a natureza. O ápice dessa anástrofe encontra-se nos versículos bíblicos em que o Deus judaico-cristão ordena aos homens no Gênesis:

... Enchei a terra, e sujeitai-a; e dominai sobre os peixes do mar e sobre as aves dos céus, e sobre todo animal que se move sobre a terra. (Gênesis 1:28)

A divindade masculina que não concebe a vida e nem com ela se identifica de forma imanente torna-se seu explorador e usurpador. Assim, ele pode assumir um caráter transcendente, além da realidade, transubstancial, além de qualquer representação. O que é real e material, então, não pode ser visto como divino e, consequentemente, passa a ser demonizado, torna-se a fonte do mal.

É nesse mesmo pensamento que são condenados o corpo, o sexo, as diferentes formas de prazer, assim como tudo o que nos faz sentir humanos. As mulheres, herdeiras da Deusa, se tornam para o patriarcado a fonte original do pecado, e são punidas pelo Deus judaico-cristão por proporcionarem aos homens acesso direto à materialidade através da continuidade da vida:

... Multiplicarei grandemente a tua dor, e a tua conceição; com dor darás à luz filhos; e o teu desejo será para o teu marido, e ele te dominará. (Gênesis 3:16)

O Gênesis bíblico marca definitivamente como a figura do feminino passaria a ser vista e interpretada a partir de então pela sociedade patriarcal. A mulher, representada por Eva e criada a partir da costela de Adão, torna-se uma cópia inferior tanto do homem quanto do divino e que, portanto, a ele está sujeita.

A inferiorização da cultura da Deusa, onde a mulher é vista como ser sagrado e representante da Grande Mãe sobre a Terra, desaparece para dar lugar a uma visão da mulher como ser de segunda categoria. Consequentemente, a figura do masculino não somente se afasta do feminino, mas passa a ocupar um lugar superior, acima das mulheres. Na cosmovisão da Deusa, tudo o que é vivo e orgânico é sagrado. O patriarcado cria uma imagem de um Deus pai longínquo, completamente apartado da humanidade, que deve temê-lo e obedecê-lo.

É hora de mudar essa dura realidade com a qual a humanidade tem sofrido por tanto tempo e que tem nos mantido separados da natureza e de toda vida. Recuperar os símbolos e imagens da Deusa, reivindicando seus sagrados nomes e arquétipos poderosos, é vital para o equilíbrio do ser contemporâneo em diferentes níveis. Isso possibilitará uma transformação na consciência mítico-simbólica do ser humano, proporcionando a transformação de nossa aproximação com as forças divinas. É hora de fazermos a transição da transcendência para a imanência em nossa experiência cotidiana com o divino e fazer as pazes com a Deusa oculta e esquecida, mas que traz a cura para a alma de todos nós.

Assim, lançaremos luz em uma forma distinta de vivenciar as experiências do mundo, em que estaremos totalmente apoiado numa estrutura simbólica que nos permite recuperar a harmonia interior e superar os conflitos seculares gerados entre os opostos masculino e feminino, matéria e espírito, homem e mulher, mas, sobretudo, corpo e alma. O eco dessa luta divina e da programação vivida por gerações pautadas no patriarcado tem gerado e fomentado esse sentido de separação entre o corpo e a alma, fazendo com que muitos não tenham uma percepção real de si e de seu papel no mundo.

Em um mundo que vive uma avalanche de preconceitos, intolerâncias e uma onda de conservadorismo como nunca antes vista, a Deusa surge como um bálsamo para a nossa alma e traz esperança para os dias que se seguirão. Por meio dela, faremos as pazes com toda a natureza para vivermos novamente em harmonia com toda a vida.

Agora, a Deusa se eleva das brumas dos tempos para nos lembrar de seu antigo ensinamento que o Deus judaico-cristão subverteu:

... Preservai a terra, e não a sujeitai; e vivei em harmonia com os peixes do mar e as aves dos céus, e com todo animal que se move sobre a terra.

Esse é o nosso legado.

Essa é a nossa esperança.

A Deusa vive em cada um de nós e em cada uma das cartas do oráculo que agora se encontra em suas mãos.

Ouça a Deusa que vive em seu interior e mude para sempre a história da sua vida e do mundo.

2

O Oráculo da Grande Mãe

18 | Oráculo da Grande Mãe

O *Oráculo da Grande Mãe* surgiu como uma maneira lúdica e intuitiva de você se conectar com os múltiplos arquétipos femininos que envolvem o imaginário da religião da Deusa.

De acordo com o dicionário, a palavra *arquétipo* é definida da seguinte maneira:

1. Modelo de seres criados.
2. Padrão, exemplar, modelo, protótipo.
3. Segundo C. G. Jung, são as imagens psíquicas do inconsciente coletivo e patrimônio comum a toda a humanidade.

Assim, os arquétipos são padrões ou "tipos" que se repetem nas diferentes sociedades e que são comuns a todas elas, independentemente de estágio de desenvolvimento ou momento histórico. O arquétipo é, assim, um modelo de ideias da qual diversos exemplos derivam para estabelecer as atitudes de cada indivíduo, da sociedade e até mesmo de todo um sistema. Arquétipos são símbolos universais e primitivos através dos quais estabelecemos uma ponte com dimensões existentes em nós e no universo das quais não somos conscientes. Eles se expressam através de nós por meio dos instintos, das aparências e dos papéis que assumimos na vida. Desta forma, os arquétipos estabelecem muitas vezes a maneira de sermos e atuarmos no mundo, reconhecida a partir do inconsciente coletivo. Todos os que querem viver uma vida plena rumo à totalidade podem usar os arquétipos para obter benefícios incalculáveis, pois através deles podemos expressar aspectos ocultos em nosso mais íntimo Eu ou de nossa própria personalidade.

Diz-se que a força de um arquétipo só pode ser acessada inconscientemente, e que ela se torna consciente por meio de imagens e símbolos que a tornam finalmente consciente, lançando luz em nosso mais profundo Eu e que nos permite vislumbrá-la momentaneamente por meio das experiências que vivenciamos com as meditações, mitos, lendas, sonhos ou quando acessamos estados alterados profundos de consciência.

Os arquétipos da Deusa retratam esses modelos que expressam a força feminina na humanidade em toda a sua história. As imagens da Grande Mãe encontradas nas mitologias da Deusa em todo o mundo são ferramentas vivas de autoconhecimento que se comunicam conosco para enriquecer nossa vida e estimular nosso espírito. Se substituirmos o nome da Deusa e dos diferentes personagens de seus mitos por pessoas de nossa vida nos depararemos com nossas próprias histórias. Em seus mitos, estão registrados os temas que se repetem na vida das mulheres e de todos nós. Em suas lendas, encontramos referências sobre o ciclo menstrual da mulher, o despertar de sua sexualidade, a concepção, o parto, a menopausa, os abusos proporcionados por uma sociedade patriarcal e o resgate da autoestima por meio do acesso à força interior que vive dentro de cada um de nós. Todas essas experiências encontradas em todos os tempos e épocas produzem impactos distintos na vida de homens e mulheres. Quando vivemos esses dramas em nossa existência, estamos reafirmando a teia da vida que nos conecta com a Deusa que vive em nosso interior. Através dos conhecimentos dos arquétipos e mitos da Deusa, resgatamos as diferentes partes de cada um de nós e encontramos explicações para os dilemas vividos em nossas vidas. Cada mito da Deusa traz um arquétipo diferente que se expressa na vida de homens e mulheres e que aprofunda nossa experiência religiosa, espiritual e divina. À luz de um mito da Deusa, partes de nossa personalidade e comportamentos podem ser esclarecidos nos auxiliando a resolver conflitos há muito vividos sem qualquer solução.

As cartas do *Oráculo da Grande Mãe* podem auxiliar você nas diferentes etapas de sua jornada rumo ao autoconhecimento. Nelas você encontrará os arquétipos de sessenta faces da Deusa que vão desde a sábia à donzela, mãe, anciã, nutridora e cruel destruidora, dentre muitas outras. Nos mitos aqui compartilhados, você poderá compreender e resgatar as diferentes partes perdidas do seu ser. Isso se tornará uma ferramenta poderosa no seu processo de busca da totalidade. Cada carta aqui apresentada traz o trabalho de um artista que retratou os mitos da Deusa e do sagrado feminino por meio de pinturas ou estátuas que hoje encontram-se em domínio público. A arte é a maneira que a Deusa tem usado para se expressar ao mundo. Basta olhar desde os caracteres rupestres nas paredes das cavernas às imagens das inúmeras Deusas nas telas da época renascentista para perceber que ela tem se comunicado todo o tempo com os artistas, e a arte tem sido usada há muito para nos aproximar de sua energia.

Este oráculo não é diferente. Cada obra representada nas cartas traz muito mais do que uma mensagem. Traz a força encarnada da Deusa e sua corrente viva de energia, que flui através da forma, das cores e dos símbolos em cada arte aqui retratada e que pode ser por nós acessada e canalizada.

Nas próximas páginas, você aprenderá um pouquinho sobre como tirar melhor proveito desse oráculo que, além de uma fonte de ensinamentos, é uma ferramenta poderosa de divinação, auto-conhecimento e magia.

Divinação e o Oráculo da Grande Mãe

A divinação é a predição de coisas futuras, ocultas ou aquilo que está por vir. Algumas pessoas nascem dotadas com sua percepção psíquica e capacidade extrassensorial desenvolvidas. Para estas, basta fechar os olhos e em instantes os vislumbres do porvir começam a emergir em sua tela mental através de imagens e sensações que se tornam prognósticos. Para esses sensitivos naturais, não há qualquer necessidade de elementos externos para captar

O Oráculo da Grande Mãe | 21

as impressões do futuro. Outros necessitam de objetos materiais para ter acesso a esse conjunto de informações, e podemos perceber que ao longo da história da humanidade esta parece ser a forma mais usada para contemplar o futuro, ou aquilo que muitos chamam de destino. Esses objetos e elementos externos são como ferramentas ou pontes que estabelecem os gatilhos necessários para que a intuição das pessoas possa fluir e assim estabelecer os prognósticos. Jogos de pedras, ossos, conchas e, mais recentemente, cartas têm sido usados por culturas antigas do mundo como forma de divinação. O homem está sempre querendo prever o que vai acontecer, ainda que muitas vezes não possa mudar os fatos, seja pelas circunstâncias ou quaisquer outros motivos. Tem sido assim desde o início dos tempos e parece que não será diferente ainda por muitas gerações.

Em um mundo tão moderno, onde praticamente tudo pode ser previsto através de programas de computador, estatísticas ou pesquisas encomendadas, parece absurdo que o ser humano ainda se valha de ferramentas ocultas para fazer previsões sobre a própria vida. Muitos não se dão conta, mas a divinação não é pura e simplesmente a arte da adivinhação. Ainda que as duas palavras sejam usadas como sinônimos, há uma diferença conceitual profunda entre as duas. Enquanto a arte da adivinhação tem por objetivo adivinhar ou supor fatos, a divinação tem uma natureza muito mais abrangente: ela nos aproxima do divino. O divino e o adivinho foram sempre parte central, integrando o pensamento e a experiência humana do ser. Tem sido assim desde que os primeiros estudiosos dos céus da Babilônia passaram a observar as estrelas e planetas em busca de explicações. Se o que está acima é como o que está abaixo, a Terra é apenas um reflexo dos céus e dos seus acontecimentos.

Ainda que a tecnologia moderna nos dê ferramentas para prever, ela parece não ser tão eficaz ainda em nos fornecer veículos que nos reaproxime do divino. Fora de qualquer contexto religioso e em meio às angústias do mundo mundano, a divinação tem sido a fonte que muitos utilizam para se sentir mais próximos do divino em busca de direcionamentos para seus dilemas. É por isso que as diferentes formas de divinação sempre tiveram, têm e continuarão a ter lugar em qualquer tempo e momento da vida humana, independentemente dos seus avanços científicos e tecnológicos.

Para algumas pessoas do mundo moderno, pautados em dados e investigações científicas, talvez seja difícil compreender essa antiga arte, sem perceber que eles partem de dois pontos de vista completamente distintos. Eles não são opostos, mas complementares. A arte da divinação é anterior a qualquer experiência científica, e é certo dizer que ela foi o primeiro método organizado de investigação de toda a humanidade, dando origem e sendo precursora da ciência moderna. O que é a ciência se não a arte de investigar usando determinados métodos para ter acesso à causa de todas as coisas e alterar o curso de um acontecimento?

Apenas uma coisa separa o método divinatório do método científico: a sincronicidade.

A sincronicidade é um termo largamente usado para representar uma casualidade significativa que afirma que coincidências não existem. Assim, enquanto uma investigação científica envolve a repetição de fatores e parâmetros identificáveis imutáveis, que se pode medir, quantificar e repetir, a ciência divinatória faz da sincronicidade o seu centro. A ciência se baseia na repetição e probabilidades. A divinação, em um ato único que não se repetirá como fonte de informação.

Os oráculos do mundo são ferramentas usadas pelos divinadores para ganhar insight sobre uma questão por meio da sincronicidade e assim acessar a Grande Alma do Mundo, que guarda o conhecimento de todas as eras. A *Anima Mundi* é a alma universal, a alma cósmica que se comunica inconscientemente com todos os seres, desde as estrelas do céu até os animais e plantas da Terra. O *Oráculo da Grande Mãe* é um dos instrumentos que nos possibilita acessar a Alma do Mundo para orientação humana nos dando acesso a conhecimentos arcanos por meio da sincronicidade. Para compreender o fenômeno da divinação através da sincronicidade, basta entender que ainda que o universo possua elementos que agem de maneira independente, há um fio que liga todos nós e que faz com que respondamos de forma sincrônica. Ao retirar uma carta do maço ou colocá-la em uma posição específica na mesa, estamos fazendo isso não de maneira aleatória, mas sob determinadas circunstâncias circunscritas aos questionamentos. E assim, isso recebe um significado simbólico único, através do qual a sincronicidade opera. Aquela carta sairá somente naquele momento, para aquela situação e por isso tem um significado especial único no entendimento de nossa posição em relação ao tema.

As cartas do *Oráculo da Grande Mãe* poderão ajudá-lo a encarar determinados fatos e a encontrar sentido para os acontecimentos que se passam ao seu redor. Cada carta representa um arquétipo que ampliará sua visão e perspectivas sobre os outros e sobre si mesmo, e despertará você para o encontro de diferentes ideias, para a tomada de determinadas decisões ou mudar uma visão engessada sobre temas fechados que precisam de maior reflexão.

A forma divinatória de usar o *Oráculo da Grande Mãe* pode ser tão simples quanto embaralhar as cartas, tirar uma delas e ler a mensagem contida na lâmina, ou ir até a seção que fala um pouco sobre os mitos e símbolos da Deusa em questão e tentar entender o significado disso tudo neste momento de sua vida. Você pode também sofisticar um pouco mais o uso do oráculo, valendo-se dos métodos de tiragem encontrados no final deste livro para questões mais complexas e específicas.

Meditando com as cartas

No imaginário popular, meditar é permanecer em silêncio absoluto sem pensar em nada. No entanto, existem várias formas de meditação que usam imagens visuais. Ao visualizarmos um símbolo, cor ou a imagem de uma deidade em nossa tela mental, acalmamos nossa mente e nos fortalecemos interiormente. Ao contemplarmos tais cenas mergulhamos pronfundamente em nosso eu e podemos responder questões como quem somos, como estamos emocionalmente, qual o propósito de nossa existência e muitas outras questões relevantes. Isso nos ajuda a encontrar a saída para as encruzilhadas da vida, recebendo respostas significativas sobre o que devemos integrar em nós para o nossa evolução pessoal no caminho do autoconhecimento.

As cartas do *Oráculo da Grande Mãe* podem ser usadas como ferramentas auxiliares na arte da meditação. Elas podem nos ajudar a prestar atenção em detalhes que não notamos e trazer à tona arquétipos da Deusa que possam se expressar e se manifestar no presente em nossas vidas. O objetivo do uso das cartas dessa maneira é despertar a voz interior e preencher nossa consciência com imagens da Deusa que possam proporcionar uma mudança de consciência.

Você pode usar as cartas das seguintes formas para meditar sobre determinadas questões:

1) Misture todas as cartas e traga-as para junto do seu coração. Faça uma pergunta simples, como: "O que posso fazer para ter mais coragem?" ou "Como posso despertar o amor próprio?" Feche os olhos e repita profundamente para si mesmo a questão. Tire uma carta do maço. A carta que sair expressa perfeitamente o arquétipo da Deusa que você precisa integrar nesse momento para superar a questão, resolver o problema ou

assimilar um ensinamento. Lembre-se de que o inconsciente carrega as respostas para todas as questões e que ele nunca está errado. Deixe a carta por uma semana em um lugar visível ou sob o seu travesseiro. Deixe esse arquétipo da Deusa se comunicar com você e esteja preparado. Tudo o que você precisa aprender ou integrar virá até você da forma mais inesperada.

2) Sente-se confortavelmente e respire profundamente algumas vezes. Se desejar, acenda um incenso ou vela para aprofundar ainda mais a experiência. Escolha uma carta que represente a Deusa de que mais precisa que esteja próxima a você neste momento, e então, de 3 a 5 minutos, fixe o olhar na imagem da carta. Procure piscar o mínimo possível. Isso vai aprofundar a concentração e o foco da sua experiência. Quando seus olhos cansarem, feche-os e descanse sua visão por alguns instantes e então comece novamente. Ao final, feche os olhos e peça uma resposta. Abra seu coração e mente para os insights.

3) Olhe fixamente para a imagem de uma carta que representa o arquétipo da Grande Mãe que você mais precisa nesse momento. Para a força escolha Durga; para a cura, Brigit; para o amor, Afrodite e assim sucessivamente. Continue olhando todos os detalhes da carta escolhida. Quando tiver conseguido memorizar bem a cena, mentalize a imagem da carta entrando pelo centro de sua cabeça e deixe essa energia se espalhar por todo o seu corpo. Em voz alta, entoe longamente o nome da Deusa como se fosse um mantra. Repita o nome por três vezes e perceba como o som permeia todo o espaço e penetra o seu corpo físico e espiritual. Preste bem atenção como isso altera sua energia pessoal e permaneça nesse êxtase por alguns instantes. Todas as vezes que você sentir que sua energia estiver se desalinhando do seu propósito, volte a esse momento por meio da lembrança e experimente novamente essa sensação divina.

26 | *Oráculo da Grande Mãe*

4) Enquanto medita em algum propósito especial, use a referência visual de uma das cartas do *Oráculo da Grande Mãe* através de um dos arquétipos expressos. Feche os olhos e repita o nome da Deusa por 3 vezes. Então visualize a si mesmo em algum lugar da natureza, como uma floresta, praia, cachoeira, caverna, montanha, etc. e peça para que a Deusa em questão se manifeste. Faça perguntas, peça por respostas e dialogue com ela. Quando estiver terminado, agradeça a Deusa e se despeça, e então repita por 3 vezes o seu nome de nascimento ou seu nome mágico (se você tiver um) e abra os olhos.

5) Retire uma carta do maço e preste atenção em um símbolo ou detalhe que lhe chama mais a atenção nessa carta. Em um dicionário de símbolos, procure pelo significado dele e tente entender por que, dentre tantos detalhes da carta, foi exatamente esse que lhe chamou mais a atenção. Se desejar, reproduza esse símbolo de alguma maneira para ser carregado diariamente com você. Com o passar dos dias, o significado dessa mensagem simbólica será totalmente compreendido.

Essas são algumas formas simples de usar o *Oráculo da Grande Mãe* integrando as cartas e a meditação. Com o tempo, você descobrirá novas formas de usá-lo para o mesmo propósito, ampliando ainda mais sua função como ferramenta meditativa. Ouça a voz da Deusa. Ela estará sempre sussurrando novas formas de uso desse incrível instrumento transformador.

Fazendo magia com o Oráculo da Grande Mãe

As cartas do *Oráculo da Grande Mãe* também podem se transformar em uma poderosa fonte de magia. A magia tem sido definida ao longo de sua história como a arte de alterar os fatos conscientemente. O homem tem usado a magia desde tempos muito antigos. As primeiras práticas mágicas remontam à Era Paleolítica, quando os homens pintavam caracteres rupestres com cenas de caça nas paredes das cavernas para atingir com sucesso o seu alvo: a presa.

A magia em si faz parte de todos os sistemas religiosos e ela será uma experiência pessoal e individual para cada pessoa que praticá-la. Cada pessoa sentirá a magia e seus efeitos de formas amplamente variadas.

É importante ter em mente que a magia trabalha de acordo com as leis físicas e naturais do universo e da vida. Assim sendo, um dos princípios fundamentais da magia reside no fato de que receberemos exatamente o que fizermos. A magia é então nada mais nada menos do que um sistema de causa e efeito. Ela se relaciona à intensificação e à ampliação do desejo e depende do empenho que colocamos para realizar algo ou projetar o nosso desejo em uma direção específica.

A primeira coisa que qualquer pessoa que deseja praticar Magia precisa aprender para ser bem-sucedida é que ela não realiza milagres, muito menos produz efeitos que estejam além de qualquer explicação fundamentada nas leis da física. Por isso, esqueça todas as histórias fantásticas que você um dia ouviu sobre o uso de sortilégios e feitiços. Se você não se empenhar, focar e usar apropriadamente as forças que estarão em movimento durante a realização de qualquer ato mágico, seguramente fracassará em seu objetivo, assim como um doente que não segue à risca as orientações de seu médico não

28 | *Oráculo da Grande Mãe*

irá se curar simplesmente tomando um conjunto de medicamentos. Por isso, antes de qualquer coisa é necessário entender as forças da natureza que residem dentro e fora de você. A força usada na magia é um misto daquela encontrada na natureza e em nós mesmos. As forças mágicas podem ser potencialmente perigosas se forem usadas em excesso, e por isso é importante exercitar e compreendê-las. O primeiro tipo de força com a qual devemos trabalhar é a pessoal. As ferramentas usadas para isso são o uso da meditação, concentração, visualização, exercícios de respiração e consciência. A magia precisa sempre de um propósito específico e claro. Por isso treinar a mente é tão importante. Se você não tiver um pensamento objetivo durante a realização de um feitiço, seu alvo poderá não ser atingido com sucesso.

O encantamento mais simples usando o Oráculo da Deusa poderia ser feito simplesmente elegendo uma Deusa que tenha conexão com aquilo que você deseja trabalhar e colocar a carta no centro de uma mesa com os símbolos dos quatro elementos ao redor da carta: uma pedra para a Terra, um incenso para o Ar, uma vela para o Fogo e um cálice com água para o elemento Água.

Se quiser sofisticar um pouco mais essa técnica, pode prosseguir com a seguinte sequência enquanto medita sobre o seu desejo:

Concentração

Concentrar-se significa focar sua atenção para aquilo que deseja. Repetir para si mesmo mentalmente quais são os seus propósitos é uma boa maneira de estabelecer sua concentração.

Respire profundamente por 3 vezes. A cada respiração, permita que o seu corpo fique mais leve, sem tensões.

Relaxe todos os seus músculos e respire profundamente por 3 vezes mais.

Enquanto respira, perceba o ar entrando e saindo dos seus pulmões.

Repita mentalmente aquilo que deseja. Continue repetindo até perceber que está totalmente focado em seu desejo. Deixe esse pensamento se fixar em sua mente. Sinta o quanto a realização do seu desejo é importante para você. Continue assim até não conseguir pensar em mais nada além do seu objetivo. Respire profundamente mais 3 vezes e passe para o exercício seguinte.

Visualização

A visualização é uma prática importantíssima.

Visualizar é deixar que o olho da sua mente, ou seja, a sua imaginação, crie cenas mentais relacionadas aos seus objetivos. É importante visualizar exatamente aquilo que você deseja em pormenores, sem deixar escapar qualquer detalhe.

Feche os olhos por alguns instantes e visualize-se tomando ações que possibilitem a realização do seu desejo.

Se desejar felicidade amorosa, veja-se em situações felizes. Imagine-se junto à pessoa amada caminhando por um parque, olhando as estrelas, viajando para um local onde sempre sonharam conhecer.

Se quiser prosperidade, imagine a cornucópia da abundância vertendo moedas e riquezas sobre você.

Seja criativo em suas visualizações. Quanto mais detalhes elas tiverem, melhor será.

Use as cartas como ferramentas auxiliares em sua capacidade de concentrar e visualizar com precisão. Tome a carta e se visualize no centro dela. Fazendo isso você estará no coração do arquétipo da Deusa que tem relação com o que deseja solucionar neste momento ou obter ajuda.

Respiração

Respirar conscientemente coloca em ação todas as energias do universo ao nosso favor. Essas energias poderão então ser direcionadas ao nosso desejo.

Uma das formas mais poderosas de acumular energia reside no ato da respiração. Ao respirarmos, puxamos energia vital para dentro de nós; ao expirarmos, projetamos a mesma energia para o universo. Projetar essa energia vital para um desejo específico aumenta substancialmente a probabilidade de ele se realizar.

No exercício passado, você visualizou o seu desejo. Agora é hora de projetar energia vital para ele.

Visualize o seu desejo em uma esfera de luz, bem a sua frente sobre a carta que escolheu.

Respire e então sopre em direção a essa esfera. Veja-a sendo preenchida pela energia vital do seu sopro e pelo brilho da carta que sobe em direção à esfera e a faz crescer ainda mais. Repita o mesmo processo mais algumas vezes.

Visualize a sua esfera de luz subindo aos céus enquanto continua soprando. Sinta que o seu sopro é o responsável pela ascensão dessa esfera, que carrega agora o seu desejo.

Perceba que o seu sopro pode continuar movendo essa esfera, não importa o quanto ela se distancie de você.

Continue respirando e, em seguida, sopre, até a esfera que contém o seu desejo desaparecer na vastidão dos céus.

Consciência

A magia de nada funciona se não houver uma colaboração humana para que os resultados se manifestem.

Consciência significa estabelecer claramente as atitudes e ações que você tomará para facilitar a realização do seu desejo.

Após seguir os passos anteriores, pense por alguns instantes nas coisas que você pode fazer para facilitar a concretização do seu objetivo.

Isso pode variar desde enviar um currículo para agências de trabalho, parar de adiar a terapia ou a academia, fazer um novo corte de cabelo, comprar roupas novas a chegar à pessoa amada e declarar o seu amor.

Se desejar, estabeleça um plano estratégico de ação pensando passo a passo no que deve ser feito.

Lembre-se de que a magia não é algo sobrenatural. Muito pelo contrário, ela é natural a todos os seres. Todos podemos fazer magia e somos potencialmente mágicos. Todo ser humano é capaz de sentir as forças da natureza ao seu redor e interagir com elas. Quando fazemos magia nos tornamos uma ferramenta que deseja, foca e direciona as forças da natureza para um objetivo específico.

Essas forças da natureza trabalham sob determinadas leis. Por isso é importante saber que:

1. Tudo está interconectado. O que afeta uma pessoa afeta todas as outras e a você mesmo. Por isso seja responsável ao usar a magia. Você quase sempre obterá aquilo que deseja, nem sempre da forma como gostaria.

2. Existem coisas que precisamos fazer pessoalmente. Não espere que a magia produza milagres. Se você não ajudar o seu desejo a se manifestar, ele não irá se concretizar.

3. Existem situações que não podem ser transformadas. A magia opera através das leis físicas e segue o caminho mais prático e fácil para se manifestar. Uma semente jamais germinará em um solo seco, um desejo jamais se manifestará em um terreno ou área infértil. Não queira mudar o que não pode ser mudado. O máximo que você vai conseguir com isso é frustração.

4. A verdadeira magia é aquela que não só transforma o mundo ao nosso redor, mas que, antes de tudo, nos transforma.

Você pode intensificar ainda mais o poder no uso do *Oráculo da Grande Mãe* como instrumento de magia adicionando velas, pedras e aromas específicos na composição de rituais espontâneos e intuitivos na hora de usar as cartas, como demonstrado anteriormente para fazer magia. As possibilidades são ilimitadas.

Usando velas

A linguagem que os Deuses e a natureza usam para falar com os homens é a luz, e as cores não são nada mais nada menos que isso. A cor é o fator mais importante no uso mágico das velas, pois a cor da vela sempre deve estar em perfeita sintonia com as intenções, desejos e objetivos do ritual mágico que está sendo realizado.

A cor age como intermediária entre o plano dos Deuses e a Terra. Simbolicamente ela representa a chave que abre a porta que libera a realização de nossos pedidos.

O ritual mais simples com o *Oráculo da Grande Mãe* pode ser feito simplesmente acendendo uma vela na cor adequada na frente da carta da Deusa que tem mais ressonância com aquilo que você precisa e elevando seus pensamentos em forma de oração a ela.

Veja abaixo uma lista com o simbolismo de cada cor no uso mágico das velas:

- Amarelo: as velas amarelas devem ser acesas quando queremos conquistar a alegria, alcançar sucesso no comércio ou nas vendas em geral. Essa cor deve ser usada em ritos e sortilégios específicos para estes fins.

  Os rituais que tenham como finalidade a conquista da criatividade, inteligência, sucesso na área da comunicação, na medicina ou nos problemas relacionados à saúde sempre utilizam velas amarelas.

- AZUL: o azul-claro tem a função de inspirar carisma e harmonia familiar. Esta tonalidade de azul atrai paz e equilíbrio, por isso as velas desta cor devem ser usadas quando queremos atrair tranquilidade, uma situação favorável ou a concórdia entre as pessoas.

  O azul-claro também pode ser usado em rituais que tenham a finalidade de provocar mudanças bruscas na mente das pessoas.

  O azul-marinho tem como função básica a virtude de trazer a prosperidade. Além disso, o azul-escuro atrai a expansão de todas as coisas, boas ou ruins, por isso é uma cor que deve ser usada com muita cautela.

  Os rituais para conquistar a prosperidade, o êxito profissional e as boas oportunidades devem ser realizados sempre com velas azul-marinho. Já os ritos relacionados à harmonia, compreensão e calma devem ser realizados com velas azul-claro.

- BRANCO: o branco é a cor universal. Pode ser usado para todas as finalidades. Atrai a intuição, harmoniza o lado espiritual e a reconquista do otimismo e esperança. Quando realizar ritos que têm a finalidade de canalizar as energias mais superiores, utilize velas brancas.

- CINZA: é uma cor de vela que deve ser evitada, pois seu maior atributo é trazer a tristeza, a depressão e o luto. No entanto, pode ser usada sobre o altar para representar aquilo que nos restringe, reprime ou nos prejudica. Geralmente quando usamos uma vela cinza para essa função, ela é quebrada ao final do ritual, simbolizando a quebra do mal que nos limita.

- LARANJA: as velas laranjas atraem o sucesso, as honrarias, a fama, a popularidade e a sorte. Quando queremos uma resposta favorável aos nossos anseios devemos usar velas desta cor.

O laranja afasta o azar, o comodismo e o conformismo, fazendo com que as pessoas tomem consciência de seus direitos e possibilidades na vida, ajudando-as a concretizarem seus objetivos.

- MARROM: o marrom faz com que as pessoas coloquem "os pés no chão" e se centrem na vida. As velas de cor marrom devem ser usadas em rituais e sortilégios preparados para pessoas que ainda não conquistaram o sucesso material, a conquista de bens, propriedades, a realização pessoal e seu objetivo de vida. É uma cor que está ligada ao elemento Terra e, por consequência, a todas as coisas ligadas a ela.

- PRETO: o preto não é uma cor negativa como muitos pensam. É uma cor extremamente poderosa que deve ser usada sempre que quisermos respostas concretas aos nossos objetivos. O preto é a cor do conhecimento do bem e do mal, por isso está ligado à Bruxaria em todas as suas manifestações. O preto é a única cor que não tem uma finalidade específica, pois é sempre usado para atrair aquilo que queremos, sobre nós ou sobre outras pessoas, sejam coisas boas ou ruins, seja a vida ou a morte, a saúde ou a doença, o sucesso ou o fracasso. O preto é uma "faca" de dois gumes, é uma cor neutra. Seus poderes para atrair as coisas positivas ou negativas dependem da intenção da pessoa que faz uso das velas desta cor e não da vela em si.

- PÚRPURA: seus atributos são semelhantes aos da cor azul-marinho, com ressalva aos aspectos ligados a Netuno, que tem o poder de transmutar os karmas, trazer equilíbrio espiritual e harmonizar os altos e baixos que a vida pode proporcionar a um indivíduo. A cor roxa tem os mesmos atributos que a púrpura.

- ROSA: o rosa tem o poder de atrair a felicidade amorosa ao lado da pessoa amada. Harmoniza os laços matrimoniais e os casamentos que estão abalados. Equilibra os relacionamentos entre as pessoas, família, colegas de trabalho, etc. Velas cor-de-rosa devem ser usadas em rituais que se destinam a conquistar e atrair a pessoa que amamos.

- VERDE: o verde atrai a abundância, a fartura, a prosperidade e a conquista de bens materiais. O verde é a cor da renovação, da esperança e do otimismo.

  Ritos e sortilégios que se destinam a atrair a fartura e a prosperidade devem ser realizados à luz de velas verdes.

- VERMELHO: esta cor está conectada à guerra, disputas, batalhas, mas também vitórias. Velas vermelhas têm a função de afastar as energias negativas de todas as ordens. Quando um feitiço é enviado contra nós, devemos nos proteger acendendo velas vermelhas para que ele seja quebrado.

  Vermelho é a cor da guerra e da vitória. Por isso, quando estiver lutando para conquistar algo, realize rituais ou sortilégios com velas vermelhas e o sucesso será certo. Nos ritos que se destinam a afastar as influências maléficas de baixa magia, as velas vermelhas deverão sempre se fazer presentes.

Usando pedras

Além de acender uma vela em frente à carta da Deusa que expressa o arquétipo da Grande Mãe que desejamos acessar neste momento, podemos também adicionar um cristal que pode ser colocado sobre a carta ou ao lado dela.

Cada cristal possui poderes, energias e propriedades únicas na natureza.

36 | *Oráculo da Grande Mãe*

Usar um cristal correto para atrair as energias apropriadas pode ajudá-lo a desenvolver um estado mental saudável, tornando-o receptivo a encontrar exatamente aquilo que deseja. Todos os cristais transmitem energia vital e mágica, e você pode canalizar e direcionar esta energia para obter o sucesso desejado.

A maneira mais simples de usar um cristal é retirá-lo de cima da carta escolhida após a vela ter apagado e levá-lo consigo por no mínimo uma lunação, ou seja, 28 dias. Isso fará com que a energia dele seja transmitida a você, impregnando a sua aura com a da Deusa.

Durante esse período, as vibrações do cristal irão reequilibrar as áreas energéticas e emocionais em desequilíbrio, renovando a energia do seu portador, colocando-o em um estado positivo.

Conheça as propriedades dos principais cristais:

- Água-Marinha: esta pedra remove todo tipo de medo para se entregar de corpo e alma a uma nova relação. Ela fortalece aqueles que se sentem inseguros ou imaturos para levar um relacionamento. A água-marinha também auxilia o encontro do centramento e paz interior.

- Ágata: desenvolve a coragem e a força, ajudando a aceitar a verdade e o destino. Fortalece o corpo e a mente. É uma pedra de energia muito poderosa.

- Aventurina: neutraliza as emoções fortes, equilibrando o corpo físico. Atua em desequilíbrios da pele. Inspira independência, criatividade e saúde.

- Amazonita: equilibra todos os centros de energia (chakras) do corpo. Atua beneficamente em todas as desordens do sistema nervoso. É uma pedra de ligação com a alta dimensão e traz paz de espírito.

- Âmbar: esta pedra atrai as energias do Sol para um relacionamento, iluminando-o com vida e felicidade. Mostra os caminhos verdadeiros e certos a serem percorridos para o encontro da felicidade amorosa.

- AMETISTA: a ametista cura o coração em níveis espirituais. Ela purifica todas as emoções negativas que atrapalham uma relação e promove flexibilidade, cooperação e paz no amor. A ametista também é uma pedra a qual podemos recorrer em momentos em que a relação precisa de proteção. Acalma e traz clareza mental.

- CITRINO: ativa a força de vontade, combate a má digestão e os problemas do aparelho digestivo. Protege o sistema imunológico. Pedra de proteção.

- CORNALINA: é a pedra que elimina toda a sensação de inadequação ou baixa autoestima em uma relação. Esta pedra é apropriada para a recuperação e cura das feridas depois de uma rejeição amorosa. A cornalina diminui a tristeza, transformando-a em iniciativa para resolver os problemas amorosos ou tomar uma atitude positiva. É também uma pedra usada para reavivar a sexualidade de um casal e equilibrar durante os períodos de transição. Esta pedra nos ajuda a amar novamente depois de relações difíceis e tensas.

- CRISOPÁZIO: excelente para os períodos pré-menstruais. Preventivo de desequilíbrio dos pulmões, estômago e reativa o metabolismo. Equilibra os centros de energia (chakras) e relaxa estados de ansiedade e medo.

- ESMERALDA: pedra usada para a prosperidade, além de estar fortemente associada ao amor. É usada para promover a cooperação entre os amantes e favorecer a lealdade. Ela também ajuda a eliminar os pensamentos negativos e equivocados, fazendo com que o amor verdadeiro prevaleça. A esmeralda é altamente recomendada para preservar as relações durante os períodos de turbulência.

38 | *Oráculo da Grande Mãe*

- HEMATITA: pedra usada para amenizar o estresse. Dá sustentação emocional ao amor novo e protege o coração das feridas de relações anteriores. Afasta a negatividade dos relacionamentos, mantendo distante a inveja de todas as ordens.

- JADE: auxilia nos desequilíbrios dos olhos. Auxilia a entrar em contato com planos superiores espirituais.

- JASPE SANGUÍNEO: é a pedra da coragem e combatividade. Deve ser usada em momentos onde é necessário usar toda a força de vontade para cuidar do relacionamento ou na hora da conquista. Reduz o estresse e a ansiedade frente aos problemas do cotidiano e elimina os bloqueios e confusões mentais. Amplifica desejos, emoções, vitalidade, criatividade, autoconfiança, sucesso. Protege a circulação sanguínea.

- KUNZITE: ela abre a consciência e o coração para o amor. Alivia a aflição emocional e traz paz, dissolvendo a negatividade e estimulando a sensualidade.

- LÁPIS-LAZÚLI: poderosa pedra das habilidades físicas e da comunicação. Aumenta o poder da terceira visão. Acalma e relaxa em estados dolorosos e de tensão.

- MALAQUITA: pedra usada para transformar um relacionamento, eliminando as experiências passadas ruins e anulando todo o medo e as energias negativas. A malaquita permite a tolerância, lealdade e praticidade. Dá coragem e elimina o medo de se relacionar, quebrando com os padrões repetitivos do amor. Promove a responsabilidade e a fidelidade amorosa.

- PÉROLA: aumenta a beleza, a sensualidade e o magnetismo. Deve ser usada especialmente pelas mulheres que desejam se tornar irresistíveis para a pessoa amada. Atrai fertilidade e as bênçãos da Lua para quem a usa.

- PIRITA: considerada a pedra dos negociantes a pirita atrai riqueza e sucesso nos negócios e ajuda todos os que precisam vencer alguma causa na justiça. Essa pedra atrai prosperidade, fama e a conquista de todos os sonhos materiais.

- QUARTZO BRANCO: favorece a clareza de pensamento e a transformação dos sonhos em realidade. Esta pedra atrai harmonia, cura e bênçãos para uma relação, amplificando a energia e o desejo daquele que a usa. Amplifica todas as energias, aumentando a capacidade mental e auxiliando a memória. Potencializa as energias de cura, serve em todos os campos de atuação cristalina.

- QUARTZO ROSA: é a pedra que nos ensina a dar e receber amor, mostrando-nos o real poder das emoções. Traz leveza, ensinamentos e formas de expressar a paixão em suas muitas manifestações. Esta pedra elimina o sentimento de possessividade e promove a harmonia do casal.

- RUBI: tem sido desde os tempos antigos ligado ao amor. É uma pedra que encoraja as relações românticas e ideais, trazendo foco para o coração desorientado e confuso. Ajuda a atrair saúde, felicidade e riqueza ao relacionamento.

- SODALITA: tem o poder de relaxar e abre a terceira visão, aumentando a comunicação com outros planos astrais.

- TURMALINA MELANCIA: atrai o equilíbrio das energias masculina e feminina em cada ser, trazendo harmonia e paz interior. Se usada por aqueles que ainda se sentem inseguros quanto a sua opção sexual, elimina as dúvidas fazendo-os ter coragem de tomar uma decisão.

- TURQUESA: traz paz, tranquilidade e bênçãos ao relacionamento. Ideal para ser usada por quem deseja encontrar um amor e ser feliz. Se levada durante as viagens, favorece encontros e flertes.

Relação das pedras com as Deusas

Veja a seguir uma pequena lista de analogias com os principais cristais e suas associações com as Deusas. Você pode utilizá-los como pingentes, brincos, chaveiros ou simplesmente levá-los dentro da bolsa ou carteira após deixá-los por alguns instantes sobre a carta da Deusa com a qual a pedra está relacionada. Assim, você atrairá a energia de cada uma das Deusas para perto de você de forma simples e eficaz.

- ÁGATA: Athena, Brigit, Mulher Arco-Íris, Nu Kua, Pachamama, Saraswati.
- ÁGUA-MARINHA: Afrodite, Airmid, Frigg, Ísis, Yemanjá, Lakshmi, Neith, Nut, Saraswati.
- AMAZONITA: Ártemis, Athena, Branwen, Brigit, Durga, Ereshkigal, Erínias, Éris, Freya, Inanna, Kali, Lillith, Macha, Morrigu, Neith.
- ÂMBAR: Amaterasu, Bast, Brigit, Pax, Sekhmet.
- AMETISTA: Baba Yaga, Branwen, Ísis, Kuan Yin, Lakshmi, Mulher que Muda, Pax, Tara.
- AVENTURINA: Athena, Ariadne, Arianrhod, Cerridwen, Danu, Deméter, Gaia, Hera, Pachamama.
- CITRINO: Amaterasu, Bast, Brigit, Pax, Sekhmet.
- CORAL: Athena, Ártemis, Coatlicue, Éris, Freya, Frigg, Yemanjá, Morrigu, Neith.
- CRISTAL DE QUARTZO: todas as Deusas.
- DIAMANTE: Amaterasu, Brigit, Inanna, Ísis.
- ESMERALDA: Afrodite, Aine, Baubo, Eostre, Flora, Gaia, Hathor, Inanna, Ísis, Yemanjá, Rhiannon.
- GRANADA: Aradia, Brigit, Durga, Ereshkigal, Freya, Hell, Héstia, Kali, Pele, Perséfone.

- HEMATITA: Ariadne, Brigit, Éris, Hécate, Macha, Rhianon.
- LÁPIS-LAZÚLI: Bast, Hathor, Ísis, Neith, Nut, Sekhmet.
- MALAQUITA: Brigit, Danu, Deméter, Eostre, Flora, Gaia, Hathor, Lakshmi, Pachamama.
- OBSIDIANA: Aradia, Baba Yaga, Cailleach, Cerridwen, Coatlicue, Durga, Ereshkigal, Erínias, Éris, Hécate, Hell, Kali, Lillith, Macha, Morrigu, Nornes, Perséfone, Sekhmet.
- OLHO-DE-TIGRE: Amaterasu, Bast, Brigit, Sekhmet.
- ÔNIX: Hécate, Hell, Morrigu, Nornes.
- PEDRA-DA-LUA: todas as Deusas.
- RUBI: Brigit, Héstia, Pele.
- SELENITA: todas as Deusas.

Usando o seu cristal:

Antes de usar seu cristal, passe-o na fumaça de um incenso de alecrim, sândalo ou lavanda para que ele seja purificado. Enquanto faz isso, pense por alguns instantes qual o propósito do cristal escolhido por você e o que deseja que ele trabalhe a seu favor. Se quiser reafirmar ainda mais a purificação de sua pedra, deixe-a 24 horas na água com sal e alguns minutos tomando a luz do sol e da lua. Isso coloca o cristal em contato direto com as energias da natureza, limpando e recarregando sua bateria energética. Depois disso, ele estará pronto para ser usado por você.

Aromas mágicos

Não há nada mais mágico e encantador do que os aromas. Eles são capazes de estimular todos os nossos sentidos e intensificar nossos desejos.

O uso mágico das essências e aromas datam de mais de 4 mil anos e o homem sempre as utilizou como fontes de elevação espiritual. O olfato é o sentido que está mais fortemente associado às relações humanas. Cada um de nós possui um cheiro próprio, chamado de feromônio, que pode ser captado consciente ou inconscientemente pelas demais pessoas. É aí que a química do amor, simpatia e amizade acontece.

O uso dos aromas é um auxiliar, capaz de dar uma forcinha para que a química, aquele mistério que faz duas pessoas se sentirem bem uma com a outra, ocorra mais rapidamente e com sucesso. Os aromas também aumentam a produção de serotonina, favorecendo o relaxamento, a estimulação, a sensação de prazer e o bem-estar, estados vitais de serem alcançados quando desejamos elevar nossa consciência aos Deuses.

Na hora de usar suas cartas do *Oráculo da Grande Mãe*, torne esse momento ainda mais mágico e poderoso usando um aroma na forma de incenso ou óleo essencial.

Conheça alguns dos aromas mágicos mais utilizados:

- ABSINTO: estimulante geral para cansaço mental e físico, amor, magia.

- ALECRIM: traz saúde, sucesso nos negócios, tranquilidade, proteção; protege de influências negativas, expande o desenvolvimento do pensamento e abre o caminho.

- ALFAZEMA: acalma e limpa o ambiente.

- ALMÍSCAR: afrodisíaco; estimula a sensualidade e a atração, a transformação, a harmonia, a paz; equilibra o pensamento de forma racional e o torna compreensivo.

O Oráculo da Grande Mãe | 43

- ÂMBAR: atrai riqueza, é energizante, revigorante do entusiasmo dos desejos de empreender os caminhos que nossa vontade interior pede.
- AMOR-PERFEITO: purifica ambientes, ajuda nos estudos, amor, elevação das vibrações.
- ANIS: para despertar o amor interno, para despertar forças.
- ARRUDA: proteção, limpa ambientes carregados.
- BENJOIM: exorcismo, espiritualidade, atrai energia positiva, harmoniza nosso raciocínio e diminui a nossa agressividade.
- CANELA: estimulante, atrai prosperidade, bens materiais, tranquilidade, bons negócios.
- CÂNFORA: limpa ambientes carregados; desenvolvimento psíquico, acalma, limpa a aura.
- CRAVO: excitante, afrodisíaco e expectorante, expulsa as forças negativas; concentração.
- CEDRO: purifica ambientes.
- CRAVO-DA-ÍNDIA: purifica ambientes. Para despertar forças, espiritualidade, sensualidade e atração.
- EUCALIPTO: purifica ambientes, paz, aroma sedutor, relaxante, estimulante da mente e memória, antiestresse, contra ansiedade, deixando as pessoas serenas.
- FLOR-DO-CAMPO: equilíbrio emocional.
- JASMIM: afrodisíaco, atrai paixão, melhora o humor, espiritualidade, elevação das vibrações psíquicas, tranquiliza, relaxa; amor.
- LARANJA: paz.
- LAVANDA: harmonia, paz e equilíbrio no ambiente, exerce um nível muito profundo da nossa psique, entramos na qualidade de consciência criativa e acalma os nervos.
- LÍRIO: harmonia, paz e equilíbrio.

44 | *Oráculo da Grande Mãe*

- LÓTUS: ajuda nos estudos, elevação das vibrações.
- MADEIRA: energia positiva, amor, elevação das vibrações, harmonia, paz.
- MENTA: estudos.
- MIRRA: oferenda aos Deuses, boa sorte, saúde, sucesso nos negócios, acalma, purifica ambientes, espiritualidade, psíquico, elevação mental.
- MUSK: cria ambiente de sensualidade.
- NOZ-MOSCADA: diminui a ansiedade, atrai negócios, prosperidade, estimulador do corpo e da mente, aumenta a coragem e a audácia.
- ÓPIUM: favorece a determinação, ajuda nos estudos, elevação das vibrações psíquicas, está ligado ao amor despertando sentimento e harmonia, provocando sensação de felicidade e segurança, é cativante e envolvente quando estamos em companhia.
- ORQUÍDEA: afrodisíaco.
- PAPOULA: psíquico.
- PATCHOULI: desperta a alegria e a clarividência, sensualidade e atração, para despertar forças, antidepressivo, afrodisíaco. Recomendado para pessoas com intensa atividade psíquica, ajudando a controlar o esgotamento de sua vitalidade.
- RAÍZES: harmonia.
- ROMANUS: para despertar forças, psíquico.
- ROSA: purifica ambientes, ajuda nos estudos, espiritualidade, amor, elevação das vibrações psíquicas.
- SÂNDALO: equilíbrio mental, acalma, purifica ambientes, ajuda nos estudos, espiritualidade, amor, elevação das vibrações, sensualidade e atração, meditação.
- VIOLETA: desperta a autoconfiança, afrodisíaco.
- YLANG-YLANG: ativa a sensualidade, poderoso afrodisíaco.

Usando aromas:

O uso da magia dos aromas é fácil e ilimitado. Com o passar do tempo, você pode criar sua própria maneira de trabalhar com o poder das essências.

Na hora de fazer magia com as cartas, os aromas poderão ser usados de muitas formas:

1. Coloque algumas gotas de óleo essencial num aromatizador enquanto medita sobre uma das cartas para harmonizar as energias da Deusa com sua energia pessoal.

2. Acenda um incenso do aroma escolhido e circule cada um dos seus chakras seguindo do Básico ao Coronário. Enquanto faz isso, mentalize que seu corpo físico, emocional e espiritual tornam-se um e estão equilibrados.

3. Pingue algumas gotas de óleo essencial em suas mãos. Esfregue-as e depois passe as mãos sobre a carta, pedra, vela para magnetizar com a energia do aroma o seu desejo e todos os artefatos que estão sendo usados.

4. Unja seus chakras com a essência escolhida. Ao fazer isso, visualize-o se abrindo como um botão de rosa.

5. Sobre a mesa onde estão a carta, vela e pedra, adicione um incenso de aroma que esteja em ressonância com aquilo que você deseja trabalhar.

Deusas e suas funções

A seguir, você tem uma pequena tabela das Deusas e suas funções e atuações na vida humana. Use-a como uma rápida referência para encontrar a melhor Deusa para meditar ou invocar neste momento de sua vida.

AGRICULTURA: _____

Amaterasu	Aine	Brigit
Deméter	Eostre	Flora
Ísis	Mulher que Muda	Pachamama

AMOR: _____

Afrodite	Aine	Ariadne	Blodeuwedd
Branwen	Brigit	Eostre	Flora
Frigg	Hathor	Hera	Inanna
Ísis	Kuan Yin	Lakshmi	Pax
Pele	Rhianon		

ANIMAIS: _____

Afrodite	Amaterasu	Ártemis
Athena	Baba Yaga	Bast
Blodeuwedd	Branwen	Brigit
Cerridwen	Durga	Eostre
Hathor	Hera	Hécate
Ísis	Lillith	Macha
Morrigu	Mulher Búfalo Branco	Pachamama
Rhianon	Sekhmet	

ÁRVORES, PLANTAS E ERVAS: _____

Airmid	Athena	Blodeuwedd	Brigit
Deméter	Eostre	Flora	Ísis
Lakshmi	Nornes	Pachamama	

O Oráculo da Grande Mãe | 47

CRIADORAS:

Danu	Eurínome	Nu Kua	Nut

CURA:

Airmid	Athena	Brigit
Freya	Mulher que Muda	Pax

DESTINO:

Ariadne	Arianrhod	Baba Yaga
Brigit	Cailleach	Cerridwen
Hécate	Hell	Kali
Kuan Yin	Lillith	Morrigu
Neith	Nornes	Pax

FERTILIDADE:

Afrodite	Aine	Airmid
Blodeuwedd	Brigit	Danu
Eostre	Flora	Frigg
Hathor	Hera	Inanna
Ísis	Yemanjá	Kuan Yin
Lakshmi	Mulher Búfalo Branco	Nut
Pachamama	Rhianon	Tara

FOGO:

Bast	Brigit	Hécate
Héstia	Morrigu	Pele
Perséfone	Sekhmet	

GUERRA:

Ártemis	Athena	Branwen	Brigit
Durga	Éris	Freya	Inanna
Kali	Macha	Morrigu	Pax

48 | *Oráculo da Grande Mãe*

JUSTIÇA:

Ártemis	Danu	Durga	Erínias
Éris	Héstia	Ísis	Kuan Yin
Maat	Nornes	Pax	

LAR E FAMÍLIA:

Amaterasu	Brigit	Deméter
Frigg	Hera	Héstia
Inanna	Ísis	Yemanjá
Kuan Yin	Lakshmi	Mulher Búfalo Branco
Mulher que Muda	Pachamama	

MAGIA:

Airmid	Aradia	Arianrhod	Baba Yaga
Brigit	Cailleach	Cerridwen	Danu
Erínias	Éris	Freya	Hécate
Hell	Ísis	Kali	Lillith
Macha	Morrigu	Nornes	

MORTE E RENASCIMENTO:

Baba Yaga	Blodeuwedd	Brigit	Cailleach
Cerridwen	Coatlicue	Ereshkigal	Hécate
Hell	Inanna	Ísis	Morrigu
Nornes	Perséfone		

MÚSICA E INSPIRAÇÃO:

Afrodite	Athena	Bast	Blodeuwedd
Brigit	Inanna	Ísis	Paxa

NASCIMENTO:

Aine	Ártemis	Brigit
Eurínome	Flora	Inanna
Ísis	Yemanjá	Kuan Yin
Lakshmi	Mulher que Muda	Nut
Rhianon	Tara	

PROTEÇÃO:

Aradia	Arianrhod	Ártemis	Athena
Bast	Brigit	Durga	Freya
Hécate	Inanna	Ísis	Yemanjá
Kali	Macha	Morrigu	Pax
Sekhmet			

SABEDORIA:

Airmid	Athena	Baba Yaga	Brigit
Cerridwen	Hécate	Hell	Ísis
Nornes	Nut	Pax	Saraswati

SORTE E PROSPERIDADE:

Aine	Amaterasu	Arianrhod
Bast	Danu	Deméter
Frigg	Hera	Ísis
Kuan Yin	Lakshmi	Mulher que Muda
Mulher Arco-Íris	Sekhmet	Tara

SUBMUNDO:

Aradia	Baba Yaga	Cailleach	Cerridwen
Coatlicue	Ereshkigal	Erínias	Éris
Hécate	Hell	Kali	Lillith
Macha	Morrigu	Nornes	Perséfone
Sekhmet			

TERRA:

Brigit	Cerridwen	Coatlicue
Danu	Deméter	Eostre
Flora	Hathor	Hera
Mulher Búfalo Branco	Mulher que Muda	Pax

Deusas e Elementos

Os quatro elementos mais antigos, reconhecidos desde a Antiguidade como a divisão na qual todas as coisas se manifestam, são: TERRA, AR, FOGO e ÁGUA.

Nos mitos das Deusas, podemos perceber que elas sempre estão associadas a um ou mais elementos da natureza. Assim, também podemos acessar o poder da Terra, do Ar, do Fogo e da Água por meio de cada Deusa. Use a referência abaixo quando for necessário para estabelecer a relação de uma ou mais Deusas com cada elemento:

TERRA:

Airmid	Aradia	Ariadne
Ártemis	Baubo	Blodeuwedd
Brigit	Cerridwen	Coatlicue
Danu	Deméter	Eostre
Ereshkigal	Erínias	Éris
Flora	Freya	Gaia
Hathor	Hécate	Hell
Hera	Ísis	Kali
Macha	Morrigu	Mulher Búfalo Branco
Mulher que Muda	Nornes	Pachamama
Rhianon		

AR:

Afrodite	Aine	Ariadne
Arianrhod	Athena	Baba Yaga
Bast	Branwen	Brigit
Cailleach	Coatlicue	Durga
Eurínome	Freya	Inanna
Ísis	Kuan Yin	Maat
Mulher Arco-Íris	Neith	Nu Kua
Pax	Saraswati	Tara

FOGO: _____

Amaterasu	Bast	Brigit
Deméter	Durga	Ereshkigal
Hécate	Hell	Héstia
Inanna	Kali	Lillith
Morrigu	Pele	Perséfone
Sekhmet		

ÁGUA: _____

Afrodite	Airmid	Baba Yaga
Brigit	Cerridwen	Frigg
Hathor	Inanna	Ísis
Yemanjá	Kuan Yin	Lakshmi
Mulher Arco-Íris	Nornes	Neith
Nut	Pax	Saraswati
Tara		

Criando um altar para a Deusa

Se além de divinação você também deseja utilizar as cartas do *Oráculo da Grande Mãe* como instrumentos de magia da maneira como aqui foi demonstrado, talvez deseje criar um altar onde possa dispor as cartas e o que mais for necessário para somar força e poder ao seu desejo e intensificar suas conexões com a Grande Mãe.

O altar é um espaço sagrado estabelecido com a função de se tornar um ponto focal de concentração de energia para ser canalizada ao nosso desejo.

Exatamente por este motivo, você poderá criar um altar específico para realizar seus encantamentos com as cartas do oráculo. Ele não só intensificará suas ações durante a realização dos sortilégios, como também se tornará um local apropriado para a meditação e a conexão com a Deusa.

Criar um altar não é algo difícil ou complicado. Se você já está familiarizado com a Wicca ou outros sistemas mágicos, essa tarefa será fácil. Caso contrário, com um pouco de imaginação e seguindo as orientações aqui fornecidas você terá condições suficientes para tal feito.

Comece procurando encontrar em sua casa um local onde seu altar possa ser erigido. Não há a necessidade de ser um lugar suntuoso. Qualquer superfície disponível, desde uma prateleira a um pequeno espaço sobre sua mesa do computador, é algo apropriado.

As cores tradicionalmente ligadas à Deusa são o preto, o branco, o vermelho, o azul e o prata. Por isso, cubra o local escolhido com uma toalha em uma dessas cores, disponha cristais, flores e velas que representam o arquétipo da Deusa que você deseja trabalhar ou que expressam o seu desejo. Coloque também sobre o altar símbolos que representem a Deusa como uma yoni, uma concha, uma pedra furada, um caldeirão, um cálice ou demais símbolos que para você simbolizam a Deusa. Para finalizar, inclua uma estátua de uma Deusa de sua devoção.

Acenda periodicamente velas e incensos sobre o seu altar para se aproximar ainda mais da Deusa e despertar a força dela que reside em seu interior. Em frente ao seu altar, realize os exercícios de concentração, visualização, respiração e consciência fornecidos anteriormente. É nesse altar que você poderá se conectar com a Deusa, e ele servirá de espaço sagrado para que essa relação se torne cada vez mais próxima.

Esse altar se tornará uma fonte de magia para você. Ele cria poderosas vibrações de energia e um campo de força ao seu redor. Por isso, ele é como uma antena transmissora de amor e harmonia da Deusa, que projetam a você e ao universo exatamente aquilo que tanto necessita.

Traçando um círculo mágico

Nas práticas da Wicca, é muito comum traçar um Círculo Mágico ao redor da área onde um ritual ou magia são realizados. Se você vai utilizar o *Oráculo da Grande Mãe* também como uma ferramenta ritual, pode tornar o momento ainda mais solene lançando um círculo ao seu redor.

Essa não só é uma forma eficaz de proteção, como uma maneira de intensificar ainda mais a energia criada para que sua conexão com a Deusa se manifeste profundamente.

Na versão aqui apresentada, usaremos as próprias cartas do oráculo para compor o Círculo Mágico. Você verá que se trata de uma maneira simples e dinâmica de criar um espaço sagrado ao seu redor.

Visualize um Círculo de luz ao redor. Enquanto visualiza o Círculo se formando, diga:

Eu lanço este Círculo de poder para ser o meu escudo e ponte entre mim e a Deusa. Eu o consagro e abençoo em nome da Grande Mãe.

Visualize a luz fazendo três voltas completas ao redor do espaço e diga:

O Círculo está traçado. Que assim seja!

Agora é hora de invocar a ajuda dos 4 elementos que residem nos pontos cardeais.

Escolha quatro Deusas, uma para cada quadrante de acordo com o elemento que essas deidades comandam. Nas páginas anteriores, você encontra correspondências preciosas sobre a relação de cada uma delas com os elementos. Escolha aquelas que tenham mais sintonia com aquilo que você mais deseja neste momento.

Ao invocar cada elemento e Deusa, volte seu pensamento às forças da natureza.

Enquanto invoca a Terra, pense neste elemento visualizando árvores, rochas e montanhas; na hora de invocar o Ar, veja a ventania, as folhas viajando através dos ventos e assim por diante. Isso direcionará sua mente para aquilo que é mais sagrado: a natureza.

Coloque a primeira carta escolhida ao Norte, sobre o seu altar ou qualquer outra superfície que estiver usando, eleve suas mãos e invoque os poderes da Terra e diga:

Deusa (diga o nome da Deusa que está na carta escolhida)

Terra que frutifica e gera

Eu invoco sua força neste ritual.

Poderes da Terra

Sejam bem-vindos!

Agora coloque a próxima carta no Leste e, elevando suas mãos novamente, invoque os poderes do Ar dizendo:

Deusa (diga o nome da Deusa que está na carta escolhida)

Ar que sopra a inspiração

Eu invoco sua força neste ritual

Poderes do Ar

Sejam bem-vindos!

Agora no Sul e, procedendo como das outras vezes, invoque o elemento Fogo:

Deusa (diga o nome da Deusa que está na carta escolhida)

Fogo que traz calor e luz à Terra

Eu invoco sua força neste ritual

Poderes do Fogo

Sejam bem-vindos!

Por último, faça o mesmo no Oeste, eleve as suas mãos e diga:

Deusa (diga o nome da Deusa que está na carta escolhida)
Água que lava e purifica
Eu invoco sua força neste ritual
Poderes da Água
Sejam bem-vindos!

Eleve uma vez mais os braços invocando a presença da Grande Mãe, ela que é todas as Deusas, Senhora dos 10 mil nomes. Invoque com palavras espontâneas e então prossiga realizando o seu trabalho ritual como desejado.

Destraçando o Círculo Mágico

Toda vez que um Círculo Mágico é traçado no início de um ritual, ele deve ser destraçado ao final. Isso não é só uma forma de dispersar as energias que foram invocadas para seu ritual, mas também de retornar à sua consciência normal, que se altera todas as vezes em que a elevamos em direção ao sagrado.

Para isso, você deve agradecer a presença dos elementos e as Deusas que invocou com palavras espontâneas, ou semelhantes às que seguem:

Poderes dos elementos e Deusas (diga o nome delas)
Agradeço sua presença e ajuda neste ritual.
Abençoados sejam e sigam em paz!

Em seguida, veja em sua tela mental o Círculo sendo desfeito no sentido anti-horário indo de Norte a Oeste, Sul, Leste e Norte novamente, dizendo:

O ritual está terminado
O Círculo foi destraçado.

Outras ideias úteis

Há ainda outras inúmeras formas de usar as cartas do *Oráculo da Grande Mãe* como ferramenta de magia.

Oferendas e novenas

Uma forma extremamente direta e simples de fazer magia com o oráculo consiste em pegar a carta que você acredita que pode auxiliar, colocar sobre o seu altar e acender uma vela sobre ela, pedindo que a Deusa o ajude em tudo o que for necessário.

Você pode tornar essa forma de trabalho ainda mais poderosa repetindo isso por 3, 5, 7 chegando a 9 dias. A cada dia, acenda uma vela nova sobre a carta e refaça seus pedidos. Ao final do ciclo escolhido, ofereça um incenso para a Deusa como forma de agradecimento.

Assumindo um arquétipo

Você também pode puxar a energia de uma determinada Deusa para o seu próprio corpo, mente ou personalidade.

Busque uma carta que represente o arquétipo que você deseja absorver, olhe fixamente para a carta e peça para que aquela Deusa entre em você e faça do seu corpo a sua morada. Quando surgir uma situação em que você precisar agir usando a identidade expressa naquele arquétipo, reflita por alguns instantes em como aquela Deusa agiria se estivesse passando por essa situação. Visualize a figura dela em sua tela mental e peça ajuda.

Magnetizando a água com a energia da Deusa

Deixe um copo com água sobre a carta da Deusa que representa a energia que você mais precisa nesse momento tomando a luz da lua cheia. Recolha antes de o sol nascer. Beba a água e peça a Deusa para que revitalize seu corpo, mente e coração.

3

O Significado de Cada Deusa

Veja a seguir o significado das diversas Deusas presentes no *Oráculo da Grande Mãe*.

Ao retirar as cartas do Oráculo, consulte a parte referente a cada Deusa para ter insights e buscar respostas em seus mitos, histórias e símbolos para as suas indagações.

Deixe as lendas da Deusa promoverem a transformação do seu ser e trazer cura para a sua alma.

Sua jornada rumo ao autoconhecimento começa agora!

AFRODITE

Afrodite é considerada a Deusa grega do amor. Segundo as lendas, ela teria nascido das espumas do mar e sido cuidada pelas Horas e Graças que a teriam tornado ainda mais bela do que já era.

Suas origens podem ser traçadas desde o Chipre, onde um templo foi erguido ornando uma estrela, uma lua crescente e um pombo, todos símbolos usados muito tempo antes para honrar Inanna na Mesopotâmia, e que foram associados a Afrodite posteriormente.

Afrodite foi cultuada em muitas regiões diferentes da Antiga Grécia. Seu culto é pré-helênico e se estendeu por Corinto, Esparta, Atenas, mas suas origens gregas se encontram em Chipre. A ilha de Chipre, importante por suas minas de cobre, foi um de seus maiores lugares de culto, por isso o metal sagrado de Afrodite é o cobre. Na realidade, Afrodite seria uma Deusa de origem oriental, primordialmente associada a Astarte/Ishtar/Inanna, cujo culto teria chegado à Grécia pelos mares, por meio de marinheiros e mercadores.

As lendas nos contam que, no início do mundo, Gaia e Urano deram à luz vários filhos. Quando Urano começou a aprisionar seus descendentes no Tártaro, Gaia convenceu Cronos, seu filho mais novo, forte e poderoso, a combater seu pai e derrotá-lo. Cronos destronou Urano usando uma foice confeccionada por Gaia, com a qual cortou os genitais do pai e os jogou ao oceano, tomando assim o poder. Ao serem atirados ao mar, os genitais foram carregados pelas ondas por um longo tempo. Em torno das genitálias imortais de Urano, uma espuma branca surgiu, e nela uma garota se formou.

O *Significado de Cada Deusa* | 59

A Deusa, modesta e bela, sob cujos delgados pés começara a brotar grama, foi chamada por Deuses e homens de Afrodite. A vida era nova e frágil quando Afrodite chegou com o suspiro da renovação. Nascida de ventos gentis no mar oriental, ela chegou à ilha de Chipre. Tão graciosa e sedutora era a Deusa que as Estações correram para recebê-la, implorando para que permanecesse lá para sempre. Ela atravessou a praia cristalina e caminhou por sobre as montanhas e vales, procurando por todas as criaturas viventes. Magicamente as tocou com desejo e as mandou embora em alegres pares. Abençoou o útero das mulheres, guardando-os enquanto cresciam, e aliviou as dores do parto. Em todos os lugares, espalhou a promessa escondida da vida. Todos os dias, beijava a terra com o orvalho da manhã.

As andanças da Deusa a levaram para longe, mas todo inverno ela retornava a Chipre com suas pombas para seu banho sagrado em Paphos. Lá era atendida por suas Graças: Aglaia, o Esplendor; Eufrosine, a Alegria; e Thalia, a Florescência. Elas a coroavam com mirto e espalhavam pétalas de rosas a seus pés. Afrodite caminhava para o mar, para os ritmos lunares da maré. Quando emergia, com seu espírito renovado, a primavera florescia plenamente, e todos os seres sentiam sua alegria. Pelas estações, anos, eras, os mistérios de Afrodite permaneciam invioláveis, pois apenas Ela entendia o amor que gera a vida.

Existem duas versões diferentes para o nascimento de Afrodite. Uma delas, a que foi descrita, revela-nos que a Deusa teria sido concebida quando Cronos jogou os órgãos genitais de Urano ao mar. Afrodite se elevou por entre as espumas das ondas e foi carregada até Chipre, pelo vento oeste, vestida pelas Horas e Graças, alcançando as margens da praia. Nesse momento, Chipre foi consagrada a Afrodite.

O outro mito, segundo Homero, credita a concepção de Afrodite a Zeus e Dione.

60 | Oráculo da Grande Mãe

Ela é considerada um dos arquétipos da beleza feminina, correspondente à Deusa romana Vênus.

Seu nome vem da palavra grega *Aphros* que quer dizer espuma e significa "Aquela que nasceu da espuma". Afrodite governa o nascimento, a vida, o amor, a morte, o tempo e o destino.

Por ser considerada uma Deusa dos instintos e da fecundidade, os gregos acreditavam que era Afrodite quem espalhava sobre a Terra a energia causadora da geração de todas as coisas. Seu poder podia ser sentido nos reinos humano, animal e vegetal.

De acordo com os gregos, Afrodite é quem acende a chama do desejo no coração dos homens, sendo capaz de uni-los emocional ou sexualmente. Afrodite é a Deusa do amor e do desejo sexual. Sua função como Deusa do amor é inspirá-lo em todas as suas manifestações.

Na natureza, seu poder se fazia sentir por intermédio das chuvas da primavera, enviadas pela Deusa para fecundar o solo e fazer germinar as sementes. Acreditava-se que nesse período, Afrodite visitava o mundo e, por onde pisasse, flores germinavam aos seus passos. Ela era a responsável pela beleza das plantas e expressava o vigor da primavera. Em Creta, recebeu o título de "Antheia", que significa "Deusa das Flores", devido à sua conexão com as plantas mágicas e por ser a responsável pelo orvalho da manhã, que realça o brilho das flores. Afrodite era considerada o poder reprodutor da natureza, Senhora soberana da preservação das espécies e da renovação da vida.

À medida que seu culto se estendeu pela Grécia, aumentaram também as atribuições de Afrodite, quase sempre relacionadas ao erotismo, à fertilidade e ao sexo. Mesmo personificando a fecundação presente em tudo o que vive, Afrodite passou então a identificar o amor, a princípio em sua forma mais exaltada e pura e posteriormente em seus múltiplos aspectos.

Por causa de seus múltiplos aspectos, Afrodite recebeu de escritores e filósofos dois títulos distintos:

- Afrodite Urânia: Afrodite Celeste. Aspecto da Deusa nascida de Urano, em sua face celestial, simbolizando o amor puro e ideal.
- Afrodite Pandemus: Afrodite Mundana. Aspecto da Deusa que representa o amor sedutor e vernal.

Como Afrodite Urânia, a Deusa é ligada às descrições de Hesíodo, que enaltecem seus aspectos como Deusa da fertilidade e do amor incondicional. Homero nos mostra uma Afrodite mais volúvel e sedutora, a face Pandemus da Deusa, que estava associada à prostituição e, em muitas cidades da Grécia onde era honrada, suas Sacerdotisas eram cortesãs e ligadas à prostituição sagrada, parte integrante de seu culto, o que faz lembrar os mistérios da Deusa semítica Astarte. Pelos ritos sexuais, suas Sacerdotisas iniciavam os homens em seus mistérios.

Uma Afrodite mais guerreira também foi reverenciada devido à sua união com Ares, um dos inúmeros amantes da Deusa. Em Esparta, ela era retratada com elmo, escudo e armas de guerra. Nessa face lhe era creditada a defesa das cidades, como Corinto, que a adotaram como sua padroeira.

Já que ela teria nascido das espumas do mar, também foi considerada a protetora dos marinheiros, e nessa função Afrodite assumia o título de Euploia, que significa "Aquela que garante uma boa viagem".

Sob o nome de Androphonos, que quer dizer "Aquela que mata os homens", Afrodite assume o aspecto de Destruidora, uma Deusa Negra das tumbas. Os conquistadores patriarcais renegaram esse lado da Deusa, transformando-a exclusivamente numa Deusa do amor, negando seus complexos aspectos.

Afrodite é uma Deusa que vem sendo cultuada desde tempos imemoráveis, sempre para trazer o amor e os prazeres.

Segundo os mitos, ela rege o movimento das energias de atração e sedução, por isso sua força deve ser utilizada em rituais que visam atrair o amor, a sexualidade, o parceiro ideal.

Entre os atributos de Afrodite que foram esquecidos estão o de padroeira dos navegantes e o de protetora dos viajantes. Como o mar era o único meio de viagem dos povos antigos para longas distâncias, e Afrodite nasceu do mar, ela assumiu o papel de protetora dos que percorrem longas distâncias marítimas. Sendo assim, a Deusa pode ser muito eficaz na proteção durante as viagens.

Da união de Afrodite com Ares surgiu uma face da Deusa Guerreira. Como guerreira, Afrodite pode ser a mais eficaz das defensoras, sabendo aliar beleza, perspicácia, charme e determinação. Invoque-a quando estiver passando por algum perigo, como ao ser injustiçado ou se estiver em alguma batalha pessoal, em que você precisa vencer.

Seus poderes não se limitam apenas ao amor em sua forma mais humana. Como Deusa dos prazeres, em todas as suas manifestações, Afrodite pode ser invocada para nos trazer a satisfação em qualquer área de nossa vida. Seja no trabalho, nas amizades, nas conquistas pessoais, na autoestima, etc.

Afrodite tem a capacidade de atrair a beleza para nossa vida, por isso, quando você sentir que seu dia a dia está precisando de mais encanto e motivação, chame por Afrodite.

Ela também foi muito invocada pelos gregos para ajudar na concepção e para que as mulheres tivessem um bom parto. Por isso, se você quiser ter um filho, não hesite em invocar Afrodite e ela lhe concederá uma criança bela e cheia de vida.

SIGNIFICADO DIVINATÓRIO: amor, paixão, sedução, beleza, sensualidade, harmonia, proteção em viagens, sexualidade, proteção, concepção, criatividade, equilíbrio, autoestima.

AINE

Aine é uma das Grandes Deusas da Irlanda que sobreviveu na forma de Fada. Ela é considerada filha de Eogabail, um rei Tuatha de Dannan, que teria sido o filho adotivo de Manannan. Aine é a brilhante Deusa Fada a quem as montanhas de Knock Aine, às margens do rio Lough Gur, são dedicadas. Apesar de ser uma Deusa rebaixada através dos tempos à posição de Fada, Aine exerce uma posição especial, pois é considerada a Rainha das Fadas. Existem duas colinas, perto de Lough Gur, consagradas à Deusa, onde até hoje ocorrem ritos em honra de Aine. Uma, a três milhas a sudoeste, é chamada Knock Aine e recebeu esse nome em homenagem a Aine. A outra é Knock Fennel, às margens do rio Lough Gur, dedicada a Aine e a sua irmã Fennel.

De acordo com as lendas, Aine pode ser vista algumas vezes penteando seus longos cabelos dourados, somente com a metade de seu corpo para fora do lago. Dizem os mitos que em tempo de calmaria e águas claras, alguns podem ver sob a colina Knock Aine o castelo do encantado filho da Deusa das Fadas, Geroid.

Suas lendas iniciam quando Oilioll Oluim, rei de Munster na Irlanda, assassinou o irmão de Aine. Ela então decidiu vingar-se e armou um plano. Por meio de sua magia, colocou uma grande árvore de Freixo em frente ao rio Maigh, em Luimnech, e um homem tocando harpa reproduzindo uma doce melodia. Um dos filhos de Oilioll e seu meio-irmão, ao atravessarem o rio, viram a bela árvore e o exímio harpista, que tocava sua doce música. Ambiciosos e egoístas, começaram a brigar entre si, disputando

64 | *Oráculo da Grande Mãe*

com qual deles ficaria o harpista e a árvore. Foram até o rei Oilioll para que ele fizesse o julgamento e decidisse com qual deles ficariam as raridades. Oilioll decidiu por seu próprio filho. Sentindo-se rejeitado e injustiçado, o meio-irmão iniciou uma grande guerra, travando assim a batalha de Magh Mucruimhe. Oilioll e seus sete filhos legítimos foram mortos e assim Aine obteve sua vingança.

Outra lenda relata que quando Aine estava sentada às margens do rio Camog, em Lough Gur, penteando os longos cabelos dourados, Gerold, o Conde de Desmond, a viu e se apaixonou perdidamente por ela.

Ele dominou Aine, agarrando o manto da Deusa, e então a fez sua esposa. Seu filho, Geroid Iarla, era também conhecido como Conde Fitzgerald, "O Mago". Logo que a criança nasceu, impuseram ao Conde Desmond um tabu que lhe negava expressar surpresa a qualquer coisa que seu filho fizesse.

Já adulto, numa noite em um dos banquetes do pai, Geroid decidiu surpreender algumas donzelas, demonstrando suas habilidades mágicas, entrando e saindo de uma garrafa. Seu pai não pôde retrair um grito de surpresa e admiração com as habilidades do rapaz.

Geroid imediatamente se transformou em um ganso selvagem e voou para longe, pelo rio Lough, em direção à Ilha Garrod, para repousar sob seu castelo encantado. Decepcionada com o marido, que não tinha respeitado os votos estabelecidos, Aine desapareceu em Knock Aine, na forma de um cisne. Dizem as lendas que ela ainda continua lá, num castelo de fadas, e que Geroid vive sob as águas do lago, esperando o momento correto de retornar para expulsar todos os malfeitores da Irlanda.

Aine é uma Deusa do amor, a que encoraja o amor humano. É também reconhecida como uma Deusa lunar e padroeira dos pastos e gados. Ela é considerada a que produz o doce aroma dos prados. Seu nome deriva da raiz *Adeh* que significa "fogo" e por isso ela pode ser associada a Brigit.

Assim como Brigit, ela também governa a agricultura, a fertilidade, a colheita e os animais de uma forma geral. Muitos pesquisadores se referem a ela como a "brilhante", o que indica que ela foi originalmente uma Deusa solar. Isso realmente é possível, pois ela é a irmã da Deusa Grian, também chamada de Grainne, que era considerada o próprio Sol antes da ascensão dos Deuses masculinos, como Bel e Lugh, a essa posição. Juntas, Grian e Aine, alternam-se como Deusas do Sol crescente e minguante da Roda do Ano, trocando de lugar a cada Solstício.

O *Sabbat Litha*, o Solstício de Verão, era celebrado em toda a Irlanda em honra de Aine. Nessas noites, os fazendeiros faziam procissões com inúmeras tochas de palha e iam em direção a Knock Aine, agitando-as sobre o gado e os campos para proteção e fertilidade. O propósito dessa cerimônia era purificar a terra, mandando embora todas as energias e espíritos hostis. Os povos antigos acreditavam que isso traria uma boa colheita e o aumento do rebanho. Dizem que em algumas ocasiões a própria Deusa podia ser vista conduzindo a sagrada procissão.

A energia de Aine pode ser sentida mais fácil e fortemente no período que vai de *Beltane* a *Samhain*, onde ocorre o ápice do Sol.

Na Irlanda, Aine sempre esteve associada à agricultura, pois, sendo uma Deusa da fertilidade, exercia domínio sobre todos os poderes de fertilização.

As lendas dizem que ela tinha o poder de se transformar em um cisne branco e em uma égua vermelha, que se chamava Lair Derg, e que ninguém poderia correr mais rápido do que ela.

As pessoas acreditavam que, na noite do Solstício de Verão, donzelas que ficassem acordadas até tarde poderiam ver Aine, e que a Deusa revelaria a colina onde viviam as fadas. O mundo das fadas só poderia ser acessado e se tornar visível pelos portais mágicos, chamados de anéis ou círculo das fadas, que seriam indicados pela própria Deusa. Por intermédio de uma cerimônia, as donzelas subiam até a colina de Knock Aine portando suas tochas e então começavam vários jogos e competições até que Aine surgia entre elas. Após agradecer pelos ritos que as donzelas tinham feito em sua homenagem, a Deusa escolhia algumas das moças e revelava onde ficavam seus portais de acesso ao reino do povo pequeno.

Existem muitos mitos que dizem que Aine era uma mulher mortal que fora capturada e encantada pelo povo das fadas, tornando-se então sua Rainha.

Conhecida como Aine de Knock Aine, em Munster, ela também era chamada de Aine Marina e Aine de Dun.

Aine traz amor, fertilidade, abundância, prosperidade, separação de relações amorosas dolorosas, gravidez. Ela amplia nossa visão e pode facilitar o contato com o mundo das Fadas.

> SIGNIFICADO DIVINATÓRIO: amor, inspiração, divórcio, contato com o reino elemental, aumentar os poderes mágicos e extrassensoriais, cura.

AIRMID

Airmid, também conhecida como Airmeith, é uma das Deusas mais antigas dos Tuatha de Dannan. Senhora de grandes poderes mágicos, é a Deusa da medicina e da cura dos celtas.

É filha de Dian Cecht, o Deus da Cura, da Magia, e avô de Lugh.

Airmid é a Deusa dos encantamentos e da Magia com ervas. Detém poderes sobre a cura por intermédio das ervas e suas especialidades. Conhece o uso de cada planta e é ela quem nos ensina sobre as propriedades das ervas mágicas. É também a Guardiã da fonte da juventude eterna, com seu pai e irmãos. Vinda de uma família de curadores, Airmid reflete a combinação do conhecimento prático e mágico. Tem o poder de curar animais e humanos. Segundo as lendas, ela vivia num esconderijo entre as montanhas e teve quatro irmãos: Miach, Cian, Cethe e Cu.

Airmid era uma hábil curandeira. Ao viajar com seu irmão Miach pela Irlanda, executou grandes feitos de cura.

As aventuras da Deusa Airmid começam com a visita ao castelo de Nuada Argentlam, o antigo Rei dos Tuatha de Dannan.

O portão de Nuada era guardado por um porteiro que se sentava ao lado do portão com um gato escondido em sua capa. Como o Rei, o porteiro não tinha um dos olhos. Quando Airmid e seu irmão se aproximaram do portão, ele lhes perguntou quem eram. Ao dizer que eram curandeiros, o porteiro quis saber se poderiam dar-lhe um novo olho.

Airmid e Miach concordaram e removeram um dos olhos do gato do porteiro e transplantaram para o espaço vazio onde

68 | *Oráculo da Grande Mãe*

estava o olho aleijado. A operação não foi tão bem-sucedida, já que o novo olho reteve a natureza do gato. À noite, ele ficava aberto à procura de ratos e durante o dia só desejava dormir. Mesmo assim, o porteiro ficou muito feliz por ter novamente dois olhos e recomendou os dois curandeiros ao Rei Nuada.

Algum tempo depois, o pai de Airmid, Dian Cecht, descobriu que seu filho Miach era um curador muito mais talentoso que ele. Impossibilitado de aceitar as grandes habilidades e inteligência de seu filho, assassinou-o num ataque de inveja e loucura. Airmid chorou e lamentou a morte do irmão sobre sua tumba, e de suas lágrimas nasceram 365 tipos de ervas diferentes. Ela recolheu as ervas que cresciam ao redor do túmulo do irmão e descobriu que cada uma era a cura para uma doença. Com muito cuidado, catalogou cada erva, seu uso mágico e medicinal e colocou-as em seu manto para carregá-las consigo para que assim pudesse curar as pessoas, onde quer que ela fosse, possibilitando que todos pudessem ser curados. Dian Cecht, incapaz de se redimir, retirou as ervas do manto de Airmid e derrubou-as ao chão, misturando-as para impedir que a humanidade recebesse a cura e aprendesse os segredos da imortalidade possível por meio de seu uso.

Mesmo com esse relacionamento tenso, Airmid e Dian Cecht se uniram para curar os Tuatha de Dannan em sua luta contra os Fomorianos. Mergulhando cada guerreiro ferido na Fonte da Saúde, eles os curavam. Cada um que mergulhasse em sua fonte sagrada ficava completamente curado e podia voltar para a batalha.

De acordo com as lendas, Airmid ajudara seu pai a criar a Fonte da Cura e, enquanto os Tuatha de Dannan se preparavam para a segunda batalha de Mag Tuired, Airmid e Dian Cecht pegaram erva por erva da Irlanda e criaram a Fonte da Cura, chamada de Tropra ou Tiobraid Slane. Airmid e seus irmãos cantaram encantamentos a cada erva colocada na fonte. Os guerreiros gravemente feridos se

O *Significado de Cada Deusa* | 69

banhavam na fonte e então eram restabelecidos prontamente. Suas feridas mortais eram curadas a cada encantamento. Airmid é a Senhora da Cura. Ela era a Deusa invocada pelos celtas para auxiliar nos processos de recuperação. É considerada não só uma Deusa da Saúde, mas também da Renovação, pois era uma das Guardiãs da Fonte da Eterna Juventude.

Airmid auxilia nos processos de cura das doenças, consagração de ervas para rituais e revelação dos mistérios do reino vegetal.

SIGNIFICADO DIVINATÓRIO: cura, regeneração, contato com o reino vegetal, superação de problemas familiares, harmonia entre irmãos, renovação.

AMATERASU

Amaterasu é a Deusa japonesa do Sol. Considerada a Grande Deusa que governa todos os Deuses japoneses, foi muito venerada no santuário de Ise, como a progenitora divina da família imperial que traçava sua linhagem a partir dela. Seu santuário fica situado em Ise, na ilha de Honshu. Seu templo é destruído a cada 20 anos e então reconstruído em sua forma original.

Amaterasu era conhecida como a Mãe do Espírito da Criação. Seu nome significa "Aquela que fulgura no céu".

É uma Deusa venerada até hoje no Xintoísmo. Um de seus títulos é Omikami, que quer dizer "Grande e Sublime Divindade".

Ela é uma das raras Deusas femininas do Sol.

A lenda nos diz que Izanami (a Criadora) e Izanagi (o Criador), ao tornarem-se os ancestrais de todas as coisas, criarem o mar, os rios e as montanhas, decidiram criar o Sol para governar o Universo. Quando Izanagi ingressou na obscuridade e emergiu, o Sol nasceu, sendo revelado pela lavagem de seus olhos, e assim nasceu Amaterasu. O brilho resplandecente dessa criança fulgurou pelos seis cantos (norte, leste, sul, oeste, acima e abaixo). Entre os muitos filhos de Izanami e Izanagi, nenhum se assemelhava à prodigiosa, bela, resplandecente e esplendorosa Amaterasu. Ela foi enviada aos céus e lhe confiaram os assuntos celestes.

Um dia, Susanowo subiu ao reino divino para visitar sua irmã Amaterasu. Prestes a fazer uma longa viagem ao Submundo para reunir-se com sua mãe, a Senhora da Morte, estava um pouco receoso em fazer a viagem. Ele tinha ouvido terríveis histórias do que lá encontraria.

Para criar coragem para fazer a jornada, Susanowo decidiu passar uma estação deleitando-se com a luz e o conhecimento de sua irmã. Ele a conhecia melhor que ninguém e sabia que sua luz poderia reconfortá-lo.

Amaterasu ficou surpresa e amedrontada quando soube da novidade, pois não tinha se esquecido de sua última briga com o irmão. Assim, ela decidiu se armar com arco e flechas e foi ao seu encontro.

Amaterasu olhou para Susanowo desdenhosamente por seu arco. Ela definitivamente não tinha esquecido sua última disputa com ele e esperava mantê-lo longe, com uma forte e inabalável aparência.

Esta não era exatamente a imagem de amor e devoção que Susanowo esperava encontrar, mas mesmo assim ele respondeu que tinha ido ao reino de Amaterasu para rever a irmã antes de descer ao reino das sombras. Mas a paz no Reino de Amaterasu não durou muito. Como sempre, o irado Deus Susanowo não conseguiu conter sua fúria após alguns desentendimentos com a irmã, mas a Deusa relevou o irmão.

Infelizmente, a piedade de Amaterasu somente tornou as coisas piores. Susanowo cada vez mais praticava más ações, só para ver até onde Amaterasu aguentaria. Pensava que ela perderia seu temperamento amistoso e se tornaria igual a ele, uma verdadeira irmã afinal. Na verdade, como Amaterasu poderia gostar dele e entendê-lo, se ela ficava tão distante, tão superior todo o tempo?

Amaterasu, por sua vez, começou a perder a paciência com Susanowo e a raiva tomava lugar em seu coração. Somente ela poderia livrar-se dele de uma vez por todas. Perguntou então aos Deuses por que um irmão tão atormentado fora-lhe enviado, mas nenhuma resposta lhe foi dada.

Em um dia em que Amaterasu tecia roupas em seu sagrado quarto e tinha um momentâneo descanso de seus tormentos, Susanowo decidiu enviar uma mensagem final para a irmã. Embora tivesse tentado atingir Amaterasu várias vezes, ela sempre conseguira resistir. Nesse dia, Susanowo esfolou um cavalo malhado, fez um buraco no telhado da casa e jogou o cavalo morto no Círculo de Mulheres de Amaterasu. Na sela do cavalo estava escrito: "As coisas nem sempre são negras ou brancas quanto parecem ser".

Esse assustador evento causou a morte de uma das mais antigas amigas de Amaterasu, que caiu agonizando aos seus pés. Então, cansada de tudo, a Deusa pensou em fugir de uma vez por todas. Ela correu o máximo que pôde em direção a uma caverna, num lugar tranquilo e fechou a entrada com uma rocha. Assim não mais haveria conflito. Haveria paz, afinal.

O mundo caiu em sombras e ninguém mais pôde atrair Amaterasu novamente. Susanowo, em desespero, começou sua longa jornada ao Submundo.

Amaterasu permaneceu um longo tempo na caverna, analisando os recentes fatos. Começou a sentir que tinha sido sua culpa. Talvez ela tivesse falhado com o irmão em algum ponto ou carecesse de habilidade para amar. Em seu longo período no interior da caverna, tinha perdido a habilidade de ver de maneira clara, sua luz estava verdadeiramente fraca.

Mas as sombras dentro da caverna não se comparavam às sombras fora dela. As pessoas tinham perdido sua Mãe Radiante e permaneciam em suas casas sem nenhuma esperança. Sem sua luz, eles não poderiam ver suas próprias luzes e assim perdiam a vontade de ir além. O mundo começou a morrer.

Quando as coisas partiam para o irremediável, os Deuses decidiram reunir-se para colocar em ação um plano capaz de trazer Amaterasu de volta. Eles decidiram juntar galos que cacarejavam apenas antes da alvorada. Depois, penduraram um espelho com joias nos ramos de uma árvore de Sakaki, na entrada da caverna onde Amaterasu estava enclausurada e decoraram as árvores com brilhantes bandeiras de pano, com várias palavras rituais.

Uzume, uma Deusa irmã, adiantou-se com uma ideia. Ela se despiu e então, cuidadosamente, ornou-se com várias plantas e folhas de bambu, subiu num barril e começou a dançar diante da caverna. Ela bateu os pés sobre o barril e balançou as coxas, deixando-se levar pelo êxtase divino. Solicitou que todas as oitocentas miríades de Deuses gargalhassem estrondosamente, assobiando e gritando. Pela luz de milhares de tochas, os galos começaram a cantar alto, de forma uníssona.

Amaterasu, em sua caverna, ficou surpresa. Desde as batalhas travadas com Susanowo, ela não tinha ouvido tamanho barulho. Ao escutar o barulho dos Deuses, não pôde resistir e foi espiar o que estava acontecendo fora da caverna.

Os Deuses, que acreditavam não ter mais chances de rever Amaterasu, pediram ao Deus da Força para esconder-se perto da entrada da caverna e agarrar a mão de Amaterasu e puxá-la para fora quando ela surgisse, mas a força não foi necessária.

Captando uma centelha de luz no espelho que estava pendurado diante da caverna, por um momento Amaterasu esqueceu seus medos e dor.

Ela viu a si mesma pela primeira vez, e isto lhe deu uma forte determinação para levar adiante sua responsabilidade com seu povo. Imediatamente retornou ao seu palácio e prometeu nunca mais se amedrontar com uma mera tempestade. Espelhos foram colocados nas entradas de seus templos, assim todos os que lá entrassem poderiam se olhar e perceber a beleza que existe em cada um.

Amaterasu é a mais importante divindade do Japão. Nem mesmo o patriarcalismo budista conseguiu exterminar o culto e o amor do povo japonês por essa bela divindade.

Amaterasu é considerada a grande iluminadora, a que une os povos e as nações, símbolo da benevolência e da fertilização. Sendo o próprio Sol, sua luz fertilizava o solo, assegurando uma colheita farta e plena.

A Deusa teria ensinado aos homens a agricultura, a tecelagem e a arte de criação do bicho-da-seda.

Sempre em outubro era festejado o Kanname Sai, em que as oferendas dos primeiros grãos eram feitas à Deusa em agradecimento à fartura e à abundância.

Por ser considerada a Senhora do Universo, levava o título de *Oho hiru me no muchi*, que significa "Grande fêmea possuidora do meridiano". É também considerada a Senhora de Todas as Forças inerentes à natureza.

Uma importante parte da coroação dos Imperadores do Japão ocorre no templo principal de Amaterasu, que fica em Ise. O templo possui um espelho chamado de *Shintai* que representa a presença física de Amaterasu. Acredita-se que o espírito da Deusa entra no espelho, para estar presente nas cerimônias e ouvir as invocações feitas em sua homenagem. Galos, em alusão à sua lenda, encontrados em profusão no templo são consagrados à Amaterasu, pois eles saúdam o Sol a cada amanhecer.

O Sol nascente, símbolo da bandeira do Japão, representa Amaterasu como a Guardiã do povo japonês, além de ser o símbolo da unidade cultural japonesa.

Amaterasu está associada ao calor, à colheita, ao amor, à fertilidade, à sabedoria, à paz, à luz e à compaixão.

O mito de Amaterasu e Susanowo nos faz refletir sobre o pensamento usual da cultura ocidental sobre homens e mulheres. Neste caso, a Divindade do Sol, que geralmente na tradição ocidental é masculina, assume o papel de uma Deusa. Ela é cheia de vida, inteligência, entendimento, mas a real iluminação só vem para ela ao final. O sensível que devasta não é a fêmea, como temos visto na maioria dos mitos, mas sim uma presença masculina e forte, cheia de energia e inconstância.

O mito de Amaterasu nos ensina que "luz e tempestade" são aspectos inerentes a todos os seres. Não importa se somos homens ou mulheres, nossa busca é perceber claramente esses aspectos no espelho da vida.

Na lenda, Amaterasu e Susanowo são atraídos e repelidos. A luta não termina enquanto eles não encontram uma medida de aceitação e verdadeiro amor, que somente é conseguida pela experiência repetida. A verdadeira batalha é interior, onde muitas vezes nos escondemos por algum tempo dentro de uma caverna, fugindo dos conflitos.

SIGNIFICADO DIVINATÓRIO: iluminação, força de vontade, cura, renovação, desenvolvimento, evolução, ânimo, coragem, vigor.

ARADIA

Deusa Toscana, Aradia teve seu nome derivado de Herodia, que significa "Rainha das Bruxas". Aradia foi uma Deusa reverenciada pelas Bruxas da região da Toscana, mas esquecida até que Charles Godfrey Leland publicou o livro *Aradia, Gospel of the Witches*.

Aradia é considerada filha da Deusa lunar Diana. Ela é uma Deusa eternamente espiritual, e inclui Kore em seu poder, Afrodite em sua beleza e Diana em sua coragem e amor pelos lugares selvagens. Foi enviada para a Terra como a profetisa da religião da Bruxaria italiana, com a missão de proteger as mulheres da opressão do feudalismo.

Segundo a lenda, Diana amava muito seu irmão Lúcifer, o Deus do Sol e da Lua, o Deus da Luz, que, por ser muito orgulhoso de sua beleza, fora expulso do Paraíso.

Diana teve com o seu irmão uma filha, a quem deram o nome de Aradia.

Naqueles dias, havia muitos ricos que faziam dos pobres seus escravos. Esses eram cruelmente tratados. Em cada palácio, uma tortura, em cada castelo, prisioneiros.

Muitos escravos escapavam. Fugiam de seu país e então se tornavam ladrões e pessoas maldosas. Em vez de dormirem à noite, eles organizavam suas fugas, roubando e assassinando seus senhores. Iam para as montanhas e florestas, agora como assaltantes e assassinos, para escapar da escravidão.

Um dia, Diana disse para sua filha Aradia:

"É necessário que você nasça e se torne uma mortal e desça à Terra para tornar-se uma Mestra de mulheres e homens que desejem estudar a Bruxaria.

Você será a primeira Bruxa do mundo e irá ensinar a arte de envenenar os Senhores, fazendo com que morram em seus castelos, e quando você encontrar um camponês deverá ensinar-lhe a Arte da Bruxaria e como destruir todas as colheitas com tempestades e raios, granizo e vento.

E quando um padre prejudicá-la com suas orações, você deverá causar-lhe o mal duplamente, e faça isso em nome de Diana, a Rainha das Bruxas.

E quando o padre, ou o nobre, disser que deve acreditar no Pai, no Filho e em Maria, diga-lhes: 'Seu Deus, o Pai e Maria são três demônios. Pois o verdadeiro Deus, o Pai, não lhe pertence. Pois eu vim para varrer o mal, os homens do mal e destruirei todos.'

Todos os que são pobres sofrem com o lamento da fome, trabalham infelizes e padecem frequentemente com as prisões, e eu os libertarei. Como todas as coisas, os pobres têm uma alma, e por seu sofrimento serão felizes no Outromundo, mas o mal será o destino de todos os que tratam os pobres com injustiça."

E Aradia veio à Terra e ensinou como praticar a Arte da Bruxaria e destruir os opressores.

E ela disse:

"Quando eu partir deste mundo, todas as vezes que precisarem de mim, uma vez ao mês, quando a Lua for Cheia, reúnam-se num local secreto ou em uma floresta. Todos juntos para adorarem o poderoso espírito de sua Rainha, minha mãe, a Grande Diana. Ela que bondosamente ensina a todos a Arte da Feitiçaria, os segredos profundos e todas as coisas ainda não conhecidas. E serão libertos da escravidão e assim estarão livres em todas as coisas. E como símbolo de sua verdadeira liberdade, vocês deverão apresentar-se nus em seus ritos." E assim termina o mito de Aradia.

78 | Oráculo da Grande Mãe

Alguns historiadores dizem que Aradia era uma figura cristã, na Itália, que viveu por volta de 1350. Ela teria sido aprisionada mais de uma vez, escapado diversas vezes e eventualmente desaparecido. Outros dizem que ela era conhecida por Herodias, de acordo com a Bíblia, e responsável pela decapitação de João Batista.

Com sua vassoura de poder, seu manto de mistérios e seu conhecimento sobre cada planta, ela deu visão à Inquisição. Aradia ensinou as mulheres a invocar a lua cheia à meia-noite, espalhando sal de uma sacola vermelha enquanto pediam favores à Deusa.

O mito de Aradia nos mostra uma Divindade vingativa e manipuladora. Wiccanianos são pessoas que utilizam Magia sempre de forma evolutiva, sem prejudicar nada nem ninguém. Percebemos que as instruções de Aradia são opostamente diferentes das propostas pela religião Wiccaniana hoje. Isso ocorre porque Aradia é uma Deusa que veio ao mundo para ensinar aos homens uma magia mais agressiva, para auxiliá-los a livrar-se da opressão, e dessa forma o mito deve ser visto por um ângulo simbólico.

Para os etruscos, a ideia da Divindade estava fortemente ligada à noção de poder, e todos os que pudessem compreender esse poder eram capazes de acessá-lo e poderiam entrar em contato com o divino e serem favorecidos pelos Deuses.

Aradia ensinou aos italianos todos os segredos da feitiçaria e os tradicionais poderes que uma Bruxa poderia possuir, os quais ela chamou de dons. Segundo a Deusa, esses poderes só seriam despertados nos que aderissem às práticas da Antiga Religião e observassem os ritos sazonais e lunares, então poderiam utilizar-se do dom de:

- abençoar ou amaldiçoar
- conversar com os espíritos
- encontrar tesouros escondidos
- conjurar o espírito de padres que morreram e deixaram riquezas

- entender a voz dos ventos
- adivinhar pelas cartas
- conhecer os segredos das mãos
- curar doenças
- transformar pessoas feias em bonitas
- domar feras selvagens

Aradia surge para nos dar acesso ao conhecimento mágico e todo o poder da Magia. Ela é capaz de nos conduzir rumo à evolução espiritual e nos proteger de todos os perigos em todos os momentos.

SIGNIFICADO DIVINATÓRIO: trabalho mágico, desenvolvimento dos poderes mágicos, cura, visão interior, proteção, bênçãos, oráculos, banir o mal.

ARIADNE

As representações iconográficas da heroína grega Ariadne mostram-na às vezes em companhia de um herói, Teseu, e outras, com o Deus Dionísio. Inumeráveis histórias, às vezes divergentes, dão conta do destino pouco afortunado da companheira de um e de outro.

Ela é originalmente uma Deusa minoica. Também era chamada de Aridela, que significa: "Aquela que brilha em esplendor".

A lenda de Ariadne diz que, esguia no mar imenso, uma embarcação de velas negras afastou-se de Atenas. Nela eram transportados jovens que seriam sacrificados no labirinto do Minotauro. Entre eles estava Teseu, filho de Netuno e Etra, que pretendia liquidar o Minotauro, um ser com corpo de homem e cabeça de touro e, com isso, eliminar os atenienses de tão cruel tributo imposto pelo rei Minos, de Creta.

Eles levavam consigo velas brancas para substituir pelas negras em sua viagem de volta. Iniciaram a viagem com as velas pretas, que se adequavam à natureza melancólica da expedição.

Ao chegar a Creta, a bela filha do rei Minos, Ariadne, apaixonou-se por Teseu e resolveu ajudá-lo: ofereceu-lhe um novelo de fio para ser desenrolado no labirinto, indicando-lhe a saída. No labirinto, pé ante pé, Teseu desenrolou o novelo até encontrar-se com o temível Minotauro. Em breve luta, Teseu matou o monstro e voltou, cansado, aos braços de Ariadne, que o esperava na saída.

Ariadne voltou com o herói para Atenas, a fim de fugir da ira do pai, quando este descobrisse que ela havia ajudado o herói, mas Teseu deixou-a num porto em Naxos e nunca mais se viram.

Dionísio, apaixonado pela donzela, foi em sua direção e esposou-a. Como presente de núpcias, Ariadne recebeu uma coroa de ouro confeccionada por Hefesto. Após sua morte, Zeus colocou a coroa nos céus, formando a constelação de Ariadne, a Corona Borealis.

As desventuras de Ariadne ou Ariadna, filha de Pasífae e de Minos, rei de Creta, começaram quando ela deu a Teseu, seu amado, o fio que lhe permitiria sair do labirinto onde vivia o Minotauro. Depois de deixar Creta com Teseu, este, talvez obedecendo ordens da Deusa Athena, abandonou-a à própria sorte na ilha de Naxos. O destino posterior de Ariadne é objeto de versões divergentes. Segundo uma delas, ela teria se suicidado em Naxos; segundo outra versão, ela teria encontrado a morte ao dar à luz em Chipre. A versão mais difundida é a de que Afrodite sentiu piedade pela jovem abandonada e lhe deu por esposo o Deus do vinho, Dionísio. Dessa união teriam nascido dois filhos. Outra versão do mito afirma que Ariadne morreu em consequência da intervenção de outra Deusa, Diana, por sua vez incitada pelo próprio Dionísio.

A origem do mito de Ariadne deve ser buscada na Creta minoica e em algumas ilhas próximas, como Naxos, ou mais afastadas, como Chipre, onde era considerada Deusa da Vegetação. Os habitantes de Naxos, por exemplo, costumavam homenagear Ariadne com alegres festivais e sacrifícios de caráter ritual.

Ariadne é uma Deusa lunar. Serpentes, símbolos de renascimento, eram ritualmente utilizadas por suas sacerdotisas, enquanto interpretavam oráculos. Cânticos e danças faziam parte integrante da celebração do renascimento anual de Dionísio, na função de seu filho e consorte. Possuiu sacerdotisas por mais de dois mil anos em Creta.

SIGNIFICADO DIVINATÓRIO: amor, reconciliação, curar um coração partido, trazer os dons da sabedoria, aumentar os poderes mágicos, sair de situações difíceis, solucionar problemas.

ARIANRHOD

Arianrhod é a filha de Danu e irmã de Gwydion. É considerada a guardiã da Roda de Prata de estrelas. Deusa galesa da reencarnação e da fertilidade, sempre esteve associada com o reino celestial. Segundo as lendas, vive em um reino estrelado chamado Caer Arianrhod, também conhecido como Corona Borealis, a mesma constelação associada a Ariadne, possivelmente uma versão grega de Arianrhod. Os celtas acreditavam que Caer Arianrhod era o lugar onde as almas permaneciam após a morte. Lá a Deusa presidia sobre o destino dos espíritos com suas auxiliares.

A lenda dela inicia-se quando Gwydion, seu irmão, sugeriu que Arianrhod fosse esposa de Math. Ela então foi chamada à presença do rei para uma entrevista, e ao ser questionada se ainda era virgem a resposta da Deusa foi afirmativa.

Math pegou o seu bastão mágico e, posicionando-o no solo, ordenou que Arianrhod andasse sobre ele para provar sua virgindade.

Arianrhod ficou irritada com o insulto, mas obedeceu.

Ao começar a andar sobre o bastão, um pequeno bebê despencou por entre seu vestido. Quando ouviu o choro da criança, Arianrhod saiu correndo pela porta e outro bebê despencou por entre seu vestido. Gwydion pegou-os e enrolou-os antes que qualquer um pudesse vê-los.

Por meio desse truque, Math usou de sua magia para engravidar a Deusa sem o seu consentimento ou conhecimento, dando à luz duas crianças.

A primeira criança, um menino escuro, foi chamado de Dylan e logo depois depositado no oceano e abandonado sob as ondas do mar.

Dylan, também conhecido por Eil Ton (Filho das Ondas), nadava mais habilmente que qualquer peixe. Ao ser morto por seu tio Govannon, todas as ondas da Britânia, Irlanda, Escócia e Ilha de Man lamentaram sua morte.

O segundo filho cresceu mais rápido que qualquer mortal e foi muito amado por Gwydion, que o criou. Quando chegou aos quatro anos de idade, a criança foi levada por Gwydion à corte de sua mãe, chamada de Caer Arianrhod.

Arianrhod lhe deu as boas-vindas e perguntou-lhe quem era o garoto que trazia consigo. Ao saber que o menino era seu filho, perguntou por qual motivo ele teria viajado tanto para fazer-lhe passar tanta vergonha. Gwydion lhe respondeu que o garoto era o menino mais gentil de todos os que ela já pudesse ter visto em sua vida. Ao ouvir isso, Arianrhod quis saber o nome do garoto. Quando Gwydion lhe disse que ele não tinha um nome, a Deusa afirmou que o destino dele seria não ter nome nenhum, até que ela decidisse lhe dar um.

Gwydion não ficou satisfeito com a decisão de Arianrhod, mas não pôde fazer nada quanto ao direito dela de lhe dar tão triste destino.

Para Arianrhod, seu nome e independência era o que havia de mais importante, e ela não poderia manchar sua reputação reconhecendo um filho nascido em tais circunstâncias.

Gwydion decidiu enganá-la usando sua magia para que o garoto pudesse ganhar um nome. Disfarçados de sapateiro, ele e o garoto seduziram Arianrhod para um navio para medir seus sapatos; ao observar o garoto mirando uma carriça com uma pedra e acertando-a, Arianrhod disse: "O honrado que possui uma mão hábil". Quando isso ocorreu, Gwydion tirou o seu disfarce, dizendo que o garoto tinha acabado de ganhar um nome, Llew Llaw Gyffes (A Honrada Mão Hábil).

Arianrhod ficou furiosa por ter sido enganada e lhe colocou um novo tabu. Llew jamais poderia carregar armas, até que ela o equipasse com tais aparatos.

Depois de passar alguns anos treinando o rapaz em equitação e armas e aperfeiçoando-o em sua feição, crescimento e estatura, Gwydion e Llew disfarçaram-se de bardos de Morgannwg. Dessa forma, eles poderiam entrar novamente em Caer Arianrhod.

Após ganharem a confiança de todos no reino de Arianrhod com contos e canções, os dois conquistaram os seus próprios aposentos. Ao amanhecer, Gwydion invocou todo o seu poder mágico e criou a ilusão de uma invasão armada ameaçando o castelo de Arianrhod.

Arianrhod foi até o quarto onde estavam Llew e Gwydion para pedir o auxílio deles. Gwydion aconselhou-a a entregar armas a todos que estavam dentro do castelo, inclusive eles, pois só assim seria possível se defenderem do ataque. Ela concordou e então lhes entregou armas para ajudar na defesa.

Quando ela fez isso, Gwydion revelou que tudo não passava de uma farsa para que assim o destino de Llew fosse alterado e ele pudesse portar armas de guerra.

A Deusa se enfureceu mais ainda e lhe colocou mais um tabu. Llew jamais poderia ter uma esposa da raça humana existente sobre a Terra.

Pedindo a ajuda de Math para resolver esse problema, criaram então uma mulher de flores, Bloddeuwed, para desposar Llew.

Arianrhod, cujo nome significa Roda de Prata, é a Deusa da fertilidade e da lua cheia, das estrelas, da regeneração e da reencarnação, cujos caminhos são uma eterna indagação, sem começo nem fim. O espírito de Arianrhod é o símbolo da profecia e dos sonhos. Auxilia-nos provendo um vislumbre em nosso passado e futuro, mas todos os que procuram conhecer seus mistérios devem fazê-lo de coração aberto. É Arianrhod quem controla a dimensão que nos dá acesso ao poder da Criação, por isso um de seus símbolos é o redemoinho, uma enigmática visão do universo de acordo com a percepção dos celtas.

Ela é a personificação da Roda do Ano, sempre em movimento. Essa Roda é também conhecida como Roda Remada, um bote que carrega os guerreiros mortos para as Terras da Lua (Emania).

Arianrhod é a primal figura do poder e autoridade feminina e é considerada uma Deusa ancestral dos celtas. Uma chave para a natureza desta Deusa é que ela é tecelã, controla a interação das vidas humanas e a matéria da Criação por ela mesma. Na tradição irlandesa, encontramos essa Deusa nas Terras de Erin como uma fiandeira.

Ela representa a face Mãe da Deusa no país de Gales, e seu nome significa "Rainha da Roda". É sempre representada por rodas, prata e feixes de trigo.

Arianrhod é uma Deusa estelar, Deusa do céu, Senhora do nascimento.

Ela também é uma Deusa Sexual e se une livremente com qualquer homem que quiser, pois seu corpo é para ser usado como bem entender. Por essa razão, geralmente se rebela contra a sociedade patriarcal em seus mitos. Muitos acreditam que seus mitos representam a mudança da sociedade matriarcal dos celtas para os clãs masculinos centrados em homens.

Podemos perceber isso em seu mito. Ela reina sobre o seu próprio reino, sem o auxílio de nenhum homem, e não sente nenhuma vergonha em recusar qualquer coisa, nem a seu próprio filho. No entendimento da Deusa, de acordo com os conceitos de tutela céltica, ela não precisaria se preocupar com o crescimento de seu filho. Ao mesmo tempo, ela insiste em seus direitos como mãe: dar-lhe um nome, armá-lo e escolher sua esposa.

Arianrhod lhe dá acesso aos reinos ocultos, o Outromundo e pode revelar suas vidas passadas. Esteja aberto para que Arianrhod se aproxime e o instrua com todo o seu poder e Magia.

SIGNIFICADO DIVINATÓRIO: magia, acessar outros mundos, conhecer suas vidas passadas, reivindicar o poder feminino, beleza, fertilidade, reencarnação, poder.

ÁRTEMIS

Ártemis, filha de Zeus e Leto, é irmã gêmea de Apolo. Provavelmente, incorporou vários atributos de diversas Deusas muito mais antigas, como Selene, Ortia, Ilítia e Hécate. A princípio, encontramos referências sobre Ártemis como uma Deusa da fertilidade, da Ásia Menor. Seguramente ela possuiu relações com o culto à Deusa da Ásia Menor e com as Deusas minoicas. Seu culto tornou-se muito popular na Grécia no Período Arcaico.

Ártemis é a Deusa de todas as coisas selvagens, a protetora da juventude e a padroeira dos caçadores, do nascimento, dos pescadores e das mulheres solteiras. Protetora das amazonas, mulheres que não se sujeitavam aos homens e primeiras a instituir-lhe culto, era considerada Rainha dos Bosques, dos animais selvagens e protetora dos caçadores.

De acordo com a lenda de Ártemis, depois de um envolvimento amoroso com Zeus, Leto soube que iria tornar-se mãe, e Hera, enciumada, começou a persegui-la. Leto vagou incessantemente pela Terra, pois ninguém queria dar-lhe abrigo por temer Hera. Poseidon, o Deus dos Mares, apiedou-se e indicou-lhe a ilha de Delos, que até então estava flutuando pelos mares e que parou porque ele determinou que assim fosse, para ser o refúgio de Leto.

Exausta, Leto chegou à ilha, um lugar estéril, longínquo, tão distante que seguramente Hera jamais saberia onde estava.

E assim foi. A ilha deserta recebeu Leto e, com ela, os filhos que em breve conceberia.

Nessa ilha, Leto deu à luz os gêmeos Ártemis e Apolo.

Ártemis nasceu poucos momentos antes de Apolo e foi testemunha das dores do parto da mãe e ajudou no nascimento do irmão.

Logo que pôde, Ártemis procurou seu pai, Zeus, e pediu-lhe uma curta túnica, sapatos de caçadora, arco e flechas, um séquito de Ninfas e a dádiva da virgindade eterna. Pediu também as montanhas, para que pudesse habitar nesses lugares. Aos Ciclopes pediu armas, ao Deus Pan solicitou uma matilha de cães para acompanhá-la em suas caçadas.

Todos os seus desejos foram atendidos, e a Deusa foi morar na região montanhosa da Arcádia.

Ártemis passava o tempo percorrendo florestas, prados e margens de rios com suas Ninfas e cães.

Quando se sentia entediada ia para a morada de seu irmão Apolo, em Delfos, para cantar com as Graças e Musas.

Apesar de ser primariamente uma Deusa da caça e da vida selvagem, era também associada ao parto e à Lua, coisas ligadas respectivamente a rituais de fertilidade e Magia. Ártemis carrega uma bolsa com flechas de prata, e os gregos acreditavam que mulheres que morressem durante o parto, de forma súbita ou de morte indolor, eram atingidas pelas flechas da Deusa.

Ártemis é geralmente representada como uma Deusa jovem vestida de pele, carregando um arco e flechas. Ela é muitas vezes acompanhada por criaturas selvagens, como o veado ou a ursa. Veste uma curta túnica e também é representada com uma crescente lunar na testa.

Em seu aspecto lunar, ela carrega tochas e possui estrelas ao redor da cabeça. Segundo as lendas, Ártemis preferia caçar à noite, sob a luz da Lua ou das tochas, por isso recebia muitas vezes o título de Caçadora Noturna.

Representa uma das três Deusas virgens, com Athena e Héstia, e está associada a Selene e Hécate, representando assim os aspectos triplos da Lua. Selene governava o Céu, Ártemis, a

Terra, e Hécate, o Submundo. Como Selene, era venerada como protetora das jovens esposas e das parturientes; como Hécate, era invocada como feiticeira.

Ártemis era uma Deusa severa e implacável, perseguindo homens e caçadores que maltratassem os animais. Tida como a favorecedora das mulheres, também as punia caso fracassassem ou desobedecessem as suas ordens. Mas também era uma Deusa condescendente, agindo rápido para proteger e salvar os que solicitassem sua ajuda e intervenção nos assuntos dos homens e Deuses.

Era considerada Deusa da Magia e da Castidade. A rica bênção das frutas por ela concedida foi expressa em estátuas em sua homenagem, nas quais a Deusa aparece com vinte seios em vez de apenas dois.

Entre os romanos, Ártemis foi associada à antiga Deusa dos bosques, Diana.

Arqueira que jamais se separava de suas armas, possuía um séquito de sessenta ninfas chamadas Oceânidas, e de outras vinte chamadas Ásias, que a acompanhavam permanentemente, guiando uma matilha de cães que lhe foram ofertados por Pan.

Ártemis exigia de suas seguidoras a observância da castidade. Ela se tornou uma Deusa complexa, assumindo atributos de Deusas anteriores. Como Ísis ou Ishtar, tornou-se a representação das variáveis energias femininas.

Ártemis era uma Deusa contraditória. Ela era a virgem que promovia a promiscuidade, ela era a caçadora que protegia os animais, também era considerada a árvore, a ursa, a Lua. Ártemis era a imagem de uma mulher se movendo por sua própria vida e assumindo diferentes aspectos em diferentes épocas.

Era considerada uma Deusa livre, movida pelos instintos, como os animais. Nessa forma, ela assume o aspecto de "Senhora das Feras", a força que assegura a sobrevivência das espécies. Como Senhora dos Animais, perseguia com suas flechas todos os que caçavam fêmeas prenhas ou seus filhotes. Governava a reprodução, o sexo e o nascimento. Era a própria força da criação.

Uma das Deusas mais amadas da Grécia, era honrada em rituais populares que variavam tanto quanto as formas da própria Deusa. Em seu templo em Éfeso, Ártemis era cultuada por sacerdotisas castas chamadas de Mellisai e por sacerdotes eunucos. Em Esparta, era reverenciada por meio de danças orgiásticas em seu aspecto de Korithalia. As amazonas celebravam Ártemis sob o epíteto de Astarteia, mãe e protetora de seus filhos, por intermédio de danças circulares em confrontos de escudos e espadas. Era também cultuada nas noites de lua cheia, em que seus devotos se reuniam nas florestas e lhe faziam oferendas e a honravam com cânticos e danças.

SIGNIFICADO DIVINATÓRIO: independência, força, vontade, ligação com a natureza, atingir objetivos, atingir metas, resgatar a feminilidade, resgatar a dignidade, todos os tipos de encantamentos, defesa, viagens, fertilidade feminina, purificação, caça, cura, entendimento, sabedoria.

ATHENA

Athena é filha de Zeus e Métis.

É a Deusa grega das Artes e da Guerra e foi a padroeira de Atenas. Seu símbolo era a coruja, e seguramente sua origem é um aspecto da Grande Deusa em forma de pássaro.

Athena foi auxiliada por heróis como Perseu, Jason, Cádmus, Odisseu e Hércules em suas jornadas.

É considerada a Deusa da Sabedoria e da Guerra, porém não da guerra impulsiva, mas da estratégica; por isso sempre protege os guerreiros audaciosos, corajosos e cautelosos.

Athena nasceu da união de Métis com Zeus. De acordo com o mito, Métis se escondeu em todos os lugares, fugiu em todas as direções, nos céus, nos mares, nas montanhas, mas não houve como escapar. Zeus só descansou quando conseguiu encontrá-la e então se amaram.

Quando o fruto desse amor começou a crescer no ventre de Métis, Zeus decidiu consultar Gaia, que lhe disse que ele teria um filho que iria destroná-lo, como ele próprio tinha feito com o pai, Cronos.

Zeus, desesperado, com medo de ter o mesmo fim que o pai e ser subjugado, decidiu dar um fim ao perigo, fazendo de tudo para que o filho dessa união não nascesse.

Zeus atraiu novamente Métis para o seu leito, e quando a Deusa se entregou aos seus braços ele a engoliu.

Algum tempo depois, ao percorrer as margens do rio Tritônis, começou a ter uma insuportável dor de cabeça. Seus gritos ecoaram pelos Céus e pela Terra, sacudindo o mundo, chamando a atenção dos demais Deuses.

Quando Hermes percebeu o que estava ocorrendo, chamou Hefesto, o ferreiro dos Deuses, que com um golpe de seu machado de ouro abriu uma fenda na cabeça de Zeus.

Da fenda aberta surgiu uma mulher, reluzente e armada. Na cabeça ostentava um elmo de ouro, nas mãos carregava um escudo e uma lança. Nessa hora, a superfície do lago se revolveu e raios podiam ser vistos no céu. Os Deuses do Olimpo se surpreenderam e reverenciaram Athena, que se tornou a mais querida filha de Zeus. Como um pensamento, ela saiu de dentro da cabeça do mais sábio entre todos os Deuses.

Zeus amou tanto Athena que lhe confiou o conselho dos Deuses e seus próprios raios.

A Athena é creditada a invenção das rédeas, que possibilitou a domação dos cavalos. Outras invenções incluem flauta, trombeta, agricultura, carruagem, rastilho, parelha de bois e muitos outros. Ela era a guardiã das artes femininas, que incluíam culinária, tecelagem e fiação, como também teria sido a primeira a ensinar aos homens a ciência dos números.

Uma das lendas nos diz que Aracne queria superar Athena na arte de tecer. Athena assumiu a forma de uma anciã, que aconselhou Aracne a não ser tão pretensiosa, mas Aracne ignorou-a. Athena então se revelou e desafiou Aracne para uma competição. Cada uma teceria um tapete. Athena, com sua grande habilidade e intuição artística, venceu-a, e Aracne se ofendeu. Enfurecida pela própria derrota, Aracne se pendurou numa corda; como castigo, Athena a transformou em uma aranha.

Numa outra lenda, Athena e Poseidon desejavam ser patronos de Atenas. Para provar seu mérito para tal honra, Athena fez surgir uma árvore de oliveira que floresceu no forte de Atenas, a Acrópoles. Poseidon procurou ultrapassá-la, golpeando o solo com seu tridente e fazendo surgir dele uma fonte, mas como ele era o rei dos mares a água era salgada. O presente de Athena aos atenienses foi considerado mais útil, e assim ela se tornou a padroeira da cidade. Poseidon inundou a cidade ao perder a disputa.

Athena era muito vaidosa, porém uma Deusa solitária. Foi uma das três Deusas virgens, por isso nunca teve um amante ou filhos. Em uma ocasião, Hefesto tentou violentá-la, mas o sêmen do Deus caiu em sua coxa. Ela limpou-se, jogando o sêmen na terra; dessa forma, uma criança foi concebida sobre a terra. Contudo, Gaia se recusou a aceitar tal responsabilidade, e assim Erictoni, um Deus meio serpente, meio homem, foi criado por Athena.

Athena auxiliou Perseu em sua jornada para destruir Medusa, pois desejava a cabeça da Górgona para decorar seu escudo. A ela também é conferida a invenção do primeiro navio, que teria conduzido os argonautas na busca pelo velocino de ouro.

Athena é a única Deusa do Olimpo a usar armadura. Era considerada a protetora das cidades e descrita como tão poderosa como uma tempestade enfurecida, e gentil e pura como o calor dos céus.

Era Athena quem ensinava a cuidar de novos seres e nutri-los, nos reinos animal e humano.

Significado divinatório: sabedoria, inspiração, vitória, lutas, batalhas, vencer dificuldades, conhecimento, estudos, proteção, liberdade, viagens, escrita, ciência, artesanato, renovação, justiça, paz, buscar as melhores soluções.

BABA YAGA

Baba Yaga é uma Deusa eslavônica que retrata a Deusa Negra. Seu mito reflete arquétipos intrincados dentro de nós. O nome Baba quer dizer "mulher velha". Ela também recebe os nomes de Baba Yaga Kostianaya Noga, que significa: "Baba Yaga dos ossos e pernas", ou Jezi Baba e Boba pelos lituanos.

Baba Yaga é geralmente retratada como uma mulher velha, pequena e corcunda com um longo nariz, que vive no meio do mato em uma cabana que se estende sobre as pernas de uma galinha. O portão e o muro de sua casa seriam feitos de ossos encimados por crânios humanos com brilhantes olhos.

Ela é um reflexo de diferentes visões da Deusa na cultura russa. Vai desde a bruxa mais malvada e cruel até a anciã mais amável, capaz de conceder desejos a todos os que forem honestos e gentis com ela. É a combinação da bruxa malvada e da mulher sábia.

As mães russas diziam aos seus filhos que Baba Yaga viria pegá-los se eles não fossem obedientes e educados.

De acordo com a lenda, na Rússia, uma vez uma garotinha chamada Vasilisa sentou-se numa cabana chorando. Isso porque o pai tinha-se casado com uma malvada madrasta, e todas as alegrias dela tinham desaparecido.

Repentinamente, Vasilisa percebeu um pequeno rato cinza correndo pelo chão. Quando ele a viu, Vasilisa lhe ofereceu um pedacinho de pão. "Obrigado", disse ele. "Você é uma doce garota. Eu posso ajudá-la. Escute atentamente. A mulher em sua casa é irmã de Baba Yaga, uma bruxa com pernas ossudas e um dente de ferro que come crianças. Se essa mulher pedir a você que visite sua tia, avise-me imediatamente."

Na manhã seguinte, o pai de Vasilisa saiu para visitar amigos e então a madrasta disse à garotinha: "Hoje você vai visitar sua tia na floresta e pedir a ela uma agulha e um fio para fazer uma camisa para seu pai."

A madrasta começou a ranger os dentes e então disse: "Siga o seu nariz e você a encontrará." E entregou um pacote para a menina, dizendo: "Aqui está um pouco de comida para você se alimentar durante a viagem. Agora vá!"

Vasilisa queria falar ao rato que estava indo ver Baba Yaga, mas sua madrasta a seguia com o olhar, da porta.

Repentinamente, ela escutou um barulho estranho atrás de uma árvore caída; foi daí que o rato apareceu, e Vasilisa perguntou-lhe o que fazer.

Ele lhe respondeu que recolhesse todas as coisas que encontrasse na estrada e então estaria salva.

Ao agradecer ao rato, Vasilisa abriu o pacote de comida para dar-lhe algo para comer, em agradecimento. Qual não foi seu espanto ao encontrar em lugar de alimento apenas pedras.

O rato balançou o rabo e as pedras se transformaram em pão fresco e geleia. Eles comeram e em seguida se despediram.

Vasilisa começou a andar pela floresta e encontrou um lenço. Lembrando-se das palavras do rato, guardou-o. Próximo dali, viu uma jarra de óleo e pedaços de carne e finalmente um pedaço de pão. Recolheu tudo e seguiu caminho rumo à cabana de Baba Yaga.

Ao chegar diante da cabana, Vasilisa se surpreendeu com um grande muro de ossos e caveiras. Ao abrir o portão, escutou um rangido e então colocou o óleo nas dobradiças.

Do lado de dentro do portão, deparou com um dos criados de Baba Yaga à sua espera e lhe disse: "Eu tenho algumas tarefas para você."

Vasilisa lhe entregou o lenço dizendo que era para ele se secar. Logo em seguida, ela ouviu um rosnado de um cachorro que se sentou no quintal, roendo um pedaço de pão duro, e ela lhe entregou o pedaço de pão fresco.

A menina caminhou em direção à cabana e bateu à porta. Baba Yaga disse: "Entre!"

Lá dentro, ela encontrou um tear e uma velha magra, com dentes de ferro e olhos faiscantes. Num canto havia um gato preto muito magro que olhava para um buraco no chão.

A garota saudou Baba Yaga dizendo que estava ali a mando de sua madrasta para buscar um fio e uma agulha.

Baba Yaga lhe disse: "Muito bem, sente-se ali no tear e continue a tecer. Eu irei trazer-lhe a agulha e o fio."

Ao sair, Baba Yaga chamou seu servo e disse-lhe: "Coloque água para ferver para o banho. Quero que você deixe minha sobrinha limpa. Pretendo fazer uma boa refeição com ela."

Enquanto fiava, a garotinha olhou para o gato e perguntou-lhe o que ele estava procurando no buraco: "Estou à procura de um rato, não como há três dias", respondeu-lhe.

A garota partiu um pedaço de carne e deu ao gato, que sorriu satisfeito dizendo: "Você tem um pente no seu cabelo e uma toalha. Corra enquanto Baba Yaga não aparece. Ao ouvi-la próximo a você, lance a toalha, e quando ela se aproximar novamente lance o seu pente. Vá, e enquanto isso ficarei tecendo para que ela não ouça o tear parar."

A garota saiu da cabana em direção ao portão. Quando encontrou o cachorro na entrada, ele reconheceu-a como a bondosa garota que lhe deu o pão fresco e então voltou a descansar. Ao abrir o portão, ele não fez um só rangido. E Vasilisa correu.

Quando Baba Yaga voltou para a sala e viu o gato tecendo, ela se enfureceu. Ao ver seu servo jogando água na banheira com uma peneira, ficou mais furiosa ainda e saiu à procura da menina.

Ao chegar ao portão, este lhe disse: "Durante anos eu a servi, Baba Yaga, você nem sequer facilitou o meu sofrimento com água. A garotinha foi gentil e me deu óleo."

O cachorro disse: "Durante todos os anos em que a servi, você apenas me deu restos para comer. A garotinha me deu um pedaço de pão fresco."

O servo de Baba Yaga disse: "Em todos os anos que a servi, você nem sequer me ofereceu um farrapo. A garotinha me deu um lindo lenço para enxugar minhas lágrimas."

Baba Yaga rangeu os dentes dizendo: "Eu mesma vou capturá-la." E assim saltou para dentro de seu pilão e, com o socador em uma das mãos e a vassoura na outra, ela voou.

Vasilisa parou no meio da estrada ao ouvir o barulho do almofariz que se aproximava e jogou sua toalha para trás.

Imediatamente, a toalha se transformou em um rio enfurecido. Baba Yaga foi em direção ao rio, mas seu almofariz não podia flutuar ou nadar. Ela voltou para sua casa e pegou seu boi para que ele bebesse a água do rio. Montou novamente em seu almofariz em busca da garotinha.

Quando Vasilisa a ouviu se aproximando novamente, jogou para trás o seu pente. No mesmo instante, o pente cresceu e se tornou uma floresta. Dessa forma, Baba Yaga não pôde atravessá-la.

Vasilisa correu em direção à sua casa para contar tudo ao pai. Depois de saber sobre Baba Yaga, ele ficou furioso e perguntou à madrasta da garotinha: "Você enviou minha filha para ser devorada por Baba Yaga? Vá embora, você me traiu e tentou machucar minha filha!"

E então a madrasta partiu.

O rato se mudou para a casa da garotinha e assim eles viveram felizes para sempre.

Segundo os mitos, Baba Yaga vivia em sua cabana escondida em meio à floresta e era capaz de voar de um lugar para outro. Nas noites de inverno, ela provocava tempestades voando dentro de seu caldeirão ou em seu almofariz, tendo o socador como remo.

Era considerada a velha Anciã selvagem que guardava as águas da vida e da morte. É a Senhora da Morte e do Renascimento e também a Velha do Outono, que vivia no último feixe da colheita. A tradição eslavônica oral dizia que a mulher que atasse o último feixe conceberia na primavera seguinte. Baba Yaga também era considerada a preservadora dos conhecimentos sobre ervas e por isso era capaz de curar.

No antigo folclore húngaro, Baba Yaga era primordialmente uma boa fada que posteriormente acabou por ser transformada em uma bruxa má.

Os mitos dizem que ela também tinha a habilidade de aparecer na forma de uma bela e jovem mulher, portando preciosos presentes. As lendas nos contam que ela poderia adotar qualquer forma.

Magicamente, Baba Yaga é capaz de romper limites de nossas personalidades, dissolvendo a ignorância, forçando-nos a examinar nossa própria personalidade no espelho negro da alma, para fornecer o profundo conhecimento que só podemos conquistar por meio da experiência com nossas próprias sombras. Em nosso encontro com Baba Yaga, podemos ser transformados para sempre.

SIGNIFICADO DIVINATÓRIO: proteção, afastar o mal, curar, buscar o conhecimento, banir a negatividade, aprofundar o contato com a sombra, exterminar com os medos, resolver os problemas emocionais, encontrar saídas alternativas.

BAST

Sob minha proteção vencerá...
Bast
... os inimigos ocultos e obstáculos

Dizia a lenda que a Deusa Leoa Sekhmet, após ter dizimado parte da humanidade, fora apaziguada e se transformara numa gata mansa. A terrível leoa bebedora de sangue se transformou em Bast, a gata bebedora de leite.

A Deusa egípcia com cabeça de gato, Bast, era uma divindade estritamente solar até a chegada da influência grega na sociedade egípcia, ocasião em que se tornou também uma Deusa lunar devido aos gregos, que a associaram a Ártemis. Datando da 2ª Dinastia (em torno de 2890-2686 AEC), Bast foi retratada originalmente como uma gata do deserto selvagem e também como uma leoa, e só foi associada a felinos domesticados por volta de 1000 AEC. Ela foi comumente equiparada com Sekhmet, a Deusa Leoa de Memphis, Wadjet e Hathor. Bast era a "Filha de Rá", uma designação que a colocou no mesmo patamar de Deusas como Maat e Tefnut. Adicionalmente, Bast era considerada um dos "Olhos de Rá", enquanto o outro olho era atribuído a sua irmã Sekhmet.

Bast é frequentemente representada como uma gata ou como uma Deusa com corpo de mulher e cabeça de gata, portando um sistro, um *Ankh*, ou um bastão de papiro. Quase nunca é mostrada em aspecto humano total.

Conhecida primeiramente como "A Gata Selvagem", ao longo das margens do Nilo, ou a "Gata do Deserto", Bast a princípio não era representada como uma gata doméstica, forma que lhe foi atribuída em períodos mais recentes.

Para os egípcios, os gatos representavam o Sol, a Rainha e também a Lua. Encontramos inúmeras representações do gato sagrado do Deus Rá comendo a serpente das sombras. Em razão disso, Bast passou a ser considerada a Deusa protetora do faraó, além de a Grande Vingadora.

Em anos mais recentes, Bast foi associada a outros Netjer (Deuses egípcios antigos), como Het-Heret (Hathor) e Aset (Ísis). A associação a essas duas Deusas ocorreu devido aos seus atributos (música, sensualidade, fertilidade e artes). Por esse motivo, o papel de Bast começou a mudar, e se estendeu também para a protetora das mulheres, crianças e famílias. Neste momento, o papel do gato no Egito Antigo também começou a mudar para um parceiro mais doméstico, o que conferiu um estigma mais suave a Bast.

Depois, em tempos helênicos, o nome Bast foi associado a Ísis: Ba-Aset (*Ba* = alma/ *Aset* = Ísis – *Bast* = alma de Ísis).

O culto a Bast já era praticado na 1ª Dinastia. Ela era homenageada com longas procissões à luz de tochas e com mistérios sagrados, como a Deusa da Magia e Tecelagem, aquela que não nasceu, mas gerou a si mesma. Os egípcios celebravam o banquete de Bast com música alegre, dança e bebida, numa festa de alegria e prazer total, em que seus adoradores balançavam um sistro durante a celebração para homenageá-la.

Os gregos compararam Bast com Diana, e Ártemis e Hórus com Apolo; por isso Bast foi incluída posteriormente nos mitos de Osíris-Ísis como sua filha (essa associação, porém, nunca foi feita antes da chegada de influência helênica ao Egito). Ela é considerada a mãe do Deus com cabeça de leão Mihos (que também foi adorado em Bubástis, com Thoth).

Bast também está ligada a Sekhmet, e em tempos modernos Bast e Sekhmet passaram a ser Deusas gêmeas, faces de uma mesma moeda. As lendas dizem que Thoth teria apaziguado a voracidade sanguinária de Sekhmet, dando-lhe cerveja para beber em vez de sangue (outras versões dizem que ele lhe deu leite). Sekhmet se transforma então em Bast, a Deusa dos festivais, da sensualidade e da bebedeira. Juntas, as irmãs gêmeas formam o conceito do "Yin/Yang" da religião egípcia: Bast como a força positiva, de natureza amorosa e apaziguadora, e Sekhmet como a força destrutiva e sanguinária.

O fogo estava associado a Bast e Sekhmet. Enquanto Sekhmet representava o aspecto negativo-devorador do fogo do deserto (o Sol), como o olho de Rá que queima e executa, Bast representava os aspectos regeneradores do Sol, como o olho de Rá, que aquece e traz fertilidade. Bast não era apenas uma divindade associada ao Sol, mas também à Lua, isso porque ela é uma Deusa egípcia vinda do Oriente (Leste), e tanto o Sol quanto a Lua nascem no leste e morrem no oeste. A Deusa Bast, por seu parentesco com a Lua, insere-se no mundo unitário do Grande feminino. O gato com olhos brilhantes é um animal lunar, daí a relação de Bast com a cor verde e com as mulheres grávidas.

Além de estar ligada ao fogo, ela também estava ligada aos grandes volumes de água. Era tida como o céu noturno e aquela que abre os caminhos, levando consigo a chave dos Deuses da fertilidade, a chave dos portões do útero, do mundo interior, da morte e do renascimento.

Outra face popular de Bast é a sua forma terrestre, um gato preto sentado. Quando ela assume essa forma, passa a assumir o nome de Bastet. É também conhecida como Pasht (em seu aspecto escuro). É identificada com Ártemis e Diana, além de ser o gentil olho do Sol, a Senhora do Leste. Gatos lhe eram sagrados e embalsamados quando morriam. Ela carrega um sistro e uma cesta e normalmente se veste de verde. Deusa do Fogo, da Lua, do parto, do amor, da sexualidade, do êxtase, da fertilidade, do prazer, da alegria, da música, da dança, da proteção contra as doenças de todos os animais que lhe são sagrados (especialmente os gatos). Domina a intuição, a cura e o matrimônio.

Bast é a Deusa egípcia protetora de gatos, mulheres e crianças. Ela é a Deusa do Amanhecer e do Nascimento. Também é a Deusa da Lua e possuidora de Utchat (o olho do seu irmão Hórus).

SIGNIFICADO DIVINATÓRIO: alegria, fertilidade, expansividade, proteção, força, saúde, prazer, sexualidade, amor, proteção contra maus espíritos, proteção de animais.

BAUBO

Baubo é uma semideusa grega que possui outro nome, Iambe, e acredita-se que os gregos a tomaram emprestado de culturas bem mais antigas, pois inicialmente era considerada uma personificação muito comum da fecundidade feminina na Ásia Menor.

Na mitologia grega, é esposa de Dysaules e mãe de Mise. Seu nome significa "Ventre". Algumas vezes aparece nos mitos como uma Deusa, em outras, como uma mortal.

Hades estava perdidamente apaixonado por Perséfone e teve seu pedido para desposá-la recusado por Deméter. Desconsolado, decidiu fazer uma segunda tentativa, pedindo a mão da donzela em casamento a Zeus, o Rei dos Deuses, que sem titubear lhe concedeu Perséfone como sua esposa, sem o consentimento da mãe.

Deméter ficou inconsolável quando sua filha Perséfone foi raptada por Hades, o Deus do Submundo. A Deusa mergulhou num profundo sofrimento. Fez de tudo para parar o crescimento das coisas sobre a Terra até que sua filha retornasse, condenando assim a humanidade à fome e às doenças. Em sua fúria contra Zeus, deixou o Olimpo e foi andar pelo mundo até chegar ao palácio de Celeu, disfarçada de velha, onde foi convidada pelas filhas do rei e por sua governanta, Baubo, a entrar no castelo. Deméter sentou-se, conspirando secretamente suas vinganças contra os Deuses masculinos e lamentando o rapto da filha. A Deusa permaneceu muito tempo sem emitir um só som, nem pronunciar uma palavra ou comer. Foi quando Baubo levantou suas saias e expôs sua vulva, o que fez Deméter rir, então ela disse:

Nós somos as doadoras da vida, nunca esqueça isso.

Não podemos nos tornar destruidoras, pois nossa função é renovar.

Celebre, pois como criadoras podemos manter todas as coisas em ação, tudo em equilíbrio. Temos nosso útero, nossa vulva, que são o centro. Somos as transformadoras. Vamos dançar!

E Baubo, com suas brincadeiras, alegrou a Deusa e sua alma voltou a ser alegre. Deméter, em agradecimento, presenteou Baubo com a imortalidade.

Baubo tem sido identificada como o arquétipo da Deusa selvagem da sagrada sexualidade da vida, morte e fertilidade desde o início dos tempos.

Na mitologia grega, Baubo foi uma mulher engraçada que conseguiu fazer a Deusa Deméter rir, quando ela estava escondendo-se e ocultando as dádivas da fertilidade do mundo. Ao expôr sua vulva diante da Deusa Deméter, o efeito foi tão grande que fez Deméter rir durante um tempo, enquanto ela estava lamentando profundamente a perda da filha Perséfone.

Baubo induziu Deméter a esquecer sua cólera o suficiente para ter um pouco de entretenimento por meio da alegria e da dança. Ela tem sido descrita como uma velha governanta, que é uma Anciã. E frequentemente é representada como uma mulher de estatura mediana com a face entre as pernas, no lugar dos órgãos sexuais.

Poderíamos comparar Baubo à Sheela na Gig celta, que é encontrada em inúmeras igrejas medievais da Inglaterra, da Irlanda e de Gales, mostrando sua genitália.

Aparentemente, a mítica Baubo simboliza os gracejos eróticos feitos pelas mulheres durante os ritos de fertilidade.

Nas tradições mitológicas, o ato de Baubo mostrar sua genitália representa que o mundo e o seu bem-estar dependem da reparação da tristeza feminina e a restauração da sexualidade feminina, felicidade e alegria. Ela é o símbolo do poder e da energia da sexualidade da mulher.

É o símbolo da mulher que não tem medo de seu corpo e suas manifestações. É o arquétipo da manifestação da Criação e da Destruição feminina. Reacende o fogo feminino. Levantando sua saia, ela lembra Deméter da origem sagrada da vida. Baubo demonstra com seu ventre como a primavera avança sobre a Terra. Ela lembra que a sexualidade e o riso são sagrados.

É muito mais que uma Deusa grega, apesar de que, com a repressão das religiões patriarcais, seus ícones e histórias se perderam através dos tempos desde o Paleolítico. Representa o riso da mulher, a alegria e a energia sexual, e o poder que vem por intermédio deles.

SIGNIFICADO DIVINATÓRIO: alegria, sexualidade, fertilidade, afastar o mal, resgatar o poder, resgatar a dignidade feminina, sair de depressões, aliviar o estresse.

BLODEUWEDD

Blodeuwedd é encontrada no Mabinogion, o ciclo galês mitológico. Ela é uma virgem flor, um aspecto de donzela da Deusa. Seu nome significa "Face de flor", e era considerada a mulher mais linda que qualquer homem jamais viu.

Gwydion e Math Ap Mathonwy criaram Blodeuwedd para ser esposa do príncipe Llew Llaw Gyffes, pois a mãe de Llew, Arianrhod, tinha amaldiçoado o filho, decretando que ele jamais teria uma esposa de sua raça ou de qualquer outra raça humana existente naquela época. Blodeuwedd foi criada com flores de nove plantas: giesta, bardana, prímula, urtiga, espinheiro, carvalho, castanheiro, flores do prado, feijão. Com sua aparência de flores, era a mais bonita donzela que qualquer mortal jamais viu. Llew e Blodeuwedd foram morar em Cantref Dinoding, governando com êxito o povo em guerra.

Llew decidiu então viajar para visitar seus tios. Blodeuwedd movimentou a corte de Cantref Dinoding quando ouviu o barulho de um chifre de caça e viu um veado correndo de cães e caçadores, que simulavam uma caçada. Uma tropa de homens vinha marchando a pé. Blodeuwedd enviou um pajem para perguntar o que estava ocorrendo e obteve a resposta: "Somos homens de Gronw Pebyr, Senhor de Pennllyn."

Conforme a noite caía, o grupo da caçada passava pelo portão da corte. Blodeuwedd pensou então que Llew seria hospitaleiro com os estrangeiros e enviou uma mensagem para que eles dormissem no castelo naquela noite.

Gronw e seus homens aceitaram o convite.

Quando Blodeuwedd viu o Senhor de Pennllyn durante o jantar, apaixonou-se por ele, o mesmo acontecendo com Gronw. Durante a noite eles conversaram longamente sobre seu amor e afeição e permaneceram juntos. Na noite seguinte, Blodeuwedd não o deixou ir e passaram mais uma noite juntos. Então, na manhã seguinte, idealizaram um plano para permanecerem juntos para sempre. Gronw convenceu Blodeuwedd a matar Llew. Ainda ficaram juntos mais uma noite e, na manhã seguinte, Grown partiu.

Quando Llew retornou, Blodeuwedd fingiu preocupação, perguntando-lhe qual seria a única maneira de um mortal matá-lo. Sua resposta foi que não poderia ser nem dia nem noite, nem dentro nem fora de algum lugar, nem vestido nem nu, nem andando nem parado, nem por nenhuma arma fabricada. Ou seja, ele poderia ser morto somente no crepúsculo, enrolado numa rede de pescar, com um pé num rio e outro amarrado a um bode, e com uma arma forjada durante as horas sagradas, quando tal trabalho era proibido. Blodeuwedd imediatamente mandou as instruções para Gronw, que começou a trabalhar na confecção de uma lança. Um ano e um dia depois, Blodeuwedd recebeu a mensagem de que a lança tinha sido terminada.

Blodeuwedd então convenceu Llew a lhe demonstrar como seria difícil um ser humano assassiná-lo e inocentemente ele consentiu. Quando estava demonstrando como seria difícil alguém matá-lo, Gronw emergiu de dentro do rio e então arremessou a lança sobre Llew, ferindo-o. Llew soltou um grito e se transformou instantaneamente numa águia e voou, desaparecendo.

Quando Llew desapareceu, Blodeuwedd e Gronw retornaram para a corte, dormiram juntos e Gronw começou a governar Cantref Dinoding. Mas a alegria de Blodeuwedd não duraria muito tempo, pois Gwydion, sabendo do desaparecimento de Llew, saiu a sua procura e ao encontrá-lo, restaurou sua forma humana.

Quando Llew se recuperou, reuniu o exército de Gwynedd e saiu para retomar seu reino.

Blodeuwedd, ao saber que ele estava retornando, fugiu com suas donzelas para as montanhas. As donzelas, assustadas, não conseguiram ver para onde estavam indo e acabaram por se afogar em um rio. Apenas Blodeuwedd emergiu, encontrando Gwydion à sua frente.

Gwydion transformou Blodeuwedd em uma coruja, para vagar solitária na escuridão da noite, de forma que ela jamais pudesse ver novamente a luz do dia. Como a maioria dos pássaros nutre inimizade pela coruja, ela jamais teria paz, pois eles iriam se aglomerar e perturbá-la. Gwydion também designou que Blodeuwedd, mesmo assim, não perderia seu nome e é por isso que até hoje as corujas são chamadas de Blodeuwedd em galês.

Blodeuwedd está relacionada à estação da primavera e é honrada principalmente na lua cheia, entre *Imbolc* e *Beltane*, assim como no amanhecer, que é sua hora de poder. Seus atributos estão relacionados à transformação, e ela nos ensina a nos compreendermos.

Magicamente falando, ela tem o poder de recuperar o verdadeiro Eu.

Os celtas acreditavam que por meio de suas nove flores seríamos capazes de atrair as bênçãos da Deusa à nossa vida.

A flor de giesta era capaz de purificar e proteger; a da bardana afastava os maus espíritos e energias negativas; as flores de prado traziam gentileza e amor natural; a prímula atraía o verdadeiro amor; a urtiga estimulava os desejos e paixões; o espinheiro trazia pureza de espírito; as flores do carvalho eram capazes de atrair vigor, força e aguçar os poderes de fertilidade; o castanheiro, a permanência do amor; o feijão trazia as bênçãos da Deusa sobre sua criação.

Blodeuwedd representa a Terra em sua plenitude no período da primavera.

Deusa criada de flores de árvores poderosas, mágicas e curadoras, representa assim a continuidade da cura e da renovação na vida de Llew.

A Blodeuwedd nada foi perguntado em nenhum momento, já que ela foi criada com propósitos bem específicos: ser a esposa de Llew e para que ele pudesse ter definitivamente o direito de governar a Terra, o que só poderia ser conseguido depois de sua união com uma mulher, a representante direta da própria Deusa, que simboliza a Terra. O mito demonstra claramente que ela não teria vontade própria enquanto Llew vivesse. Mesmo traindo Llew, só por sua causa é possível o Deus ter passado pelo ritual de morte e renascimento, necessário para a demonstração total de seu poder sobre a Terra. Sem sua traição e planos para matá-lo, Llew jamais teria passado por essa experiência.

Blodeuwedd é a Deusa das emoções e da energia que movem a vida. É ela que nos coloca em confronto com as novas descobertas e obstáculos capazes de nos fazer crescer e evoluir, fazendo com que assim cheguemos até a Iniciação na vida.

É considerada uma das formas da Deusa Tríplice de Gales. Ela governa as flores, a magia lunar, os mistérios e iniciações, os novos inícios e a independência.

Seu animal sagrado é a coruja, e ela é vista também como um aspecto da Rainha de Maio.

Alguns historiadores veem nela uma imagem da mulher contra o patriarcado e a dominação masculina, outros a veem simplesmente como uma Deusa da Vida, da Morte e do Renascimento, uma forma simplificada da Deusa Terra, como Circe, Ishtar, Cibele, todas amantes e devoradoras da vida.

Em cada mulher existe uma virgem das flores escondida, uma virgem que nascerá novamente certo dia, num certo lugar.

> SIGNIFICADO DIVINATÓRIO: amor, descoberta de traições, felicidade, fertilidade, magia, conhecer os mistérios do renascimento, iniciações, novos inícios, vencer desafios, ultrapassar barreiras, vencer inimigos.

BRANWEN

Certo dia, treze barcos vinham do Sul da Irlanda em direção a Harddlech, e um deles trazia Matholwch, o rei da Irlanda. Quando Bran e seu cortejo foram dar as boas-vindas ao rei irlandês, ele descobriu que Matholwch vinha a Harddlech à procura de Branwen, pois desejava se casar com ela.

Isso seria uma grande aliança para a família de Bran, pois dessa forma fariam uma ligação entre Gales e a Irlanda. E assim Branwen foi prometida a Matholwch e, posteriormente, se casou com ele. Irritado e ressentido por não ter sido consultado sobre o casamento de Branwen, Efnisien, seu meio-irmão, mutilou todos os cavalos de Matholwch.

Bran, na tentativa de se desculpar com o rei da Irlanda, deu novos cavalos e inúmeros presentes, inclusive o Caldeirão do Renascimento, mas mesmo assim Matholwch e seus homens partiram para a Irlanda profundamente insultados, levando Branwen, agora casada com o rei irlandês.

Efnisien, que iniciou toda essa animosidade, não percebeu que suas ações poderiam prejudicar a meia-irmã. A ira e o desprezo irlandeses iriam recair sobre Branwen logo que chegasse à corte de Matholwch.

Branwen fez o que parecia ser sua responsabilidade na época. Cuidou do filho de Matholwch chamado Gwern. Apesar disso, os membros da corte encorajaram Matholwch a se vingar pela desonra feita a ele ao mutilarem seus cavalos. Depois de perseguir e capturar todos os ex-patriotas galeses em sua corte e jogá-los na prisão, Matholwch mandava Branwen diariamente para a cozinha do palácio, para humilhá-la em penitência pelo insulto sofrido.

Como todos os galeses que viviam na corte de Matholwch estavam presos, Branwen não tinha como enviar um pedido de ajuda para seu meio-irmão. Depois de três anos de maus-tratos sofridos, Branwen conseguiu ensinar um estorninho a falar e o enviou a Harddlech para avisar sua família do que estava acontecendo.

Bran e todos os filhos de Llyr partiram para o resgate. Depois da demonstração de força dos galeses, Matholwch percebeu que tentar resistir era inútil. Ofereceu então o reino da Irlanda a Gwern, o filho de Branwen. Bran, contudo, não aceitou a decisão e tomou o reino para si mesmo.

Uma festa foi feita e a paz, restaurada, porém mais uma vez atrapalhada por Efnisien. Ele atraiu o filho de Branwen para perto de si, capturou-o e o arremessou ao fogo.

A guerra que parecera finalmente terminada reinicia-se, e com isso muitos galeses e irlandeses são mortos, exceto cinco mulheres grávidas na Irlanda e sete homens em Gales.

A Deusa sobrevive, mas não por muito tempo. Ela morre de tristeza em seu retorno para a Britânia.

Branwen é filha de Llyr e Penarddun. Seu nome significa "corvo branco". É considerada uma Deusa galesa do amor. Também era tida como uma das matriarcas da Britânia e é até hoje uma das mais populares heroínas da mitologia galesa. Sua lenda era uma das favoritas dos bardos e poetas celtas, e foi muito cultuada em Manx e no país de Gales.

Branwen é algumas vezes comparada à Deusa grega Afrodite, pois também está associada à sexualidade e ao mar. É a materialização da soberania e representa o espírito da Terra.

Ela tem o caldeirão da plenitude que restaura a vida e possui os novos inícios e a capacidade de promover os reinícios.

Branwen também foi chamada de Senhora do Lago, e a ela estão associados o corvo branco, a vaca branca e a coruja branca. O branco é a cor sagrada de Branwen devido ao fato de ela ser considerada a Deusa do coração puro e da pureza em todas as suas manifestações.

Ela também é considerada a Vênus dos mares do norte. Os antigos sacerdotes celtas celebravam Branwen na lua cheia de junho e também era reverenciada na lua crescente de cada mês.

Branwen foi associada a inúmeras Deusas antigas, como Ártemis, Eriu e Afrodite, e é tida como um aspecto virgem da Deusa, mas também possui muitos atributos da mãe.

Seus poderes mágicos estão relacionados a novos inícios e projetos, inspiração, aprendizado, energia, vitalidade e liberdade.

SIGNIFICADO DIVINATÓRIO: fertilidade, amor, pureza, vitória, vencer os limites, sensualidade, sexualidade, concórdia, soluções, inícios, projetos, inspirações, liberdade, viagens.

BRIGIT

Brigit é uma antiga Deusa Tríplice do Fogo, venerada nos tempos antigos por toda Bretanha e Europa. Ela está particularmente associada ao *Imbolc*, o primeiro dos quatro grandes festivais célticos do ano. Preside o fogo, a beleza e todas as artes.

Foi sugerido que o nome Brigit originalmente significasse apenas Deusa e era conferido a todas as Deusas das ilhas irlandesas e britânicas. Na forma irlandesa, o nome Brigit vem de *Brig*, que significa "alta" ou "exaltada". Outros afirmam que Brigit vem de *Breo-Saigit*, "flecha flamejante".

Também é chamada de *Bride, Brigid e Brighde*, simbolizando os três diferentes tipos de fogo e por isso muitas vezes chamada de as Três Damas Abençoadas ou as Três Mães. Ela é o Fogo da Inspiração, a Musa, a Deusa da Poesia falada pela fonte sagrada. A palavra "poesia" vem de *poesis*, que significa criação. Nos tempos antigos, os poetas estavam sob a proteção de Brigit. Seus sacerdotes carregavam um bastão dourado com pequenos sinos em sua honra. Outros nomes conferidos a ela foram Brigidu, Brigantia e Briginda.

Por ser a Deusa das Fontes Curadoras, há muitas fontes de Brigit por toda a Bretanha, onde suas águas podem ainda ser bebidas. As pessoas podem imergir nas águas curadoras que contêm minerais e a sua vibração ígnea.

A Deusa celta da lareira, da casa e da arte da forja é outra apresentação sua. Nos tempos antigos, a lareira era o coração das casas, a fonte de luz, calor e alimentação. Uma nova casa não era considerada um lar até que uma chama de Brigit fosse acesa na lareira.

Brigit também é a Deusa da Forja, a ígnea arte alquímica de moldar metais e criar belezas com eles. Dizem que, por meio da arte da forja, Brigit construiu o primeiro apito que tornou possível chamar alguém a distância durante a noite.

Também é a Deusa Vaca Branca, reverenciada nos tempos antigos como a Senhora capaz de dar e sustentar a vida. É comumente representada como uma mulher ordenhando uma vaca com longas túnicas feitas com lã de ovelha, um de seus outros animais sagrados.

A forma latinizada do nome "Brigit" é Brigantia, que é também encontrada por toda a Bretanha e Europa. Brigantia foi também o antigo reino que incluía a Neolítica Inglaterra, a Bretanha e o norte da Espanha. Brigit foi reverenciada em Roma, na Bretanha e no País de Gales, mas é indubitavelmente uma Deusa muito mais antiga.

Foi transformada em Santa Brígida pela Igreja Católica em meados de 453 DEC. Assim como a Deusa Brigit, Santa Brígida era conhecida como a padroeira dos trabalhos agrícolas e do gado, protetora da casa contra o fogo e a calamidade.

Brigit é uma Deusa do Sol, conhecida na Irlanda como Bride dos Cabelos Dourados e Bride das Colinas Brancas, e na Escócia como Bride das Claras Palmas e Maria dos Galeses.

Como Noiva (*Bride* = noiva em inglês), ela é a Deusa original que todos os noivos honram quando desejam casar-se.

Brigit possui quatro animais sagrados – a cobra, a vaca, o lobo e o abutre. A Cobra é a "Serpente Criadora", que era guardada em seus santuários, onde seus oráculos eram revelados aos homens. O segundo animal, a Vaca Sagrada, com seu abundante leite, nutre adultos e crianças.

Em seu terceiro aspecto, ela é conectada com o lobo, um dos animais totem das ilhas britânicas. Em seu aspecto de Deusa da Morte, ela está associada ao Abutre da Morte e a outras aves de rapina.

A festa de Brigit se inicia no começo de fevereiro no Hemisfério Norte e no início de agosto no Hemisfério Sul, entre o inverno e a primavera.

Imbolc significa "no leite", já que esse *Sabbat* é celebrado no período em que as ovelhas e vacas se encontram em seu período de lactação. Nesse dia, os primeiros raios de Sol de Brigit iluminam os dias escuros do inverno. Nesse momento, Brigit espalha seu manto sobre a Terra uma vez mais. Dizia-se antigamente que "Brigit é aquela que sopra a vida na boca do Inverno Morto".

Brigit era considerada filha de Dagda, e dizem as lendas que quando a Deusa nasceu uma labareda ardia acima de sua cabeça, indicando assim o nascimento de uma Criança Sagrada. No lugar em que Brigit nasceu foi erguido um templo onde sua chama perpétua, a mesma labareda que nasceu com a Deusa, foi guardada e mantida por milênios. Esse lugar era Kildare. Esse fogo era guardado por dezenove virgens por um ciclo de 20 dias, um para cada virgem. No vigésimo dia, Brigit cuidava da chama. A nenhum homem era permitida a entrada no santuário da Deusa, para que assim o fogo pudesse preservar sua pureza e sacralidade.

Brigit assumiu inúmeros aspectos e atributos através dos tempos. Suas três cores sagradas são o vermelho, o laranja e o verde. Cada uma dessas cores representa um dos atributos de Brigit. O vermelho simboliza o fogo da forja, da lareira que aquece e alimenta. O laranja representa a luz solar, pois antes da ascensão patriarcal de Deuses, como Bel e Lugh, ao patamar de Deuses solares era a Brigit que o Sol era consagrado. O verde representa as fontes e ervas que curam, no papel de Brigit como Curandeira.

Ela é uma Grande Deusa celta e pode ser invocada para todos os momentos, tantos foram os seus atributos e funções.

> SIGNIFICADO DIVINATÓRIO: fertilidade, amor, cura, inspiração, proteção, harmonia no lar, aprendizado, adivinhação, conhecimentos ocultos, vencer os inimigos.

CAILLEACH

Cailleach é uma Deusa negra da antiga Escócia. Seu nome significa "Velha esposa" ou "Aquela que é velada". Ela é conhecida como filha de Grianan, o pequeno Sol, que no calendário escocês vai de *Samhain* a *Candlemas*.

Os mitos a retratam como uma Deusa com grandes poderes sobrenaturais, que se vestia de cinza e saltava de uma montanha a outra, trazendo tempestades e granizo. Em sua mão direita, ela trazia uma vara mágica com a qual transformava a grama verde em lâminas de gelo.

Cailleach começa seu reinado em *Samhain*, ao tomar de volta o bastão de poder branco de Brigit, capaz de controlar a primavera e o verão. Dizem as lendas que o bastão branco se transforma num bastão negro com seu toque, e então Cailleach cobre a terra com frio, gelo e sombras.

A lenda de Cailleach inicia-se com o sequestro da Donzela da Primavera, a Deusa Brigit. Cailleach levou-a para os céus e lá deu a Brigit um rolo de lã marrom dizendo que ela deveria lavá-lo até que ficasse totalmente branco, caso contrário jamais seria libertada.

A Donzela da Primavera lavou e esfregou o novelo de lã várias vezes, mas ele não clareou. Enquanto isso, Cailleach fervia suas roupas e seu caldeirão para que ficassem brancos e limpos. O tempo nos céus e na terra piorava cada vez mais, e o inverno tomava conta do mundo.

Muitos dias e muitas noites se passaram e o tempo não melhorou, como sempre ocorria enquanto Cailleach permanecia por lá.

O *Significado de Cada Deusa* | 117

Foi então que a Donzela da Primavera decidiu lutar contra Cailleach, mas como esta era mais velha, sábia e experiente, além de poderosa, Brigit com certeza não conseguiria vencê-la facilmente e sozinha.

Ela decidiu pedir a ajuda do Sol, contando-lhe o que estava acontecendo. Com toda a sua força, ele atirou suas lanças de fogo nos campos onde Cailleach estava passeando.

Quando as lanças do Sol tocaram a terra, iluminando-a com seu resplendor, Cailleach, assustada, enterrou-se sob as raízes de uma árvore. Brigit foi finalmente libertada e a primavera retornou. Assim, a Donzela da Primavera derrotou Cailleach naquela fria estação.

Na Escócia, Cailleach também era conhecida como Carline, Carlin, Cailleach Bhuer, Cally Berry, Cailleach ny Groamch, Mag Moullach e Beara, que se acreditava viver no topo da montanha Ben Nevis.

Os celtas escoceses acreditavam que Cailleach era a guardiã dos portais das sombras e governava a parte hibernatória do ano, na qual toda a natureza adormecia sob seu toque.

É considerada um aspecto ancião da Deusa e a criadora das tempestades. Cailleach representa a Deusa como a terra estéril, morta nos dias de inverno.

Em alguns mitos, Cailleach aparece como um gato que testa a moralidade de um caçador no meio de uma tempestade noturna, mais um fato que a associa ao aspecto ancião da Deusa.

Era considerada, muitas vezes, a Mulher Pedra, ou, mais precisamente, a Mulher das Pedras, em analogia ao granizo do inverno que se acredita ser enviado por Cailleach.

É o aspecto ancião da Deusa que se oculta no inverno para reaparecer na forma de Donzela, cheia de vida, na primavera. Acreditava-se que era Cailleach quem controlava as estações e o tempo com seu bastão sagrado.

Também era uma Deusa da Morte. Os povos da Escócia acreditavam que era Cailleach, com sua face azul, dentes verdes e cabelos brancos encardidos quem trazia os prenúncios de morte.

Acreditava-se, também, que ela poderia tomar forma humana nas noites do inverno para chegar às casas pedindo por abrigo no fogo e um copo de leite quente. Aqueles que a acolhessem eram abençoados e os que lhe negavam abrigo eram amaldiçoados.

Sob o seu domínio estão os corvos, as gralhas, as colheitas e as maçãs.

SIGNIFICADO DIVINATÓRIO: afasta o mal e o azar, afasta os perigos e inimigos, as doenças, traz inspiração, atrai conhecimento e sabedoria.

CERRIDWEN

Cerridwen é uma Deusa do Submundo da Bretanha, a grande porca branca, a portadora do caldeirão para aonde retornarão todas as almas um dia. É considerada a grande iniciadora nos mistérios sagrados. Seu nome significa "Caldeirão da Sabedoria". Ela também foi chamada de Caridwen, Ceredwen, Ceridwyn, variações de seu nome original.

A porca é seu animal sagrado por simbolizar a Deusa da Morte grávida. Ela possui a vida e a alma da morte.

Além da porca, os gatos brancos também estavam associados à Deusa. Dizia-se que ela possuía vários gatos brancos que executavam suas ordens na Terra.

Cerridwen viveu em uma ilha no meio do lago Tegid (o lago Bal, ao norte de Gales), onde ela era a Senhora do Lago. Teve dois filhos, Creirwy, a mulher mais bela do mundo, e Afagddu, o menino mais feio da Terra. Para compensar a feiúra de Afagddu, Cerridwen decidiu lhe presentear com o dom da inspiração e da sabedoria por meio de seu Caldeirão do Conhecimento, o Caldeirão da Deusa, que se encontrava no Submundo.

A poção que residia em seu interior deveria ferver em fogo brando por um ano e um dia até que estivesse pronta para ser bebida. Ervas mágicas e flores foram adicionadas na passagem de cada estação, colhidas em seu tempo mais indicado e de maior poder. Um homem velho foi contratado para mexer a poção sem parar, enquanto um garoto de nome Gwion deveria alimentar o fogo com madeira, de forma que ele jamais se extinguisse. Ninguém poderia tocar ou beber a poção, sob nenhuma hipótese.

Um dia, próximo ao final do tempo necessário para a poção estar completa, enquanto ferviam, as três últimas gotas pularam para fora do caldeirão diretamente para o dedo de Gwion. Ele automaticamente levou o dedo à boca, para refrescar a queimadura e assim obteve todo o conhecimento e entendimento sobre a natureza e sobre o passado, presente e futuro. Gwion fugiu, com receio de que Cerridwen o castigasse, pois ele agora era detentor de todo o conhecimento que deveria ser conferido a Afagddu.

Cerridwen soube imediatamente o que estava acontecendo e passou a perseguir Gwion na terra, nos céus e nos mares.

Gwion agora era capaz de fazer tudo, inclusive mudar de forma, e assim ele e Cerridwen passaram a se transformar em diferentes animais durante a perseguição.

Gwion se transformou primeiro em uma lebre, mas Cerridwen se transformou em um cachorro de caça e o perseguiu. Gwion pulou num rio e se transformou num peixe e Cerridwen se transformou em uma lontra. Ele se transformou então num pássaro e Cerridwen continuou sua perseguição na forma de um falcão. Por último, Gwion se transformou em um grão em uma pilha de feno num celeiro e Cerridwen se transformou numa galinha negra que finalmente o engoliu.

Cerridwen retornou à sua forma original e percebeu que estava grávida, e nove meses depois ela deu à luz um lindo menino, que era o próprio Gwion que tinha, em forma de grão, permanecido no ventre de Cerridwen e renascido agora.

No entanto, Cerridwen, com seu frio coração, quis dar prosseguimento ao seu plano de dar fim a Gwion. Ela o colocou em uma bolsa de couro e o jogou no mar dois dias antes de *Beltane*.

O garoto foi levado pelos mares e resgatado por um príncipe chamado Elphin. Ele deu o nome de Taliesin ao garoto, que mais tarde passou a ser conhecido como o maior de todos os bardos da Bretanha.

No mito de Cerridwen e Taliesin, percebemos o arquétipo ancestral de vida, morte e renascimento. Cerridwen assume o papel da terceira das Deusas do Destino, da Deusa Morte, da Senhora do Renascimento.

Depois de ser engolido por Cerridwen, Gwion entra em sua verdadeira transformação e passa pela regeneração dentro do útero da Deusa. Ele renasce inspirado e com muitos dons e talentos.

O Caldeirão de Cerridwen é o símbolo do nascimento, do Grande Útero da Deusa. É por intermédio dele e nele que toda a transformação é possível. Os mitos contam que Cerridwen era a única que conhecia os encantamentos certos capazes de fazer seu caldeirão verter comida abundante e incessantemente. Acreditava-se que esse Caldeirão conferia inspiração, conhecimento e que quem bebesse de seu líquido sagrado seria capaz de conhecer o verdadeiro significado de todas as coisas.

Cerridwen também era considerada a padroeira dos bardos e contadores de histórias. Ela é uma Deusa da Lua, da Natureza e dos Grãos, e recebeu inúmeros títulos, como Deusa do Trigo, Porca Branca, Senhora Branca da Morte. Ela governa a morte, a fertilidade, a regeneração, a inspiração, a magia e o uso sagrado das ervas.

Significado divinatório: magia, regeneração, transformação, conhecimento, sabedoria, banir o mal, sabedoria, fertilidade, encantamentos.

COATLICUE

Coatlicue é a Mãe de todos os Deuses astecas, uma das principais divindades dos povos antigos do México. É considerada uma forma da Deusa Terra. Seu nome significa "Aquela que veste uma saia de serpentes".

No princípio dos tempos, Coatlicue deu à luz Coyolxauhqui e mais quatrocentas estrelas. Coatlicue era uma viúva piedosa, e um dia, enquanto varria o templo, engravidou depois que penas brancas caíram do céu e tocaram seu peito. A Deusa engravidou magicamente de Huitzilopochtli. A estranha gravidez enfureceu as outras filhas de Coatlicue que acharam que a gravidez misteriosa as amaldiçoaria.

Incentivadas por Coyolxauhqui, as estrelas cortaram a cabeça de Coatlicue. Foi então que, crescido, armado e poderoso, Huitzilopochtli, o Deus Sol, pulou do ventre de sua mãe e destruiu todas as suas irmãs. Ele cortou a cabeça de Coyolxauhqui e lançou-a aos céus, criando assim a Lua, e retalhou as estrelas.

Coatlicue rejeitou tal violência e condenou Huitzilopochtli à escuridão eterna. Assim, a vingança do Deus Sol se tornou um verdadeiro martírio, pois todas as noites ele tinha que lutar contra as forças da escuridão para retornar no dia seguinte à Terra.

As representações de Coatlicue quase sempre mostram sua face negra, a de Deusa da Morte, já que a Terra é um ser insaciável que devora todas as coisas que vivem. Sua estátua mais famosa a representa como uma Deusa com garras e com uma saia de serpentes entrelaçadas, um colar feito com crânios, mãos e corações humanos.

O *Significado de Cada Deusa* | 123

Coatlicue, chamada algumas vezes de Mãe Morte, era considerada a Deusa que gera e devora todas as suas criações. Essa análise, baseada nas mudanças e observações dos ciclos da natureza, representa o ciclo do nascimento, da vida e da morte, caracterizado pela mudança das estações. A morte era vista com bons olhos entre os astecas, que acreditavam na reencarnação e na eternidade da alma, e por isso as imagens de Coatlicue retratam-na sorrindo. Até hoje no México, no dia de finados, são feitas caveiras de açúcar que são distribuídas para as crianças, representando assim a doçura da morte.

Coatlicue não é apenas uma Deusa da Morte, mas também é uma Deusa da Lua. Muitas figuras foram encontradas no México, onde Coatlicue era representada sem cabeça, o que a associa a Coyolxauhqui.

Recebeu os títulos de Tonatzin, que quer dizer "Nossa Mãe", e Teteoinan, que significa "Mãe dos Deuses", e Toce, "Nossa Avó".

Duas Deusas aparentemente estão associadas a Coatlicue e são consideradas aspectos da mesma Deusa: Cihuacoatl e Tlazolteotl.

Cihuacoatl é a Senhora das Cihuateteo, seres míticos nefastos dos astecas. Acreditava-se que elas voavam à noite gritando nos céus. Poderiam atravessar o véu entre os mundos e adentrar na Terra em certos dias dedicados a elas. Nesses dias, eram honradas nas encruzilhadas.

Tlazolteotl era considerada a "Deusa das coisas imundas" e representada coberta com a pele de suas vítimas. Às vezes era representada com uma vassoura. Muitas cerimônias eram celebradas em sua honra nas quais os astecas acreditavam que a Deusa com sua vassoura varria o destino dos homens, deixando-os limpos.

Coatlicue também estava associada ao fogo que constrói, destrói e renova, atributos semelhantes àqueles associados à própria morte.

SIGNIFICADO DIVINATÓRIO: limpeza, regeneração, renovação, transformação, novos inícios.

DANU

Em meio à Terra, ao longo do poderoso rio Alu, que corre por entre a abundância, viveu uma raça antiga de pessoas. Eram os Moldadores e Tecedores, Fazedores de Instrumentos e Sonhadores. Formavam um Clã de Irmãs, Amantes e Mães, um Clã de Dançarinos, Tocadores de Tambores, um Clã de Cantantes, Harpistas e Guardiões, um Clã de Irmãos, Amigos e Pais, todos voando livremente nas Asas do Pensamento entre as árvores que conheceram o espírito de cada criança nascida.

Naqueles dias, nasceu nesse Clã uma notável filha. O nome dela foi Danu do Rio, dado por sua avó por parte de pai, Kaila, Chefe e Sacerdotisa do Clã. Danu nasceu com olhos bem abertos. Ela viu o Presente no Futuro emergindo do Passado. Era seu destino dar nascimento à Semente de um Grande Sonho para seu povo.

Quando Danu era criança, como todas as outras, corria para debaixo das árvores, aprendendo as histórias que seu povo contava sobre plantas, insetos, animais e peixes. Ela amava especialmente os brilhantes pássaros coloridos que se aninhavam nos topos das árvores e teciam reinos de canção que transformavam noite e dia em cores vibrantes. Danu desejava saber para onde eles voavam em suas muitas jornadas. Assim, como ela tinha sido ensinada quando pequena, projetou sua mente ágil e pediu permissão para voar com eles, e seus amigos pássaros concordaram. Desse modo, Danu viu a imensidão do mundo por seus próprios olhos.

Na noite do seu 13º aniversário, Danu recebeu o Sinal Vermelho da Mulher, e o seu sangue sagrado tocou a terra pela primeira vez.

Danu plantou uma fruta da Árvore do Sonho no lugar de seu Primeiro Sangue derramado e regou-a com suas próprias lágrimas de alegria.

Então, antes de dormir aquela noite, pediu aos céus e à terra uma visão para guiá-la em seu Caminho de Vida. E conforme adormeceu, Danu sonhou. E o que se relata a seguir foi o que ela viu.

Uma árvore poderosa encontrava-se onde ela dormia. Sob suas raízes, o rio corria. Navegava no rio uma barca enorme. Nessa barca se levantou uma mulher alta toda vestida de branco. O vento soprou atrás dela e ergueu seus cabelos longos até se unirem com a canção de pássaros que vestem o amanhecer com maravilhas. Muitas pessoas fortes estavam com essa mulher. Elas velejaram orgulhosamente pelas névoas da manhã que se elevava ao seu redor. Viu a barca descendo ao longo do rio até chegar ao grande mar. Era maior que qualquer quantidade de água que ela já tivesse visto ou sonhado. Além disso, via muitas terras, mares e rios até que finalmente viu uma ilha banhada por um oceano de profundidade inimaginável, vestido de um escuro índigo. Viu a barca de seu povo velejando do rio Alu para o mar até chegarem a esta Ilha, onde construíram um templo no término da Terra, ao lado do Grande Oceano. E no dia em que o templo foi elevado, Paz e Abundância foram asseguradas à Terra para todas as crianças, por toda eternidade. Todo o seu povo foi abençoado e se tornaram a primeira das Mil Raças dos Céus.

Ao despertar, Danu reuniu seu povo em conselho para relatar seu sonho.

Depois disso, o sonho de Danu foi tecido nas Histórias dos Sonhos do seu Povo e muitos foram movidos a velejar o poderoso Alu, buscando a ilha para elevar o templo sagrado e ter seu destino assegurado. Encontraram então a ilha sagrada, onde hoje é a Irlanda, e construíram o templo em meio à natureza. Lá prosperaram sob as instruções de Danu.

Quando Danu morreu e foi enterrada, misteriosamente no local de sepultamento surgiram duas grandes montanhas, que foram

126 | *Oráculo da Grande Mãe*

chamadas de Paps Anu (Seios de Danu), e a partir de então abençoaram e nutriram seu povo com sabedoria, conhecimentos e abundância.

E assim surgiram os Tuatha de Dannan, ou seja, os "Filhos de Danu".

Danu é a Grande Deusa Mãe dos celtas. Também é conhecida sob os nomes de Dana, Don, Dunav, Donau e Anu. Dagda é considerado seu filho e muitas vezes também seu consorte. Muitos Deuses celtas surgiram da união de Danu e Dagda, como a Deusa Brigit.

Danu foi amplamente cultuada nas terras indo-europeias e é considerada a Divindade mais antiga dos celtas e a Grande Mãe de todos os tempos.

Seu nome, Danu, pode ser associado à Deusa grega Dione e também a Diana.

Ela é a brava Rainha das Fadas cujo poder está no mistério, mas ao mesmo tempo é uma Deusa do Rio. Seu culto era tão forte nas Ilhas Britânicas e Europa que ela teria dado origem ao nome do rio Danúbio. Para outros, ainda, é considerada a primeira mulher, mãe e chefe dos Tuatha de Dannan, que foram um dos povos mitológicos a invadir a Irlanda e que teriam adotado esse nome em homenagem à Deusa.

Danu é a Deusa Céltica Irlandesa, mãe de todos os Deuses e fadas, considerada a Senhora da Magia, dos rios, das águas, das fontes, do conhecimento, das montanhas e da sabedoria. Ela é a terra e o rio.

Danu abarca a luz e a escuridão. Ela é fria e quente como uma noite de inverno. Seu gênero muda como a corrente de um rio. É o fator primordial, aquela que existiu antes de todas as coisas.

É tida como a padroeira dos magos e druidas.

SIGNIFICADO DIVINATÓRIO: fertilidade, crescimento, força, inovação, germinação, conhecimento, sabedoria, riqueza, prosperidade, fortuna.

DEMÉTER

O nome Deméter significa "Mãe Terra". Deméter é a Deusa grega da colheita. Era considerada filha de Cronos e Reia e chamada de Ceres pelos romanos. Quatro de seus irmãos tiveram seu mesmo destino: foram engolidos por Cronos logo após seu nascimento e voltaram a viver quando Zeus, o único filho que não foi devorado, fez com que o pai vomitasse todos os seus irmãos antes de vencê-lo e destroná-lo.

Foi cultuada especialmente na Arcádia, na Sicília e em Cnido. Durante a Tesmofória, um rito de fertilidade exclusivo de mulheres no outono, Deméter era especialmente celebrada.

Ela era representada com cabelos dourados, usando um manto azul e carregando um feixe de trigo. Algumas vezes, ela aparece com uma coroa e com um cetro, noutras, com archotes e acompanhada de uma serpente.

Os gregos acreditavam que Deméter é quem teria ensinado aos homens a arte da agricultura. Triptólemus foi o primeiro a aprender a arte de semear com Deméter.

O mito de Deméter está intimamente relacionado ao rapto de Perséfone, sua filha. Hades teve negado, por Deméter, seu pedido para desposar Perséfone e, contrariado, decidiu consegui-la à força.

Enquanto Perséfone brincava com uma flor, especialmente enviada para a Terra por Gaia a pedido de Hades para distraí-la, o Deus dos mundos inferiores surpreendeu-a. Quando Perséfone abaixou-se para colher a flor, uma enorme fenda se abriu e Hades surgiu de repente do interior da Terra e agarrou-a, levando-a ao Submundo, onde ela seria mantida com ele em seu reino da morte.

Os gritos de Perséfone foram ouvidos por Deméter, sua mãe, e por Hécate. Deméter começou a caminhar por toda a Terra e vagou por nove dias e nove noites, levando uma tocha para iluminar seu caminho. No décimo dia, encontrou Hécate e juntas decidiram ir até o Deus Sol, que tudo via, e assim descobriu que sua filha tinha sido raptada por Hades.

Deméter, desesperada e irritada com Hades, além de profundamente triste com Zeus, que nada tinha feito para impedir o fato ocorrido, decidiu isolar-se do mundo.

Ao tomar essa decisão, toda a Terra começou a padecer com fome, doenças e esterilidade do solo. Nada crescia, nenhuma mulher gerava, a propagação da vida não ocorria mais.

Deméter tomou a forma de uma velha e passou a vagar entre os homens como uma pedinte e acabou por se tornar governanta do palácio de Celeus, Rei de Elêusis. Nessa cidade, a Deusa foi reconhecida e então um templo foi erigido em sua homenagem.

Diante de tudo isso, Zeus, o mais poderoso de todos os Deuses, decidiu interferir. Tentando agradar Hades e Deméter, ordenou que Hades deixasse Perséfone livre para estar com sua mãe durante metade do ano e na outra metade ela permaneceria ao lado de Hades, reinando ao seu lado no Submundo. Em retribuição a isso, Deméter restabeleceria a fertilidade na Terra.

Acompanhada por Deméter e Hécate, Perséfone retornou ao mundo. Nesse dia, todos os campos novamente floresceram e nova vida surgiu na Terra.

A lenda de Deméter é uma metáfora sazonal que contém o arquétipo da relação entre mães e filhas. Também é um mito que explana sobre a terra que ama e consome tudo o que ela produz.

Perséfone representa a primavera, que na realidade é outra forma de Deméter por si só. Deméter e Perséfone estão tão ligadas uma a outra que em muitos lugares elas eram chamadas simplesmente de "as duas Deusas". A forma mais comum da Deusa é a tríplice; enquanto Perséfone representa a primavera, Deméter, o outono, e Hécate simboliza o inverno. Por isso elas aparecem juntas, retornando ao mundo no final do mito.

Perséfone representa o grão semeado, colocado embaixo da terra, que se desenvolve e desponta na primavera.

Mãe Terra é apenas um dos aspectos de Deméter. Ela também é considerada outra forma de Gaia, pois é a própria terra que nutre e também se mostra pelas plantas que fornecem o alimento.

Deméter é considerada a mãe de Pluto, filho nascido de sua união com Jasão. Pluto era o Deus cego das riquezas, que carregava a cornucópia da abundância. Por ser cego, o Deus distribuía suas dádivas indistintamente e muitas vezes de maneira injusta.

As oferendas sacrificatórias de Deméter eram realizadas sem fogo, todas em seu estado natural.

Sua principal festa, compartilhada com Perséfone, ocorria em Elêusis, onde os gregos celebravam anualmente os Mistérios de Elêusis, que levavam os iniciados a desenvolverem uma relação profunda com a Deusa. Durante os três dias de festival, encenavam-se a busca de Deméter e a alegria de se reunir novamente com Perséfone no final da busca.

A celebração era dividida em duas partes diferentes. A primeira parte da festa celebrava Deméter como Deméter Erínia (Deméter Furiosa), identificando-a com sua fúria e tristeza em perder Perséfone. A segunda parte celebrava Deméter transformada pela união novamente com a filha, e a Deusa então era celebrada como Deméter Louisa (Deméter Amável).

A Deusa também possuía outros títulos, como Kidaria, que significa "A mascarada", Chamaine, "Deusa do Solo", e Thesmophoros, que quer dizer "A Legisladora", já que era ela quem comandava as estações sazonais sobre a Terra.

Deméter simboliza os frutos da terra cultivada, sobretudo o trigo. Representa o instinto, a maternidade, a nutrição e o crescimento. Ela era considerada a Deusa da Terra e de toda a vida que vinha da terra, responsável pela capacidade de nutrir e gerar frutas e grãos. Era ela quem propiciava a fertilidade do solo e era considerada a mais generosa das Deusas. Como a agricultura sempre foi de extrema importância para a humanidade, Deméter acabou por ser considerada a promotora da civilização, pois como foi ela quem ensinou os homens a cultivar a terra, estes passaram a se fixar em determinadas regiões dando origem às cidades.

SIGNIFICADO DIVINATÓRIO: crescimento, germinação, fartura, abundância, prosperidade, riqueza, casamento, maternidade, renovação.

DURGA

Durga é o princípio feminino que ativa Shiva e é a personificação da Energia Universal. Seu nome quer dizer "A Invencível", e ela é Parvati em sua forma aterrorizante e ao mesmo tempo a personificação da Shakti de Shiva. Shakti é a energia interior dos Deuses hindus que assumem uma forma feminina.

Em tempos antigos, um demônio chamado Mahishasura ganhou a confiança de Shiva depois de uma longa meditação.

Shiva ficou agradecido com a devoção do demônio e então o abençoou com a vantagem de que nenhum homem ou Deus poderia exterminá-lo. Na posse de tal poder, Mahishasura iniciou seu reinado de terror sobre o mundo.

As pessoas eram exterminadas cruelmente e até mesmo os Deuses foram expulsos de seu mundo sagrado. Os Deuses foram até Shiva para ajudá-lo e informá-lo sobre as atrocidades do demônio. Shiva, que não estava sabendo do ocorrido, ficou muito aborrecido com tais fatos. Essa cólera saiu do terceiro olho de Shiva na forma de energia e se transformou numa mulher. Shiva aconselhou todos os Deuses a concentrarem suas Shaktis e liberá-las. Todos os Deuses que estavam presentes no momento contribuíram com sua própria energia feminina para formar a nova Deusa que estava nascendo e que se chamou Durga, A Mãe Eterna.

Ela tinha oito mãos, e os Deuses a investiram com suas próprias armas de poder, e ela foi para a batalha.

132 | *Oráculo da Grande Mãe*

Montando um leão, atacou Mahishasura e seu exército, que não tiveram tempo de admirar a beleza da Deusa. Guerreiro após guerreiro que lutou contra Durga foi destruído durante a batalha. Tropas de todos os lados surgiram durante a guerra e milhares de infantarias, usando machados e lanças, atacaram a Deusa. Inúmeros demônios, arqueiros e cavaleiros vieram contra ela.

Durga, com suas armas divinas, exterminou demônio após demônio, exército após exército e um rio de sangue fluiu pelo campo de batalha. Durga se transformou então em Devi Chandika (Kali), a forma mais feroz da Deusa, e decapitou Mahishasura, restabelecendo novamente a ordem no mundo.

O triunfo de Durga sobre o demônio Mahishasura é comemorado na Índia, pois representa a destruição de todos os aspectos negativos da personalidade humana, sendo substituídos por tudo o que é bom e divino.

Em muitas partes da Índia, o festival em homenagem a Durga é chamado de Susshera. Porém, no Oeste de Bengala, onde o festival é particularmente popular, ele é chamado de Durga Puja. O festival em homenagem a Durga dura cinco dias. Consiste em prestar reverência a Durga por meio de orações e banhos litúrgicos com tanchagem. A festividade toma as ruas da Índia, que são decoradas com luzes e imagens da Deusa.

O culto a Durga data de 7000 anos AEC, e ela é mencionada no Mahabharata como uma virgem que se delicia com vinho, carne e sacrifícios de animais. Foi muito cultuada em Bengala, Assam e Deccan.

Durga é uma Deusa que possui diferentes elementos de outras Divindades, já que ela foi criada baseada na energia de todos os Deuses. Podemos perceber seus inúmeros atributos pelas diferentes armas, de diferentes Deuses, que ela carrega. Ela é o princípio feminino da Energia e do Movimento e a manifestação de tudo.

Traz a Trisula (tridente) de Shiva, o disco de Vishnu, o raio de Indra, a flecha flamejante de Agni, o cetro de Kubera, o arco de Vayu, a flecha brilhante de Surya, a lança de ferro de Yama, o machado de Visvakarman, a Espada de Brahma, a Concha de Varuna, e o leão, que é seu meio de locomoção, de Himavat. Cavalgando seu leão, ela controla e usurpa o poder masculino, simbolizado pelo animal.

Durga é a quinta essência do feminino que nos convida constantemente a mudança, por meio da quebra dos limites que nos separam do absoluto. Aponta os caminhos e, como a primeira divindade feminina do Universo, é considerada a essência da criação. Destrói demônios e existe independentemente da proteção masculina. É a visão do feminino que muda o estereótipo das mulheres na sociedade tradicional. Essa função reversa pode ser representativa de uma nova versão da realidade.

Foi criada para restabelecer a ordem no Universo e destruir o demônio Mahisashura, personificação de todas as tendências humanas, como o ego, a ignorância, a preguiça e o orgulho.

Originou-se da combinação de energia de todos os Deuses e por isso é considerada a suprema Prakriti ou natureza. Sendo assim, ela está presente em tudo e compreende o trabalho da manifestação do mundo, pois é por seu poder que ele é criado e sustentado. Durga está sempre atuando e se movendo no mundo material.

Em seu aspecto amistoso, é chamada de Gauri, que quer dizer "A branca", uma face benevolente da Deusa. Em sua face de Anapurna, é representada com uma vasilha de arroz e uma colher, simbolizando sua face de nutridora. Também é conhecida pelo epíteto de Candi, que significa "A Cruel" e assume a forma de Tara, "A Libertadora". Sua figura se funde muitas vezes com Parvati. Todos esses epítetos confirmam a crença de que Durga seja a composição de várias Deusas diferentes que ao mesmo tempo são uma.

SIGNIFICADO DIVINATÓRIO: proteção, força, garra, coragem, vigor, dinamismo, força de vontade, vitória, riqueza, afastar o mal, vencer os inimigos.

EOSTRE

Eostre é a Deusa teutônica da Primavera. Ela deu nome ao *Sabbat* Pagão, que celebra o renascimento, chamado de *Ostara*. Posteriormente, a igreja católica acabou por associar sua Páscoa às festividades pagãs de *Ostara* e absorveu muitos de seus costumes, inclusive os ovos e o coelhinho da Páscoa. Podemos perceber isso pelo próprio nome da Páscoa em inglês, *Easter*, muito semelhante a Eostre.

O nome Eostre ou *Ostara*, como também a Deusa é chamada, tem origem anglo-saxã provinda do advérbio *ostar,* que expressa algo como "Sol nascente" ou "Sol que se eleva". Muitos lugares na Alemanha foram consagrados a ela, como Austerkopp (um rio em Waldeck), Osterstube (uma caverna) e Astenburg.

Eostre era relacionada à aurora e posteriormente associada à luz crescente da primavera, momento em que trazia alegria e bênçãos à Terra.

Por ser uma Deusa um tanto obscura, muito do que se sabia sobre ela acabou se perdendo através dos tempos, e descrições, mitos e informações sobre ela são escassos.

Seu nome e funções têm relação com a Deusa grega Eos, Deusa do Amanhecer, na mitologia grega. Alguns historiadores dizem que ela é meramente uma das várias formas de Frigg, ou que seu nome seria um epíteto para representar Frigg em seu aspecto jovem e primaveril. Outros pesquisadores a associam a Astarte e Ishtar, devido às similaridades em seus respectivos Festivais da Primavera.

Dizem as lendas que Eostre tinha uma especial afeição por crianças. Aonde quer que ela fosse, elas a seguiam, e a Deusa adorava cantar e entretê-las com sua magia.

Um dia, Eostre estava sentada em um jardim com suas tão amadas crianças, quando um amável pássaro voou sobre elas e pousou na mão da Deusa. Ao dizer algumas palavras mágicas, o pássaro se transformou no animal favorito de Eostre, uma lebre. Isso maravilhou as crianças. Com o passar dos meses, elas repararam que a lebre não estava feliz com a transformação, porque não mais podia cantar nem voar.

As crianças pediram a Eostre que revertesse o encantamento. Ela tentou de todas as formas, mas não conseguiu desfazer o encanto. A magia já estava feita e nada poderia revertê-la. Eostre decidiu esperar até que o inverno passasse, pois nessa época seu poder diminuía. Quem sabe quando a primavera retornasse e ela fosse de novo restituída de seus poderes plenamente, pudesse ao menos dar alguns momentos de alegria à lebre, transformando-a novamente em pássaro, nem que fosse por alguns momentos.

A lebre assim permaneceu até que então, a primavera chegou. Nessa época, os poderes de Eostre estavam em seu apogeu e ela pôde transformar a lebre em um pássaro novamente, durante algum tempo. Agradecido, o pássaro botou ovos em homenagem a Eostre. Em celebração à sua liberdade e às crianças, que tinham pedido a Eostre que lhe concedesse sua forma original, o pássaro, transformado em lebre novamente, pintou os ovos e os distribuiu pelo mundo.

Para lembrar às pessoas de seu ato tolo de interferir no livre-arbítrio de alguém, Eostre entalhou a figura de uma lebre na lua que pode ser vista até hoje por nós.

Eostre assumiu vários nomes diferentes como Eostra, Eostrae, Eastre, Estre e Austra. É considerada a Deusa da Fertilidade plena e da luz crescente da primavera.

Seus símbolos são a lebre ou o coelho e os ovos, todos representando a fertilidade e o início de uma nova vida.

A lebre é muito conhecida por seu poder gerador e o ovo sempre esteve associado ao começo da vida. Não são poucos os mitos que nos falam do ovo primordial, que teria sido chocado pela luz do Sol, dando assim vida a tudo o que existe.

Eostre também é uma Deusa da Pureza, da Juventude e da Beleza. Era comum na época da primavera recolher o orvalho para se banhar ritualisticamente. Acreditava-se que o orvalho colhido nessa época estava impregnado com as energias de purificação e juventude de Eostre, e por isso tinha a virtude de purificar e rejuvenescer.

SIGNIFICADO DIVINATÓRIO: juventude, beleza, pureza, amor, fertilidade, alegria, harmonia, entendimento, purificação, limpeza, crescimento, germinação.

ERESHKIGAL

Ereshkigal é a Deusa sumeriana e babilônica da Morte e Senhora do Submundo. Ela é considerada a irmã mais velha de Inanna e irmã gêmea de Enki, o Deus da Magia e da Arte.

Também chamada de Arkkadian e Allatu, seu nome quer dizer "Grande Senhora do Desejo" ou "Senhora do Grande Lugar".

Um dia, os Deuses decidiram fazer uma grande festa. Como Ereshkigal não podia deixar o Submundo para ir ao banquete organizado pelos Deuses, eles lhe pediram que enviasse um mensageiro para representá-la. Ela então enviou seu servo Namtar.

Quando o representante de Ereshkigal apareceu na festa, todos os Deuses levantaram de seus lugares para prestar reverência a Namtar, exceto Nergal.

Em seu retorno, Namtar contou a Ereshhigal sobre a descortesia de Nergal. Enfurecida, a Deusa deu a Namtar a missão de trazer Nergal até ela, para que assim pudesse exterminá-lo, por causa de seu desrespeito.

Quando Namtar retornou ao mundo dos Deuses, eles, assustados, concordaram com sua exigência de levar aquele que tinha sido descortês. Nergal, contudo, escondeu-se e o enviado de Ereshkigal não pôde completar sua missão, retornando ao Submundo.

Provido de quatorze seres especialmente criados por ele para defendê-lo, Nergal desceu ao Submundo. Nesse trajeto, Nergal encontrou Namtar e o matou. Feito isso, ordenou que seus acompanhantes abrissem os portões dos mundos inferiores, amarrassem

Ereshkigal e ameaçassem matá-la, caso a Deusa não aceitasse que ele governasse o Reino da Morte com ela.

Ereshkigal aceitou a condição de Nergal, que então a beijou, e juntos passaram a governar o Submundo e o Reino dos Mortos. Ereshkigal é considerada a esposa de Nergal, um Deus sumeriano das epidemias, e em alguns casos é tida como esposa de Namtar, o Senhor do Conhecimento. Seu palácio subterrâneo é chamado de Ganzir, que significa "Portão de entrada para o Submundo". O culto a Ereshkigal é muito antigo, talvez muito mais que o de Perséfone e Hel. Os sumerianos devotavam um grande respeito a essa Deusa, e tão grande era o medo que eles tinham que nunca a descreveram em detalhes. Diziam que quando a Deusa estava enfurecida, seus lábios tornavam-se negros e sua face assumia uma cor azul-pálida.

Os antigos povos da Mesopotâmia viam a realidade como física e sutil. Para eles, existiam o reino de cima, onde Anu reinava soberana, e o Submundo, o reino da justiça e da expiação, o reino de Ereshkigal. Para eles, Ereshkigal era a Senhora da Essência e é ela que nos ensina a realidade da justiça e verdade.

O Submundo é a realidade interior que nos dá sustento para tudo o que existe, existirá e existiu. É o mundo onde Vida e Morte se encontram e se coadunam. Ereshkigal nos mostra que vida e morte são ritmos e transformação entre energia e forma; assim, a cura e a regeneração ganham lugar.

Significado divinatório: renascimento, proteção, vingança, destruição, regeneração, magia negativa.

ERÍNIAS

Quando Gaia teve Urano por seu esposo, Titãs nasceram dessa união. Contudo, desde o princípio, Urano odiou os filhos que Gaia lhe deu.

Urano desprezava todos os seus filhos e, revoltada com essa atitude, Gaia decidiu instigar os filhos a puni-lo.

Assim, a Deusa fabricou uma poderosa foice afiada e deu a Cronos para que esse promovesse a vingança. Quando caiu a noite, Urano, cheio de amor por Gaia, cobriu toda a Terra e, ao deitar-se sobre ela, Cronos estendeu a mão e castrou o próprio pai.

Gaia, fertilizada pelo sangue de Urano, deu à luz as Erínias, Deusas da Cólera e da Vingança.

O parentesco das Erínias, no entanto, é muito discutido. Para alguns pesquisadores, elas são consideradas as filhas de Nyx, a Noite; para outros, elas são as filhas da Terra (Gaia) e de Escoto, a Escuridão. Outros, porém, consideram essas Deusas filhas de Cronos e Eurínome. Seu nome significa "Espírito da cólera e da vingança".

Eram representadas como terríveis mulheres com pele negra, vestidas de preto, algumas vezes com asas. Seus cabelos eram cobras vivas e carregavam uma tocha nas mãos.

Eram tidas como as perseguidoras dos criminosos, chamados de "Aqueles que andam nas sombras". Os gregos diziam que elas choravam sangue, assobiavam até enlouquecer seus perseguidos e anunciavam sua chegada aos locais com o som de latidos de cadelas, o que traz uma ligação com Hécate. Diziam que o cheiro de seu hálito e corpos era insuportável, e os gregos acreditavam que elas moravam sob a terra.

Como os erros e as maldades jamais abandonarão o mundo, elas também não podem ser banidas da Terra.

As Erínias apareciam todas as vezes que alguém desprezava seus laços de sangue, ou seja, quando uma mãe era ofendida ou o direito do pai ou irmão mais velho de uma família era desrespeitado. Consideradas as ajudantes de Hades e Perséfone, viviam na entrada do Submundo. Sua principal responsabilidade era acompanhar a punição de todos os que tinham cometido algum crime na Terra, mas que tinham chegado a Hades sem ter tido a absolvição sagrada dos Deuses.

Algumas vezes, essa responsabilidade se estendia ao mundo dos homens, onde as Erínias podiam perseguir criminosos a pedido de Nêmesis (a Deusa que aplica os castigos devidos por más ações), de forma que eles não tivessem descanso nem paz.

Um exemplo disso é o mito de Orestes, que assassinou sua mãe, Clitemnestra, para vingar-se da morte do pai. Orestes foi perseguido dura e incansavelmente pelas Erínias e só ficou por fim livre ao trazer uma imagem de Apolo de Tauro para Argos, punição essa imposta por um oráculo.

As Erínias também foram chamadas de Furiae ou Fúrias (que quer dizer "loucas") pelos romanos, Semnai (Veneráveis) e Eumênides (Favoráveis).

Elas são Deusas muito antigas, mais até que os Deuses olímpicos.

Os mitos contam que elas eram três Deusas chamadas:

- Tisífone: aquela que vinga os assassinos
- Alecto: a impiedosa perseguidora
- Megera: a irada invejosa

Com suas cabeças ornadas por serpentes, eram elas que se erguiam do Submundo para perseguir os pecadores, os malfeitores, os assassinos ou os que mataram membros da família ou parentes muito próximos.

As Erínias eram invocadas por todos os que se sentiam ofendidos ou injustiçados. Para elas, não havia misericórdia, nada além das ações em si interessavam. Elas incorporaram, assim, a ideia da justiça, antes de a espécie humana começar a ver o rancor como uma parte necessária para todo crime.

As Erínias puniam não um clã ou família, mas indivíduos. Sendo assim, elas podem ser vistas como as ideias morais de um clã, pois nas lendas permanecem regularmente ao lado dos anciões.

Essas Deusas englobam uma ideia rudimentar da lei e da punição. Não é de se surpreender, pois elas são tão antigas quanto os relatos do próprio Homero.

> SIGNIFICADO DIVINATÓRIO: vingança, lei, punição, justiça, liberdade, injustiças, ofensas, intrigas, ingratidão, maldições.

ÉRIS

Éris é considerada a Deusa da Discórdia. Era considerada filha de Nyx e Zeus e irmã de Ares.

Os gregos diziam que era companheira inseparável de Ares e o seguia aonde quer que ele fosse. Frequentemente acompanhava-o nas batalhas e nos campos de guerra. É ela que cavalga sua carruagem, e diziam que era obcecada por sangue, destruição e sofrimento. Tida como uma Deusa sinistra e malvada, seu grande prazer era criar problemas.

A lenda de Éris se inicia quando Zeus preparou um banquete de casamento para Peleus e Tétis e não a convidou por causa de sua má reputação.

Isso fez com que Éris se irritasse com tal desfeita, e assim ela criou uma maçã de puro ouro e inscreveu sobre ela KALLISTI (à mais bela). No meio da festa, Éris, a única Deusa que não tinha sido convidada, entrou e atirou entre os convidados a maçã, dizendo que a fruta deveria ser entregue à mais bela Deusa ali presente.

Três das Deusas convidadas, Athena, Hera e Afrodite, requisitaram a maçã e começaram a brigar por sua causa.

Como elas não conseguiram chegar a um acordo, o juiz escolhido por Zeus para resolver a disputa foi o jovem Páris. Zeus enviou-as para o Monte de Ida. Conduzidas por Hermes logo que chegaram à Ilha, cada uma ofereceu uma recompensa a Páris se fosse a escolhida. Hera ofereceu riquezas e poder. Athena, sabedoria, e Afrodite ofereceu o amor da mulher mais bela do mundo. Páris entregou, sem hesitar, a maçã a Afrodite. Dessa forma, Afrodite ganhou o título de Deusa da Beleza.

A mulher mais bela do mundo era Helena, até então casada com Menelau, Rei de Esparta. Helena, por manobras de Afrodite, acabou ficando com Páris. Por causa desse fato, iniciou-se a Guerra de Troia, a primeira guerra da Terra, quando Esparta exigiu Helena, sua rainha, de volta.

Éris esteve intimamente associada ao início da guerra de Troia, e por isso ela passou a ser considerada uma Deusa que encorajava as batalhas, guerras e mortes. Era capaz de transformar a mais bela música no mais desagradável barulho. Os gregos acreditavam que era ela quem fomentava ilegalidade e rixas, assassinatos, disputas, mentiras, maldições.

O caso da guerra de Troia foi um resultado indireto, mas pensado e planejado minuciosamente por Éris. Os gregos acreditavam que era Éris quem espalhava falsos rumores e plantava invejas.

Hesíodo fazia uma distinção entre Éris Temível, que promovia a inimizade e disputas, e Éris Benéfica, que promovia e estimulava a competição sadia entre os homens.

SIGNIFICADO DIVINATÓRIO: disputas, competições, inveja, mentiras, maldições, ilegalidade, sofrimento, destruição, discórdia.

EURÍNOME

Eurínome foi, a princípio, o protótipo da Deusa Criadora entre os gregos, que diziam que ela governava o mar. Seu nome quer dizer algo como "Aquela que governa de longe".

Eurínome tinha um templo em Arcádia de difícil acesso, que era aberto apenas uma vez por ano. Se peregrinos penetrassem no santuário, iriam encontrar a imagem da Deusa como uma mulher com um rabo de cobra, presa com correntes de ouro. Nessa forma, Eurínome do Mar era considerada a mãe de todos os prazeres.

Na versão pré-helênica do mito da Criação grego, Eurínome é a Mãe Primordial dos Deuses e a Criadora do Universo, que governou o Olimpo antes da chegada do patriarcado e do reinado dos Deuses masculinos.

A lenda de Eurínome diz que ela se elevou do caos e imediatamente dividiu o mar dos céus, e dançou sobre as ondas recém-criadas.

Rodopiando em um movimento entusiasta, Eurínome criou por meio de seus movimentos um vento que cresceu voluptuoso, vindo do norte em direção a ela. Virando de frente para o vento, ela o segurou nas mãos, levantando-o como se fosse uma serpente, e lhe deu o nome de Ophion.

Eurínome fez amor com o vento em forma de serpente, depois se transformou em uma pomba e botou o ovo universal, que continha toda a Criação e deu origem a tudo, e Ophion o quebrou. Ela se instalou sobre a Terra, acima do monte Olimpo, para zelar por sua Criação. Mas Ophion, criação de Eurínome, começou a gabar-se, dizendo que ele era o verdadeiro criador e que tinha sido o responsável por tudo o que existia. Imediatamente, Eurínome o aprisionou no Submundo, no reino do Tártaro, e a Deusa seguiu seu processo de criação, dando origem aos sete planetas.

Eurínome foi absorvida pelo culto às Graças e posteriormente passou a ser considerada sua mãe. Foi também muito cultuada entre os gregos como uma Deusa criadora, antes da ascensão dos Deuses olímpicos.

SIGNIFICADO DIVINATÓRIO: criação, inícios, novos projetos, começo de um novo relacionamento, ponto de partida, amor, recomeço, fertilidade, germinação, sabedoria.

FLORA

Flora é a Deusa Romana da Primavera (seu nome significa "A florida"). Considerada a Senhora do Prazer, foi uma proeminente Deusa da Roma Antiga e era conhecida por *Chloris* entre os gregos. Casada com Zéfiro, o Vento Oeste, tinha seu templo fixado em Aventina. Historiadores afirmam que ela teria sido introduzida em Roma por Tito Tácio.

As lendas dizem que Juno, enciumada por Júpiter ter parido Minerva sozinho, sem sua colaboração, decidiu imitá-lo e ter um filho sozinha, sem a ajuda de nenhum Deus masculino ou homem mortal. A Deusa resolveu viajar para conseguir realizar tal feito.

No caminho, já cansada, Juno sentou-se na porta do templo de Flora, que, reconhecendo-a, perguntou-lhe qual era o motivo de sua viagem. Juno então lhe contou seu desejo.

Flora indicou a Juno uma flor que crescia nos campos de Oleno, na Acaia, informando que a planta tinha a virtude de fecundar qualquer mulher só pelo toque, sem o auxílio de nenhum homem. Ao encontrar a flor e tocá-la, Juno sentiu que tinha engravidado e, nove meses depois, deu à luz Marte.

Alguns dizem que, na realidade, Flora era uma ninfa grega chamada Clóris, e que, andando pelos campos, Zéfiro a viu e se apaixonou, raptando-a e transformando-a em Deusa. Zéfiro também concedeu a Flora o governo das flores em todas as suas manifestações.

Flora era a Deusa dos Cereais Maduros e Flores em Botão e foi adorada primordialmente pelos oscanos e sabinos.

Também era considerada a Deusa dos jardins e tudo o que germinava e floria. É a personificação da natureza e representa toda planta que vive.

Flora é a Deusa que seduz pela juventude, pelo aroma. Ela nos ensina a honrar o solo e o que cresce, dentro e fora de nós. Faz-nos lembrar da beleza da primavera e da nova vida.

Os romanos acreditavam que durante a primavera, Flora colocava o seu manto verde e sua guirlanda sobre a cabeça e com isso, a vida se renovava sobre a Terra.

Sua festividade mais popular era a Florália, que os romanos celebravam durante seis dias, de 27 de abril a 3 de maio, honrando e celebrando a Deusa da Primavera e a Senhora das Flores.

Florália era uma época de alegria e grande regozijo na Roma Antiga. Durante os festivais, os romanos trocavam seus habituais robes brancos por vestimentas mais coloridas e coroas de flores. Tudo era coberto com flores, casas, ruas, templos. A festa envolvia muita música, danças e jogos. Oferendas de leite e mel eram feitas a Flora. Aliás, o mel era considerado um dos presentes que Flora tinha dado aos seres humanos.

Cabras e lebres eram soltas nos pastos, simbolizando a fertilidade, com o intuito de garantir uma colheita farta e a proteção de Flora.

SIGNIFICADO DIVINATÓRIO: beleza, vida, fertilidade, amor, alegria, fartura, abundância, prosperidade, riquezas, harmonia.

FREYA

Freya, também chamada de Freija, é a Deusa nórdica da fertilidade, do amor e da beleza.

Considerada uma forma de Deusa da Terra pelos nórdicos e filha de Njord e Skadi (ou Nerthus, conforme a fonte) e irmã gêmea de Frey, seu nome significa apenas "Senhora".

Era descrita como a mais bela de todas as Deusas, usando uma capa coberta de penas sobre seu mágico colar de âmbar, Brisingamen, nos céus em sua carruagem puxada por gatos ou, algumas vezes, representada sobre um enfurecido porco do mato, que pode ser considerado o seu irmão Frey, o Deus da Fertilidade.

Uma de suas lendas diz que Freya era casada com Odr e teve duas filhas com ele, Hnoss e Gersemi. Estava muito feliz com o marido e filhas até que um dia, no entanto, Odr foi embora e deixou-a sem saber onde encontrá-lo. A Deusa caiu em uma tristeza profunda, e lágrimas caíram de seus olhos tristes sobre a terra. As pedras duras se tornaram leves e transformaram-se em puro ouro, outras se tornaram âmbar. As semanas passaram, mas seu marido não voltou. A Deusa decidiu sair em busca de seu marido e o procurou em Asgard e Aesir. Viajou por inúmeras terras, perguntando se alguém tinha visto seu marido. Mas ninguém o vira passar, ninguém ouvira falar de seu paradeiro. Assim, chorando, decidiu viajar pelos nove mundos. Suas lágrimas de ouro se espalhavam por onde quer que a Deusa passasse. Por causa disso, o ouro pode ser encontrado em toda a Terra.

Finalmente, quando o Sol estava alto no Norte, ela conseguiu encontrá-lo. Odr estava sentado silenciosamente sobre uma árvore de murta, pensando em coisas distantes. Sua face brilhou quando viu Freya e, sem dizer nada, a acompanhou até Asgard. Conforme eles retornavam juntos, toda a natureza se regozijava com suas faces risonhas.

Em Asgard, a casa dos Deuses, Freya vivia no Folkvangr em um vasto palácio chamado Sessrumnir. Para lá iam todos os espíritos dos guerreiros que ela reivindicava nos campos de batalha, pois ela era a primeira a exercer poder sobre a morte, as sobras ficavam para Odin.

Também considerada o espírito da fertilidade da terra, diziam as lendas que seu afastamento do mundo nos períodos de inverno e outono provocava o cair das folhas, e a terra era então coberta por um manto de neve.

Mesmo tendo conexões com a morte, Freya não foi uma Deusa apavorante, pois os povos escandinavos sabiam que ela era a essência da sexualidade. Teve relações com todos os Deuses. As lendas nos contam que a Deusa obteve um colar mágico, chamado Brisingamen, dormindo uma noite com quatro duendes que os tinham feito.

Em sua busca por seu marido Odr, a Deusa assumiu diferentes nomes pelos lugares por onde passava. Foi chamada de Mardol, que significa "Luz sobre o mar", Horn, a "Mulher linho", algumas vezes era Syr, "A porca", e em outras Gefn, "A generosa".

Também é considerada a Deusa do Parto e Fertilidade, bem como a Deusa dos Mortos e dos Mundos dos Espíritos. Ela é tida como a chefa das Disir, um grupo de Deusas femininas relacionadas com as Valquírias e que conduziam os caçadores selvagens. As lendas dizem que as Disir eram capazes de predizer a morte de familiares.

150 | *Oráculo da Grande Mãe*

Os mitos dizem que Freya presidia todas as batalhas e guerras. Ela é a Senhora da Magia, Deusa dos Encantamentos, a primeira que conquistou o poder de enfeitiçar. Foi ela quem ensinou a Arte da Magia a Odin e aos Deuses Vikings. Também tem o poder de mudar de forma e consegue isso por intermédio de seu manto de penas de falcão. Com esta vestimenta, Freya se transforma em pássaro e voa entre o mundo dos homens e o dos Deuses.

Diziam que Freya dominava a Arte de Seidr, uma forma específica da magia viking que visava entrar em estado alterado de consciência pelas entoações de canções sagradas. Ao entrar nesse estado, os praticantes de Seidr eram capazes de prever o futuro e acreditava-se que as premonições vinham de Freya.

Freya é então uma Deusa da Terra, relacionada aos ritos de fertilidade capazes de fazer com que a natureza renasça. É a encantadora que, por meio das palavras de poder, ensina a Arte da Magia. É a Anciã, que governa o reino dos mortos e das sombras. Ela é a própria força vital.

SIGNIFICADO DIVINATÓRIO: amor, sexo, beleza, magia, visões, fertilidade, riqueza, sabedoria, sorte, proteção.

FRIGG

Depois que seu filho Baldur começou a ter sonhos nos quais ele se encontrava em grande perigo, Frigg passou a viajar para todos os lugares da Terra, pedindo a todos os seres animados e inanimados do país do meio (Terra) que prometessem nunca fazer mal a Baldur. Com isso, a Deusa tentou evitar que o jovem Deus fosse vitimado por qualquer feitiço.

Terra, água, fogo, ar, pedras, árvores, animais, peixes e toda a infinidade de seres existentes atenderam ao apelo de Frigg.

Os Deuses decidiram fazer uma brincadeira. Para provar que Baldur não podia ser ferido ou morto, começaram a atirar lanças, pedras e outros objetos contra Baldur. Nada conseguia ferir o filho de Frigg.

Loki, que invejava a beleza e a juventude de Baldur, disfarçou-se de velho e conquistou a amizade de Frigg, que lhe confessou ter deixado de incluir em seus pedidos de lealdade a Baldur o visco, por ser demasiadamente pequeno, tenro e frágil para qualquer maldade.

Loki não perdeu tempo. Encontrou um pouco de visco, fabricou um jogo de dardos com ele, foi até a reunião dos Deuses e convenceu Holdur, um Deus cego, a arremessá-lo contra Baldur.

Baldur morreu imediatamente, e todos os Deuses lastimaram sua morte, todas as criaturas choraram sua perda com Frigg. A Deusa fez de tudo para trazer seu amado filho de volta. Enviou Hermod ao Submundo para pedir a Hel, Rainha do Mundo dos Mortos, que deixasse seu filho retornar. Tudo em vão.

Conforme o tempo passava, todas as coisas começavam a fenecer. O Lobo Fenris se libertou de seus grilhões e devorou o Sol. A árvore do Mundo, Yggdrasil, tremeu das raízes à copa. Montanhas afundaram no mar e todo o país tremeu. Um longo inverno, que durou três anos, seguido de terremotos, fome e libertação dos gigantes do gelo, devastaram o mundo.

Odin decidiu, com suas Valquírias e os poderosos Deuses do Aesir, combater Fenris e restaurar a ordem na Terra.

Quando finalmente conseguiu tal feito, a Terra pôde renascer do mar, verdejante e luminosa, o Sol reapareceu no céu e Baldur ressuscitou, para governar um novo tempo. Dois mortais que haviam se escondido nos ramos da Yggdrasil povoaram a Terra e novas colinas se ergueram dos mares. Árvores e flores vicejaram e a natureza se renovou. Tudo ganhou vida novamente com as bênçãos de Frigg, a Deusa do Amor, a energia que faz todas as coisas se unirem para a continuidade da vida.

O nome Frigg significa "Aquela que ama" ou "Esposa". Existem muitas corruptelas desse nome, como Frigga, Frige, Frija, Fricka.

A Deusa é considerada a esposa de Odin e a suprema Deusa Mãe dos Deuses Aesir, dinastia dos Deuses do céu indo-europeu, e filha de Fjorgyn.

Suas representações a descrevem como uma mulher vestida com plumagem de falcões e gaviões; muitas vezes podia viajar na forma de um desses pássaros.

Ela possuía onze ajudantes – Fulla, Hlin, Gna, Lofn, Vjofn, Syn, Gefjon, Snotra, Eira, Vara e Vor – que a ajudavam em sua missão de zelar pelo casamento e pela justiça. Alguns historiadores consideram suas servas como múltiplas faces da Deusa, exercendo diferentes funções.

Hlin era considerada a intermediária entre Frigg e seus seguidores, levando suas invocações e oferendas à Deusa. Era também sua função cuidar de todos que estivessem passando por problemas, sofrimentos, oferecendo conforto e esperança. Gna, a confiante mensageira de Frigg, cavalgava o cavalo Hofvarpnir, que podia galopar rapidamente pelo ar, trazendo as brisas refrescantes. Lofn auxiliava os amantes em sua busca pelo amor. Vjofn tinha a função de acalmar as brigas entre maridos e esposas e espalhar a paz entre os povos da Terra. Syn, guardiã do Palácio de Frigg, barrava a entrada de todos os que não fossem convidados a entrar. Sua decisão era final. Eira era encarregada de curar as doenças. Ela procurava ervas de poder para fazer remédio através dos mundos. Vara castigava os que rompessem um juramento ou falhassem, não cumprindo sua palavra. Snotra era encarregada do arquivamento de todas as coisas, já que era responsável pela virtude. Vor podia enxergar todo o futuro, vendo claramente o que aconteceria no mundo dos homens. Fulla e Gefjon possuíam outras funções.

Muitas vezes, Frigg era representada ao lado das Nornes. Acreditava-se que em seu salão existia um grande tear onde as Nornes, as Senhoras do Destino, enrolavam os cordões para que Frigg tecesse, não só o destino dos homens, como as próprias nuvens dos céus.

Sendo esposa de Odin, era considerada a mais alta Deusa Aesir.

Acreditava-se que originalmente Frigg era uma Deusa da Terra, de origem muito mais antiga, por isso, muitas vezes é confundida com Freya, já que ambas são divindades do amor e da fertilidade.

Na lenda de Baldur, Frigg demonstra dominar a Terra e toda a natureza, quando convence todas as coisas a jurarem não prejudicar Baldur. Os vikings acreditavam que a Deusa vivia num grande palácio em Fensalir, um dos mundos míticos germânicos, que significa "Salão das águas". Nesse lugar, ela tece e envia as nuvens aos céus. Talvez seja por isso que a Deusa esteja associada a rios, cachoeiras e água doce em todas as manifestações, tão necessárias para a fertilidade e continuidade da vida. A constelação de Órion era chamada pelos vikings de Tear de Frigga.

154 | Oráculo da Grande Mãe

Fensalir também era o local onde as almas de maridos e esposas, que tinham sido fiéis uns aos outros, reuniam-se após a morte, para nunca mais se separarem.

Frigg era uma Deusa versada na Arte da Magia e era profetisa, mas raramente revelava suas profecias. Os vikings acreditavam que ela conhecia o destino de todos os seres, por sua ligação com as Nornes.

Como todas as Deusas, Frigg era muito volúvel. Quando Odin não conseguiu mais entendê-la, abandonou-a. Exceto por isso, sua união foi bem-sucedida, tanto que dividia seu trono, chamado Hlidskjalf, com ele e de onde podiam ver os nove mundos. Em razão disso, ela foi considerada a Senhora do Amor e das Uniões Conjugais.

Mesmo com todos os seus atributos de Deusa da família e protetora do lar, algumas vezes Frigg aparece traindo Odin. O próprio Deus Loki acusou a Senhora do Amor de ter traído o pai dos Deuses com Vili e Ve, irmãos de Odin, quando este tinha saído para uma jornada fora de Asgard. Frigg foi especialmente associada à ordem social. Suas bênçãos eram invocadas quando as mulheres estavam dando à luz e para ajudar em todas as coisas relacionadas às Artes (tecer, fiar, cozinhar, costurar, etc.) e em todos os trabalhos mágicos relacionados a isso. Também era invocada por mães que queriam proteger seus filhos, principalmente os que iam para as batalhas. Era muito comum as mães tecerem ou costurarem alguma vestimenta especial aos filhos que fossem para as batalhas e consagrarem tal indumentária a Frigg.

Frigg, Deusa que está sempre próxima da humanidade e dos conceitos da civilização, é considerada a Deusa da ordem, da estrutura e das relações sociais.

SIGNIFICADO DIVINATÓRIO: amor, fertilidade, fidelidade, casamento, estrutura, sociedade, proteção de crianças, visão, gravidez, tempo, magia.

GAIA

Gaia é a Deusa greco-romana considerada a Mãe universal, a doadora da vida. A partir dela, tudo começou a se formar e ter forma, o mundo começou a se estruturar. Por causa disso, ela foi considerada a Deusa Universal da Fertilidade.

No princípio era o Caos, nada tinha forma. Logo depois surgiu Gaia, a Terra, que deu sentido ao Caos.

Durante muitos anos, Gaia viveu sozinha, mas um dia resolveu gerar um consorte, para que a envolvesse e ela não mais permanecesse só.

Assim, Gaia criou Urano, o céu, que a cobria com amor.

Gaia e Urano decidiram ter filhos, e os primeiros a surgirem foram os Titãs, os Titânides, os Ciclopes, e sobre a Terra surgiram novos Deuses e outros seres, e a vida passou a existir no mundo.

Gaia, feliz com as múltiplas formas de vida que surgiam, passou a dividir seu afeto com tudo e todos. Urano deixou de ser o único amante da Deusa e ele passou a desprezar os próprios filhos e os prendeu em uma gruta.

Gaia ficou enfurecida com os maus-tratos que seus filhos começaram a receber do pai e então reuniu todos eles para pedir que se unissem para destronar Urano. Todos os filhos se recusaram, menos Cronos, o mais novo, que aceitou ajudar a mãe e tomar o trono do próprio pai.

Numa noite, quando Urano foi deitar-se sobre Gaia, Cronos se elevou de debaixo da Terra e castrou o pai com uma foice previamente preparada por Gaia.

156 | Oráculo da Grande Mãe

O sangue de Urano caiu sobre a Terra e a fertilizou, e desse ato novas divindades surgiram. Cronos libertou seus irmãos e iniciou seu reinado divino. Assim, iniciou-se a Idade de Ouro, um tempo de fertilidade, vida e abundância.

Da união de Gaia com Urano nasceram muitos filhos que representavam as forças selvagens e primitivas da natureza, como os raios, trovões, oceanos, etc. Eram eles os Titãs Oceano, Ceos, Crio, Hiperion, Jápeto e Cronos; as Titânidas Teia, Reia, Têmis, Mnemósina, Febe e Tétis; os Ciclopes, monstros de um só olho, Arges, Estérope e Brontes; e os Hecatônquiros, gigantes de cinquenta cabeças e cem braços, chamados Coto, Briaréu e Gias.

Gaia foi chamada Gea, Geia, Gaea, Ge, Tellus e de muitos outros nomes.

Ela é a matéria, a mais antiga de todas as Deusas. Seu culto é pré-olímpico e os gregos acreditavam que ela era a personificação de todas as mães, aquela que dava e tomava a vida, aquela de onde viemos e para a qual um dia voltaremos.

Foi Gaia quem separou a sombra da luz, o pesado do leve, os elementos e tudo que existe. Ela teria criado o Sol e as estrelas por meio do Fogo.

Historiadores acreditam que o culto a Gaia é derivado do culto a Semele, a Deusa Terra dos cretenses, que data de 4000 AEC.

Os gregos acreditavam que Gaia era a própria Terra. Sendo assim, cada pedra, árvore, rio é parte integrante do corpo da Deusa e por isso carregam parte de sua centelha divina e são sagrados. Mas ela não era somente a personificação do Planeta Terra. Gaia era também tudo o que inclui o Universo, como a matéria e energia. Era tida como a residência de todos os Deuses e uma Deusa por si só. Isso dá a Gaia a possibilidade de ser a manifestação física do Planeta, uma Deusa com uma forma humana e uma força criativa abstrata. Gaia é considerada a grande provedora e nutridora da vida.

Toda a Criação é mantida e sustentada por Gaia. Ela é a mãe de todos os Deuses, a primeira Criadora e ao mesmo tempo a Incriada.

Homero em um de seus hinos diz:

Eu irei cantar a criação de Gaia,
Mãe de tudo,
A mais antiga de todos os seres,
Ela alimenta todas as criaturas
Que estão no mundo.
Tudo o que caminha sobre a bondosa Terra
E tudo o que está no caminho do mar, e tudo o que voa.

Podemos perceber, então, que Gaia não estava associada somente àquilo que vivia sobre a terra, mas ao que existia na terra, nos céus e nos mares.

Gaia também estava associada às profecias e foi a divindade original que reinou sobre o Oráculo de Delfos. Delfos era considerada o umbigo da Terra, o ponto de conexão onde a vida e a Terra se encontravam e o lugar onde a sabedoria de ambos os mundos podia ser interpretada.

Os lugares escuros, como cavernas e grutas, eram-lhe consagrados. Seu oráculo estava situado sobre uma profunda rachadura no solo, onde se acreditava que residia Python, um de seus filhos, que tinha a forma de uma grande serpente, símbolo do conhecimento e da sabedoria. Acreditava-se que o vapor que subia pela rachadura podia ser interpretado por suas sacerdotisas. Seu oráculo era reverenciado, pois representava a sabedoria da Terra.

Como seu casamento com Urano foi o primeiro da mitologia grega, ela também era considerada a padroeira dos casamentos e invocada durante eles.

Possivelmente, Gaia também tivesse sido uma Deusa da Morte, já que a ela seus filhos voltavam quando morriam ao serem enterrados.

SIGNIFICADO DIVINATÓRIO: fertilidade, abundância, força, casamento, morte, regeneração, fartura, prosperidade, riqueza, saúde, estrutura, base, solidificação.

HATHOR

Rá, o Deus Sol, viveu sobre a Terra e teve um glorioso reinado. Ao entrar na velhice, ele soube que o estavam ridicularizando. Por esse motivo, reuniu todos os Deuses em conselho.

Ao se reunirem em segredo, os Deuses decidiram que Rá deveria enviar seu olho sobre a Terra, pois assim os homens não poderiam esconder-se. Então, o olho de Rá, na forma de Hathor, chegou até os lugares escondidos, colocando o medo no coração dos homens. Hathor retornou a Rá depois do primeiro dia como uma poderosa leoa e se transformou em Sekhmet.

Hathor é uma Deusa egípcia do amor, da alegria, da dança, da música, da fertilidade, do nascimento e é considerada a protetora das mulheres e dos animais femininos. Seus principais símbolos foram o papiro, a cobra e o sistro. É tida como a filha de Nut e Rá e seu principal local de culto era Dendera.

Sua representação é de uma mulher com cabeça de vaca e algumas vezes de uma vaca com estrelas sobre ela. Também foi representada como uma mulher ornando uma grande coroa com chifres de vaca e um disco entre eles. Como Senhora da Necrópolis, é mostrada com o colar Menat, símbolo do renascimento.

Na mitologia egípcia, é considerada a mãe de Hórus; só posteriormente Ísis assumiu esse papel. Prova disso é seu nome, que significa "A casa de Hórus". Como mãe de Hórus, Ísis, a rainha do Egito, era identificada com ela; isso é muito natural e fácil de entender, já que a rainha também era a mãe do futuro Faraó, o Hórus vivo. Ísis também foi representada com chifres de vaca sobre a cabeça, quando os artistas desejavam enfatizar seu aspecto como mãe de Hórus.

Hathor era considerada a Deusa protetora das mulheres grávidas e parteiras. Os egípcios acreditavam que quando uma criança nascia, sete personificações de Hathor se aproximavam da cama para presenciar esse fato. Acreditava-se que elas conheciam o futuro da criança e o momento de sua morte, e eram elas que faziam os prognósticos de seu destino. Hathor poderia alterar o nascimento dos espíritos e protegia o destino da nação egípcia. As sete personificações de Hathor eram representadas como um grupo de jovens mulheres tocando tambores e portando o disco e os chifres de Hathor. Durante o período em que os gregos dominaram o Egito, elas foram associadas às Plêiades.

Era considerada a vaca alada da criação que deu origem ao universo e à Via Láctea por meio de seu ubre. Por ter dado nascimento a ele, ela exercia domínio sobre a morte também, assumindo assim o papel de Rainha do Submundo.

Essencialmente, Hathor representava o corpo onde a alma vive, e por isso assumia o papel de padroeira dos prazeres do corpo: o prazer do som, da música, das artes, do amor, etc.

Em Dendera, seus festivais eram regados a vinho e êxtase sexual, quando sua imagem era retirada do interior do templo para captar os primeiros raios do Sol do novo ano.

Seus cultos pré-dinásticos associavam-na a inúmeras Deusas locais e dizia-se que todas as Deusas formavam a essência de Hathor. Por isso, ela possui inúmeros atributos e títulos diferentes. Em alguns mitos, é considerada a filha ou irmã do Sol; aparece em mitos como leoa e vaca, algumas vezes na forma de mulher, outras como árvores. Também era uma Deusa do céu, da Lua, do Leste, do Oeste, da umidade e da agricultura.

Era considerada a protetora de todas as mulheres, independentemente de sua idade. Como uma Deusa da fertilidade, estava associada à inundação do rio Nilo.

160 | *Oráculo da Grande Mãe*

Quando o culto a Osíris ganhou popularidade, os atributos de Hathor mudaram. Passou então a ser aquela que dava as boas-vindas às almas dos mortos, distribuindo água para as almas pelos ramos do sicômoro e lhes oferecendo comida.

Hathor também era representada amamentando as almas, alimentando-as durante o período de mumificação para sua jornada ao salão do julgamento e peso da alma.

Em essência, Hathor é a Deusa que dá significado e qualidade à vida. É a Grande Mãe do mundo e o antigo poder cósmico, o poder da natureza que perpetuamente concebe, cria, fortalece, cultiva e mantém todas as coisas. É a Mãe de seu próprio pai, e irmã de seu filho.

SIGNIFICADO DIVINATÓRIO: casamento, fertilidade, união, crescimento, amor, proteção, alegria, música, êxtase, força, renascimento, regeneração, nascimento.

HÉCATE

Hécate é uma Deusa que tem inúmeros atributos e provavelmente seja a Deusa menos compreendida da religião grega. Ela não reina apenas sobre a Bruxaria, a morte, mas também sobre o nascimento, o renascimento e a renovação.

Ela era invocada pelos gregos para protegê-los dos perigos e das maldições.

Para alguns, era a filha de Perseu e Asteria e mãe de Scyylla; para outros, era filha de Nyx, a Noite. Alguns historiadores dizem, no entanto, que ela era apenas uma das Fúrias e que ganhou proeminência com o tempo.

Historicamente, Hécate é uma Deusa que se originou nos mitos dos antigos karianos, no sudoeste da Ásia menor, e foi assimilada na religião grega a partir do século VI AEC.

Hekat, uma antiga palavra egípcia que significa "Todo o poder", pode ser a origem do nome Hécate. Entre os romanos, era chamada de Trívia, em virtude de sua conexão com as encruzilhadas tríplices. Outra possibilidade para o significado de seu nome é "Ela que trabalha seu desejo" e o mais comum seria "Aquela que é distante" ou "A mais brilhante".

Hécate foi adotada pela mitologia olímpica após os Titãs serem derrotados, e seu culto perdurou entre os gregos até tempos tardios. Era considerada tão importante que os gregos acreditavam que o próprio Zeus lhe rendia culto e oferendas e lhe teria concedido o direito de compartilhar com ele o poder de conceder ou reter os desejos dos humanos e os domínios da terra, céus e mares.

Existiram pouquíssimos templos devotados a Hécate, e os poucos que foram encontrados são escassos ou não totalmente documentados. Muitos dos santuários devotados a ela eram pequenos e não tinham grandes ou preciosos materiais. Existem estátuas que a representam, mas são quase todas cópias romanas e é difícil saber o quão fiéis às originais elas são.

Considerada uma Deusa Tríplice, classicamente fazia uma trindade com Perséfone e Deméter. Ao contrário da visão moderna pagã, Hécate era considerada a Donzela, enquanto Perséfone era a Mãe e Deméter, a Anciã.

Hécate era invocada nas encruzilhadas durante a noite. Suas representações mostram-na carregando tochas e, muitas vezes, como uma Deusa Tríplice, com três faces. Oferendas eram deixadas a ela nas margens das estradas e nos cruzamentos. Era a padroeira das Bruxas e, em alguns lugares da Tessália, cultuada por grupos exclusivos de mulheres sob a luz da Lua.

A Deusa possuiu inúmeros títulos:

Como Propylaia, que significa: "Aquela que fica na frente do Portão", Hécate oferecia proteção contra o mal, especificamente contra espíritos malignos e maldições. Nesse aspecto, seu culto era realizado nos portões de entrada, onde estátuas eram colocadas em sua homenagem.

Como Propolos, "A criada que conduz", Hécate servia como uma serviçal e guia de outras divindades nos mitos. Sua mais famosa aparição com essa função encontra-se no mito de Perséfone, em que ela conduz Deméter até o Submundo com sua tocha para resgatar a filha da Deusa dos Grãos, sequestrada por Hades.

Como Phosphoros, "Aquela que traz a luz", um de seus títulos mais comuns, ela é a portadora da tocha. Outros Deuses também apareciam algumas vezes carregando uma tocha, mas somente ela trazia duas delas nas mãos. Pouco se sabe por que era essa sua função, mas a explicação mais popular é que, como Phosphoros, Hécate está associada à Lua. Outra versão é que o nome Phosphoros é dado a Vênus, como estrela da manhã, e Hesperos, como estrela noturna. Talvez as duas tochas representem as duas "estrelas", como filhas da noite, Nyx.

Como Kourotrophos, "Aquela que cuida das crianças", Hécate estava associada às parteiras e era responsável pelo nascimento, já que os poderes que trazem à vida são os mesmos que levam à morte.

Como Deusa da Terra, ela recebia o título de Chthonia, que significa simplesmente "da Terra", em que ela está associada aos poderes da prática da magia e suas relações com outros Deuses da Terra, como Hermes e Perséfone, e ao seu aspecto de Anciã e Senhora do Submundo. Era a Guardiã de Cérbero, o cão de Hades, o qual todos deveriam enfrentar ao cruzar os portões do Submundo.

Sua principal área de trabalho relaciona-se ao Reino dos Mortos, da Noite e das Sombras. É necessário salientar que entre os povos antigos o Submundo não era considerado o Reino do Mal, mas sim o lugar da sabedoria, do conhecimento e do descanso da morte.

Hécate era uma divindade muito complexa entre os gregos. Ela era considerada Anciã e Donzela, tanto trazia a abundância quanto as tempestades, a vida e a morte.

Seus Deuses companheiros eram Thanatos (Morte), Hypnos (Sono) e Morfeu (Sonhos). Ela era vista nas três fases da Lua e especialmente na Lua Negra (nova).

Seus animais sagrados eram os cães, que assim como Hécate eram noturnos, uivavam à noite, e por causa disso a Deusa passou a ser associada à caça selvagem, com as matilhas de fantasmas das noites.

Chamada de "Senhora das Encruzilhadas", eram nelas que a Deusa era cultuada. Nesses lugares, estátuas eram erigidas em sua homenagem e oferendas eram deixadas para aplacar a ira da Deusa. As oferendas eram feitas no silêncio das noites de lua cheia. Esse ritual era conhecido como "O Banquete de Hécate".

164 | *Oráculo da Grande Mãe*

Nessas encruzilhadas, oferendas de mel, cabras e cães eram deixadas em sua honra. Uma vez que a oferenda fosse deixada, a pessoa devia andar sem olhar para trás, pois nenhum ser humano podia se confrontar com a Deusa cara a cara. Grandes festivais eram feitos para Hécate no dia 13 de agosto. Tais festivais eram feitos em honra da Deusa para que as tempestades não destruíssem as colheitas.

Como uma Deusa do Submundo, ela era também invocada nos cemitérios, pois era ela que conduzia as almas ao Submundo, o Reino dos Mortos, com as suas tochas. Dizia-se também que ela frequentava as cenas de crimes, no aspecto de Purificadora. Era uma Deusa Negra em seus aspectos positivos e negativos. Dizia-se que podia enviar espíritos maléficos para atormentar os sonhos dos homens e que poderia deixar louco qualquer um que não quisesse copular com ela. Mas todos os que a cultuassem e dessem boas-vindas a Hécate eram abençoados com inspirações e realizações de desejos. Como aquela que envia as visões noturnas, era chamada de Hécate Antea.

Foi só durante a Idade Média que Hécate passou a ser conhecida como a rainha dos fantasmas e foi diabolizada pelas autoridades cristãs. Até então era considerada a Senhora de toda Magia, conhecedora de todos os mistérios da vida, da morte e do renascimento.

> SIGNIFICADO DIVINATÓRIO: morte, nascimento, renascimento, renovação, proteção, maldição, magia, contato com espíritos, sabedoria, conhecimento, pesadelos.

HELL

Hell é a Deusa nórdica da morte e Guardiã do Submundo. Ela é uma das três criaturas a quem Loki deu nascimento depois de ter devorado o coração da feiticeira Angerbotha, e é irmã de Jormungand, a serpente de Midgard, o Oceano que cerca a Terra, e do lobo Fenris. Seu nome significa algo como "se esconder".

Segundo os mitos, depois que Hell nasceu, Odin enviou-a para o Submundo de Niflheim e lhe concedeu o governo dos nove mundos. Qualquer um que morresse de alguma doença ou de idade avançada era imediatamente levado a ela. O salão de Hell era chamado de Elvidnir, que significa "Miséria". O solado da porta onde os espíritos entravam era chamado de "Obstáculo", a cama da Deusa era chamada de "Cama da Doença" e as cortinas de seu salão eram chamadas de "Fardos Resplandecentes". A Deusa possuía um cão chamado Garm, que guardava a entrada e impedia que intrusos a atravessassem.

Hell era considerada o alimento do cérebro e essência dos humanos. Era comumente representada como uma Deusa pequena, metade branca e metade negra, encapuzada e abatida.

Ocasionalmente, ela podia deixar Niflhein e atravessar a Terra com um cavalo branco, recolhendo os que pereciam ou estavam famintos. Outras lendas contam que ela viajava em uma vassoura ou rastelo, varrendo ou rastelando os espíritos desencarnados que encontrasse no meio de seu caminho.

O Reino de Niflhein era simplesmente chamado de Hell pelos nórdicos.

Quando Baldur foi assassinado por Loki, Hell o abrigou em um gigantesco salão dourado, apropriado para sua posição, mas em seguida atendeu ao pedido dos Deuses, devolvendo-o ao Deus Hermod, para que Baldur retornasse ao Reino dos Deuses. Ela aceitou devolver Baldur, desde que todas as criaturas na Terra chorassem por ele.

Os historiadores dizem que Hell nunca foi uma divindade má, até que os nórdicos fossem influenciados pelo cristianismo. Talvez ela nem fosse associada a Loki antes desse tempo. Ao Reino de Hell estavam relegados os mortos por crimes, os assassinos, ladrões, adúlteros e todos os que não tinham morrido em batalha e que não tinham sido carregados pelas Valquírias para Valhala.

Deusa do Submundo desde tempos imemoráveis, nessa posição é soberana, e é crença comum que Hell tenha precedido inúmeras divindades, inclusive o próprio Odin. Como Senhora da Morte, não é apenas a que recebe, mas algumas vezes reclama determinadas mortes. É a guardiã das almas, a que abriga os mortos em seu reino.

SIGNIFICADO DIVINATÓRIO: cura, fardos, obstáculos, privações, morte, renascimento.

HERA

Hera era ainda criança quando Reia levou-a para ser criada longe de Cronos, que devorava todos os seus filhos com medo de perder o trono.

Longe do pai, Hera cresceu solitária. Um dia recebeu Zeus, seu irmão, que tinha acabado de derrotar Cronos e se tornado o Rei do Olimpo e Senhor de Todos os Deuses.

Zeus se apaixonou pela irmã e declarou seu desejo de se casar com ela. Mas Hera recusou o pedido, pois não queria ser apenas mais uma de suas amantes. Zeus tentou de várias formas conquistar Hera, mas todas falharam.

Zeus esperou o inverno chegar e então se transformou em um cuco. Voou até Hera e apareceu à Deusa como um pássaro cansado, triste e quase morto de frio. Hera imediatamente o pegou e colocou-o entre os seios para reanimá-lo, procurando aquecê-lo. Quando percebeu a armadilha, já era tarde e eles tinham feito amor.

Envergonhada, Hera exigiu que Zeus reparasse o erro, e então o Deus prometeu que faria dela sua rainha.

Todos os Deuses do Olimpo compareceram ao casamento de Hera e Zeus e ofertaram ricos e bonitos presentes ao novo casal. E assim Hera reinou ao lado de Zeus em seu trono de ouro, bela e plena.

O nome Hera significa "Senhora". Ela é a Deusa grega do casamento, mulher de Zeus e rainha do Olimpo. Hera era considerada filha de Cronos e Reia, mãe de Ares, Hefesto, Hebe e Ilícia. Foi muito cultuada em Esparta, Samos, Argos e Micenas.

Seu culto é mais antigo que o de Zeus, e vem da época em que o poder criador era associado ao feminino.

Hera foi muito cultuada entre os gregos e os mais antigos e importantes templos foram consagrados a ela. Sua subjugação a Zeus e associação a uma Deusa ciumenta e perversa são reflexões mitológicas da profunda mudança social e espiritual na humanidade, em que o masculino suplantou o feminino. A união de Hera com Zeus simboliza a conciliação entre os Deuses pré-helênicos e os que foram trazidos para a Grécia pelos povos indo-europeus.

Hera sempre foi considerada a protetora das mulheres, especialmente das casadas e mães, e dos casamentos legítimos.

A Deusa sempre aparece nos mitos gregos dando ênfase ao seu papel de esposa de Zeus. Os mitos descrevem-na como uma Deusa de extrema beleza, competindo com Afrodite e Athena ao título de Deusa mais bela.

Muitas vezes, mostrava-se uma Deusa ciumenta e vingativa. Os mitos contam que Hera e Zeus brigavam frequentemente e que ela perseguia as amantes do marido, bem como os filhos que surgiam dessas uniões.

Durante os festivais que comemoravam o casamento de Zeus com Hera, a estátua da Deusa era ritualmente lavada e vestida como se fosse uma noiva e então levada em procissão pela Grécia. As lendas dizem que quando ela se casou com Zeus, uma árvore com maçãs de ouro cresceu em meio à festa de casamento. Essas eram as maçãs da imortalidade, guardadas por uma serpente, e que conferiram a imortalidade a todos os filhos de Hera.

Hera tinha por companheiras as Graças e Horas e sua serviçal Íris, a Deusa do Arco-Íris, que sempre a acompanhava e era quem trazia suas mensagens à Terra.

Os mitos contam que quando Héracles foi mamar no seio de Hera, a Deusa acometida de dor tentou afastá-lo bruscamente e, ao fazer isso, o leite jorrou de seu seio abundantemente, e assim a

Via Láctea foi formada. As gotas que caíram sobre a Terra criaram os lírios.

Hera era considerada a mais poderosa de todas as Deusas. Era a única divindade onipresente e onisciente, e esse poder era simbolizado pelo pavão, seu animal preferido, cujos cem olhos que arrancou de Argo e colocou sobre a cauda da ave eram capazes de ver tudo o que acontecia em todos os lugares, por isso recebia o título de "A de grandes olhos".

Os gregos acreditavam que ela era a responsável pela estabilidade das casas, cidades e nações.

Geralmente Hera, implacável na perseguição às amantes de Zeus, cometia atos de grande crueldade. Numa das lendas, quando percebeu que Eco, uma de suas Ninfas, ajudava a acobertar as aventuras de Zeus, Hera lhe lançou uma maldição, retirando a sua voz e fazendo com que ela só conseguisse repetir a última sílaba das palavras ou frases que ouvisse.

Entre Micenas e Argos, havia um templo famoso por possuir uma bela estátua de Hera, toda esculpida em ouro e marfim.

Hera também foi considerada uma Deusa da vegetação, Senhora do Céu e padroeira de todas as mulheres. Por causa disso passou a ter inúmeras associações com a fecundidade. Um de seus títulos era Teleia (a Realizadora).

SIGNIFICADO DIVINATÓRIO: estabilidade da casa, casamentos, fertilidade, vegetação, renovação, purificação, punição.

HÉSTIA

Héstia é a Deusa grega que talvez seja uma das mais antigas personificações da sacralidade do lar. Segundo os mitos, ela era a filha mais velha de Reia e Cronos, a primeira dos seis Deuses Olímpicos, e teve o mesmo destino de seus irmãos – foi engolida por Cronos por causa de seu medo de ser destronado.

Era Héstia quem guardava o fogo sagrado da lareira, e segundo alguns ela seria o próprio fogo. O nome Héstia em grego significa "lugar recôndito" ou simplesmente "lareira". Era a Deusa grega do fogo, do lar e da família e principalmente da lareira, tão necessária para a subsistência dos antigos povos e onde se acendia o fogo em honra aos Deuses.

Muitos historiadores dizem que Héstia representava o fogo do centro da Terra devido à forte relação da Deusa com Delfos, que era considerada o Omfalos, o umbigo da Terra.

Uma das funções primordiais de Héstia era manter aceso e vivo o fogo sagrado, já que ele representava a vitalidade, a força dos seres. Os antigos gregos acreditavam que esse fogo devia ser mantido aceso eternamente, pois, se por acaso ele apagasse, algum mal irreparável poderia recair sobre a Terra.

Todo recém-nascido era levado ao redor da lareira para ser bem-vindo entre os familiares. A lareira das casas gregas deveria ser cuidada por uma das mulheres virgens da família. Depois de cada refeição, era comum depositar algo sobre as brasas da lareira como oferenda a Héstia. Guardar o fogo sagrado era uma das coisas mais importantes entre os gregos. A Deusa Héstia tinha grande responsabilidade para levar adiante essa função.

As Vestais, ou Sacerdotisas de Héstia, eram responsáveis por manter e vigiar o fogo sagrado para que ele continuasse aceso eternamente, sem apagar. As Vestais eram virgens escolhidas por seus valores, cultura e linhagem familiar. A partir do momento que fossem escolhidas, o que ocorria por volta dos seis a dez anos, elas deveriam seguir determinadas regras. Ausência total do desejo físico, preservação da saúde de seu corpo e a proibição de casar antes dos 40 anos de idade, quando eram liberadas de sua função de Sacerdotisas, eram apenas algumas das regras impostas àquelas que dedicavam sua vida a Hestia.

A partir do momento em que eram escolhidas, as Vestais recebiam ensinamentos especiais, uma educação baseada no sacrifício próprio e permanente. Elas tinham grande prestígio na sociedade e seu pedido era uma ordem entre as autoridades.

Héstia era considerada a Guardiã das coisas privativas, familiares, secretas, a personificação da pureza. Era muito reverenciada entre os gregos e recebia inúmeros sacrifícios e oferendas. Era uma Deusa do povo, que cada Mãe de família cultuava para manter a ordem em seu lar e em sua vida.

Cada refeição começava e terminava com uma oferenda a Héstia. Orações, que eram realizadas normalmente antes de cada alimentação, começavam e terminavam invocando a Deusa. Água pura era uma das oferendas prediletas da Deusa.

Cada cidade tinha sua lareira pública dedicada a Héstia e mantidas pelas Pytantis, e era nessa fogueira que todos vinham buscar brasas para acenderem as suas próprias de forma ritualística, de acordo com as tradições. Toda vez que uma nova cidade era construída, a lareira pública era acesa com brasas vindas da lareira de outra cidade. Era uma forma de preservar a sacralidade do fogo.

Quando uma mulher casava, o fogo de seu novo lar deveria ser aceso ritualisticamente com brasas provenientes da casa da mãe da noiva. Nenhuma casa era considerada pura, sagrada e abençoada até que esse ato ocorresse. A proteção de Héstia só era considerada depois que a lareira existente na casa fosse acesa.

Héstia era uma das Deusas gregas mais respeitadas, já que ela era a responsável não só pelos lares, mas também pela alegria, honestidade, estabilidade no casamento.

Mesmo sendo a Deusa da casa, ela era uma Deusa casta, pura e virgem. Muitos Deuses tentaram persuadi-la, procurando ter relações sexuais com ela, mas nenhum deles foi bem-sucedido. Todos foram rejeitados.

Ela representa as fortes relações familiares, sendo crença comum que Héstia ajudava as pessoas a construírem sua primeira casa, pois ela é a própria união da família. Héstia era celebrada nas lareiras porque era em volta dela que todos permaneciam para contarem suas histórias, tradições familiares e se aquecerem, num tempo em que não existiam televisões, rádios ou outras distrações.

Acreditava-se que a Deusa não se manifestava só nas lareiras, mas no fogo aceso em cada altar ou lugar sagrado e de sacrifício, já que todos esses rituais eram realizados no fogo, na pira sagrada. A presença do fogo tornava sagrado qualquer lugar, pois Héstia se encontrava no centro do fogo. Por causa disso, a primazia a Héstia era garantida em qualquer oferenda aos Deuses. Desde os sacrifícios menores, até os maiores, não importasse a qual Deus fosse a oferenda, incluía obrigatoriamente homenagens a Héstia, visto que tais oferendas eram queimadas.

Existiram poucos templos devotados a Héstia pela Grécia, mas todas as casas dedicavam suas lareiras e oferendas constantes a ela.

SIGNIFICADO DIVINATÓRIO: vitalidade, bênçãos, família, pureza, ordem, alegria, honestidade, estabilidade, conseguir a casa própria.

INANNA

Inanna era a Rainha do Céu e da Terra, não conhecia nada sobre o Submundo e decidiu ir até o reino das sombras aprender os mistérios da vida, da morte e do renascimento.

Todos os que desejavam visitar o Submundo deviam passar pelos sete portões que davam acesso ao interior do Reino das Sombras. A cada portão, era necessário deixar algo de sua vestimenta ou um ornamento que portasse, até que no final chegassem nus para o julgamento.

Quando Ereshkigal soube que sua irmã estava aguardando por sua admissão no Submundo, ordenou que ela deixasse todos os ornamentos nos portões para completar sua jornada.

Ereshkigal ordenou que Inanna obedecesse às leis do Submundo. Ela não poderia entrar lá se não deixasse todas as coisas para trás. E assim Inanna passou pelos sete portões:

No primeiro, removeu sua coroa.

No segundo, removeu seus brincos.

No terceiro, removeu seu colar.

No quarto, removeu seu peitoral.

No quinto, removeu seu cinturão.

No sexto, removeu seus braceletes.

No sétimo, removeu sua vestimenta.

Ao chegar ao sétimo e último portão, ela encontrou Ereshkigal, a Rainha do Submundo, e estava sujeita às leis do lugar a partir daquele momento. Ao se colocar diante da irmã sombria, Inanna foi assassinada com um grito aturdido, e Ereshkigal pendurou seu corpo inerte em uma estaca. Dessa forma, a Deusa da Morte assassinou a Deusa da Vida, a Rainha do Céu foi exterminada pela rainha do mundo inferior.

Quando Enki percebeu que Inanna não retornava do Submundo, decidiu criar duas criaturas para verificar o que estava acontecendo. Da sujeira da unha de uma das mãos, ele criou Kurgarra. Da sujeira da unha da outra mão, ele criou Galatur. Quando Enki enviou as duas criaturas para resgatar Inanna, Ereshkigal estava sofrendo para dar à luz. As criaturas de Enki, ao perceberem que ela estava sofrendo terrivelmente, compadeceram-se dela. A Deusa da Morte ofereceu uma recompensa pela compaixão devotada. Kurgarra e Galatur pediram a ela que libertasse Inanna de forma que a Deusa pudesse retornar ao mundo superior e retomar seu reinado. Ereshkigal disse que ninguém que entrasse no seu mundo poderia retornar, mas ela iria honrar sua promessa e entregou o corpo de Inanna a Kurgarra e Galatur. Eles respingaram água e comida no corpo de Inanna e fizeram com que a Deusa revivesse para que retomasse seu lugar como Rainha da Terra e dos Céus. Só que Inanna precisava enviar algo para ocupar seu lugar no Submundo e assim Ereshkigal enviou dois de seus servos com Inanna para trazerem alguém para ocupar seu lugar.

Quando Inanna chegou novamente ao mundo superior deparou com seu marido Dumuzi reinando em seu lugar. A Deusa ficou colérica e então enviou Dumuzi a Ereshkigal para que ele fosse colocado em seu lugar. Quando a irmã de Dumuzi descobriu que Inanna havia enviado seu amado irmão para o reino dos mortos, ela decidiu descer ao Submundo para resgatá-lo. Ereshkigal permitiu que Dumuzi retornasse, desde que sua irmã permanecesse em seu lugar. Assim, no outono e no inverno, Dumuzzi permanece no Submundo, e na primavera e no verão ele sai dali para participar do mundo superior e trazer colheitas fartas para o povo de Inanna.

Inanna é uma Deusa sumeriana que foi cultuada 7000 AEC. Ela nasceu de pais divinos lunares, Nanna, Ningal ou An, não se sabe ao certo. Seus irmãos seriam Ereshkigal, Utu e Ishkur.

Foi chamada também de Inninna, Innin, Ninanna, Ninmsara.

A Deusa da Vida era considerada a Grande Mãe sumeriana e exercia poder sobre o amor, a guerra, a fertilidade e outros inúmeros atributos. Seus atributos são tão variados e múltiplos, muitas vezes conflitantes, que possivelmente ela é uma fusão de várias Deusas da Antiga Suméria.

A tradicional dança dos sete véus simboliza a descida de Inanna ao Submundo e a retirada de seus sete acessórios a cada portão.

Inanna figura em vários mitos e épicos, incluindo o épico de Gilgamesh. Num dos mitos, ela encontra Enki, o Deus da Terra, bêbado, e o convence a lhe conceder vários atributos e poderes, fazendo dela a Rainha do Universo.

Ela possuía inúmeros títulos, como Rainha do Universo, Senhora do Céu, Rainha do Céu, Senhora de Uruk e Nineveh, Protetora das Meretrizes, Rainha da Lua.

Também era considerada uma Deusa da reprodução, da fecundidade, portadora das leis sagradas, doando-as ao povo. Sempre foi muito reverenciada por sua extremada força, mas talvez sua verdadeira origem esteja relacionada ao crescimento dos grãos e aos ciclos de plantio e colheita. Sua união com Dumuzi fez com que a Terra fosse fertilizada, e isso pode ser percebido pelo próprio mito de Inanna.

Inanna também é a Senhora das Prostitutas Sagradas. No tempo em que era cultuada, as prostitutas sagradas eram suas sacerdotisas, já que havia uma conotação mítica e mágica no papel delas. As sacerdotisas de Inanna eram mulheres devidamente preparadas para representar a união do sagrado feminino com o masculino para que a fertilidade da terra continuasse.

Quando novas religiões chegaram à Suméria, o culto de Inanna foi massacrado e marginalizado, seus templos destruídos e a prostituição sagrada passou a ser considerada um ato de orgia e impureza do ser.

Inanna é a Deusa da estrela do amanhecer e do anoitecer, que é o próprio planeta Vênus, que simbolizava a morte e o renascimento. Nesse aspecto assumia o nome de Ninsianna. Como Deusa da Estrela do Amanhecer, ela encarna a Deusa que conduz os homens à evolução e ao crescimento da civilização, e como Deusa da Estrela do Anoitecer, ela está associada às prostitutas sagradas e julga o que é justo ou injusto.

Também estava associada a estrelas do céu, e muitas vezes é representada por uma estrela de sete pontas.

Por ser considerada a Deusa do Amor e da Procriação, casamentos sagrados eram realizados a cada novo ano e as bênços de Inanna eram invocadas sobre o casal para que ela trouxesse fertilidade, realização e amor.

Era a Deusa mais cultuada entre os sumerianos, e sob seu domínio eles prosperaram. Inanna tinha sete templos espalhados por toda a Suméria em sua homenagem.

Uruk, a moderna Wraka, era a cidade sagrada de Inanna. Lá existia um templo chamado de E-Ana, que significa "Casa do Céu", e era seu templo mais importante.

Foi cultuada como uma Deusa do amor passional, da sensualidade, da criatividade, da procriação, da energia sexual e do poder.

Como uma Deusa da Lua, ela é representada pela crescente lunar. Como Deusa da Terra, Inanna é a Deusa Fertilizadora, além de Deusa dos grãos, do vinho, das palmas, do cedro. Pães feitos de trigo, farinha em pó, vinho, cerveja, tâmaras eram depositados nos altares de Inanna como oferenda.

Também estava associada aos animais domésticos, incluindo o carneiro e a vaca, além dos animais selvagens, e por isso era chamada de Sagrada Pastora. Sua carruagem celeste era puxada por diversos leões.

Também é vista como uma Deusa Tríplice. Como Donzela, ela é a Guerreira que caminha com seus leões, cuja coroa é a estrela crescente.

Sua face mãe lhe é atribuída na passagem do mito, momento em que casa com Dumuzi e, ao final da celebração, ovos coloridos de vermelho são distribuídos. Outros símbolos associados a ela nessa face são as achas de trigo. Trigos eram comumente colocados sobre as portas de seus templos, representando seu aspecto de fertilizadora.

Como Anciã, está associada ao símbolo do Labrys, que representa a doação da vida, bem como a vinda da morte. Outros símbolos associados a ela em sua face de Anciã são as víboras e os escorpiões.

Inanna é uma Grande Deusa sumeriana e está associada à morte, ao renascimento e à vida, em todas as suas manifestações. Foi associada à guerra e ao amor, à Lua e à noite, era considerada a fonte de todos os oráculos e a portadora da visão interior.

> SIGNIFICADO DIVINATÓRIO: reprodução, fecundidade, leis, plantio, colheita, renascimento, justiça, amor, guerra, poder, casamento, fertilidade, realização, sensualidade, criatividade, energia sexual, proteção.

ÍSIS

Ísis é o nome grego da antiga Deusa Egípcia Aset, que significa "espírito". O nome Aset foi alterado para Ísis pelos colonizadores gregos quando esses chegaram até o Egito, e sob esse nome ela foi reverenciada durante gerações do Nilo ao Reno.

Ísis foi a Deusa mais cultuada entre os egípcios. Ela tinha seus próprios sacerdotes e sacerdotisas e milhares de templos espalhados por todo o Egito. É filha de Nut e Geb, irmã de Osíris, Nephtys, Seth e Mãe de Hórus, a Criança Divina.

O culto a Ísis, que se iniciou no Egito e posteriormente se espalhou pela Ásia Menor, Bretanha e Europa, era envolto em mistérios profundos, em que ela era reverenciada como a Rainha dos Céus, da Terra e do Submundo. Ela passou a assumir as características de inúmeras Deusas menores, sendo assim cultuada como uma Deusa Universal, passando a receber o título de Senhora dos Dez Mil Nomes.

Ela era originalmente a própria personificação do Trono do Faraó, tanto que seu nome era escrito com o hieróglifo do trono. Nenhum faraó poderia governar sem sua bênção. Ísis simbolizava o assento de todo governante, bem como o conhecimento e a verdade na Terra e no Céu.

Foi representada portando o disco solar entre os chifres de vaca no topo da cabeça. Muitas vezes, ela é representada como uma ave voando sobre o corpo mumificado de Osíris, onde assume o papel de "Ser Alado", que representa o vento. Nas lendas, ela aparece frequentemente lamentando a morte de Osíris e gemendo, como o

O *Significado de Cada Deusa* | 179

vento. Como pássaro, batendo suas asas sobre Osíris e enchendo a boca e o nariz de seu corpo com ar, ela restaura a vida do Deus. Dessa forma, assume a forma de Deusa da Morte, mas onde há morte há vida e por isso ela também aparece portando o *Ankh* nas mãos, que é o símbolo da vida eterna.

Os egípcios acreditavam que foi Ísis quem ensinou os mistérios da agricultura, da lei, da tecelagem e das artes medicinais. Ela era reverenciada por seus mais altos conhecimentos e poderes, como curandeira mágica e condescendente na habilidade de curar a mente, o corpo, a emoção e o espírito, sendo um de seus títulos o de Curandeira Divina. Ela era a Senhora da Magia, a embalsamadora e guardiã de Osíris.

As sacerdotisas de Ísis eram exímias em técnicas de cura, preparação de remédios contraceptivos, fertilizadores e capazes de aliviar as dores. Nos tempos helênicos, Ísis foi cultuada como protetora dos marinheiros.

Era considerada a contraparte feminina de Osíris. Apesar de muitos cultos a outros Deuses egípcios terem desaparecido, o culto a Ísis não foi extinto, além de ter sido adotado pelos gregos e romanos. Ainda hoje, seu nome permanece vivo.

Reverenciada entre os egípcios como a Grande Deusa Mãe, simbolizava o espírito maternal em várias formas e foi retratada em inúmeras representações amamentando Hórus, seu filho e reencarnação de Osíris.

A mais famosa de todas as lendas da Deusa traz um mito trágico nascido da rivalidade entre os dois irmãos, Osíris e Seth. Osíris era o Deus das regiões férteis do vale do Nilo, reinando sobre elas desde o começo dos tempos quando transmitiu aos homens os conhecimentos de como preservar a vida sobre a Terra e a civilização. Seth, pelo contrário, reinava nas terras ermas do deserto e sobre as montanhas. Corroído pela inveja, um dia Seth decidiu tramar contra Osíris, fechando-o em um sarcófago que foi lançado nas águas profundas do rio Nilo. Alertada por Néftis, mulher de Seth e irmã gêmea da Deusa, Ísis conseguiu resgatar o sarcófago. Porém, Seth se apoderou novamente do cadáver de Osíris, esquartejando-o em quatorze pedaços e repartindo as partes por todo o Egito. Ísis passou a peregrinar por toda a Terra e conseguiu recuperá-los. Sobre o corpo inerte de seu marido proferiu encantos e concebeu um filho, Hórus, que mais tarde vingou seu pai derrotando o malvado tio Seth.

Outro mito conta que Ísis era uma Deusa superior a todos os outros Deuses. Em uma de suas lendas, determinada a ter poder sobre todos os Deuses, ela criou uma serpente e enviou-a para picar Rá, o mais importante de todos os Deuses. Doente e fraco, ele chamou por Ísis devido aos seus grandes poderes de cura. Ísis disse que sua poção mágica só seria eficaz se ele revelasse a ela seu nome secreto. Em desespero, depois de hesitar muito, ele sussurrou o seu nome para a Deusa. Ísis o curou, mas Rá pagou o preço de Ísis exercer poder eterno sobre ele.

Ela era a Luz e a Mãe do Sol e foi associada a Meri, Deusa do Mar, e Sochit, exercendo domínio sobre o campo de trigo.

Seu símbolo era a estrela Sírius, que assinalava o início das enchentes do Nilo, quando se elevava com o Sol na época do verão.

Ísis foi cultuada como uma Deusa tanto celeste como terrestre e absorveu muitas das qualidades de Hathor. Ela é a Deusa da família, do amor, da lealdade, de todos os princípios femininos e da criatividade.

Muitos títulos lhe foram atribuídos como "Senhora das Palavras", "Senhora da Compaixão" e "Guardiã dos Mistérios". Ísis é a Deusa de tudo o que existe, existiu ou existirá.

SIGNIFICADO DIVINATÓRIO: cura, emoção, magia, fertilidade, viagens, proteção de crianças, fartura, abundância, riqueza, posição social, família, amor, lealdade, criatividade, artes.

KALI

Kali é uma Deusa indiana considerada tanto benevolente quanto malévola. É a Mãe amável para seus filhos e a Morte para os inimigos de seus devotos. É a corporificação da fúria feminina, aquela que deixa destruição e morte por onde passa. Kali, a Deusa Mãe Primordial da Tradição Tântrica Hindu, tem suas origens na cultura matriarcal da antiga Índia. Ela era originalmente uma Deusa Guerreira, reverenciada com sacrifícios de sangue, oferendas de carne e bebidas alcoólicas. Ela era sempre vista como uma Deusa poderosa, causadora de medos, Senhora dos Mistérios da Noite, cruel, calorosamente sensual e exigente.

O nome Kali vem do sânscrito *Kala*, que quer dizer "tempo", pois é ela quem controla o poder do tempo que devora, constrói, destrói e reconstrói.

Kali é uma Deusa muito antiga. Sua pele negra demonstra que ela pré-data a invasão ariana, de pele clara, no continente indiano. Esse conflito torna-se visível em muitos mitos em que Kali se esforça para defender seu povo contra invasores. A paixão e a ferocidade de Kali são divididas em seu aspecto de Deusa pré-ariana e como consorte de Shiva, que inspira o seu poder de Shakti ou energia feminina.

Os invasores introduziram a cultura de Deuses patriarcais na Índia, mas Kali continuou a ser cultuada por várias tribos matriarcais, como os Shabara de Orissa.

Kali é ainda a Deusa mais popular da Índia. Na realidade, a cidade de Calcutá é uma versão inglesa do nome *Kali-Ghat*, que significa "Passos de Kali".

Kali vem à Terra durante um período de guerra entre os Deuses e demônios. Os Deuses representam a verdade e os demônios representam tudo o que nos afasta da verdade, o medo, a dúvida, a indignidade, entre outras coisas. Na verdade, a batalha representa a psique e os conflitos interiores.

Kali nasceu para exterminar os demônios que estavam ameaçando os Deuses. Quando o rei dos demônios Mahishasura se declarou o Líder do Universo, a blasfêmia enfureceu os Deuses de tal maneira que imediatamente eles começaram a emitir uma poderosa luz de seus chakras frontais. Quando a energia emitida por Vishnu, Shiva, Brahma, Indra, Yama, Agni e todos os outros Deuses se encontraram em um ponto ardente, a energia tomou vida na forma de uma Deusa, Durga.

Cada um dos Deuses lhe deu sua arma mais poderosa: o Tridente de Shiva, o Disco de Vishnu, o Raio de Indra. Rugindo enfurecidamente, Durga saiu para combater os inimigos. Durante a batalha, algo caiu da sobrancelha da enfurecida Durga. Quando a Deusa se apercebeu, viu que tinha gerado Kali, fruto de sua fúria.

Kali lutou contra Mahishasura e o seu exército inteiro de poderosos demônios e magos astuciosos. Ela devorou, cortou, rasgou e esmagou a todos. Mas mesmo depois de ter matado todos os demônios, Kali ainda estava enfurecida e em frenesi por causa da batalha. Ela continuou dançando de modo selvagem, enquanto cortava e rasgava os demônios mortos, dançando de cadáver em cadáver, fazendo tremer as fundações do próprio Universo. Percebendo isso, os Deuses viram que era necessário pará-la ou o Universo seria destruído.

Assim, Shiva se adiantou. Ele se prostrou entre os corpos do exército no campo de batalha, imóvel. Kali continuou a sua dança da morte, e, de repente, percebeu que estava dançando sobre um corpo vivo – o corpo de seu marido! Envergonhada pelo desrespeito inconcebível que ela estava mostrando, tocando seu marido com os pés, ela mordeu a língua e parou a dança.

Kali é considerada o poder do tempo, que a tudo devora.

Ela é algumas vezes chamada de "A Negra", já que para os hindus o preto é visto como a unificação de todas as cores, a cor que mais atrai energia. Por isso, muitas vezes ela é representada com o corpo todo negro, com uma cabeleira selvagem, língua para fora, carregando um colar de cinquenta crânios ao redor de seu pescoço, representando as vidas que nascem sucessivamente por meio do ciclo da reencarnação e as cinquenta letras do alfabeto sânscrito, a raiz de todo o conhecimento. Ela segura um copo no qual recolhe o sangue das cabeças que ela decapita. Kali aparece com quatro braços e com três olhos vermelhos, que representam o Sol, a Lua e o Fogo e com os quais ela observa o presente, o passado e o futuro. Na mão superior direita faz um gesto que significa "não tema", pois ela é a mais querida e doce mãe, e o gesto da mão inferior direita abençoa seus seguidores. Ela também traz serpentes enroladas ao redor dos braços, muitas vezes utilizadas como instrumentos capazes de matar suas vítimas.

Kali é a Deusa que veio para restaurar o equilíbrio no mundo e ainda é muito cultuada entre os indianos como uma Deusa Tríplice da criação, destruição e regeneração. Ela é a originadora do mundo criativo.

Um de seus símbolos, ou yantra, como é chamado, é o triângulo vermelho, o símbolo da energia da Shakti, a Divina Energia Feminina do Universo.

É uma Deusa que tem gerado muita controvérsia nas mentes ocidentais, pois é ao mesmo tempo protetora e vingadora, a morte e o renascimento. Possui violentos aspectos e é considerada o útero e a tumba, a doadora e a devoradora da vida. Suas formas variam de protetora do bem a assassina.

Ela é o aspecto destrutivo da Deusa e é tida como uma Deusa Negra. De acordo com as lendas, Kali possui inúmeras formas e epítetos diferentes. Como Kali Yuga, representa os tempos negros, o egoísmo e o materialismo, e como Kali Ma, assume o papel

184 | Oráculo da Grande Mãe

passional da Mãe Primordial, às vezes eterna e às vezes sem forma, algumas horas jovem, outras, velha. Kali Ma significa "Mãe Kali", o Poder Cósmico Feminino, sempre disponível aos seus devotos, capaz de remover seus sofrimentos, karma negativo, medos da morte. Como Daksina Kali, ela é a que remove o medo da morte.

Como MahaKali, ela é vista como uma Deusa ornada com dez braços, dez faces e com três olhos em cada face. Nessa forma, ela destrói os demônios egoístas Madhu e Kaitabha. Essa é a forma que emana da Deusa Durga.

Como Kala Ratri de olhos marrom-amarelados, cruel e adoradora da guerra, ela usa pele de elefante e tigre, carrega machados, laço, outras armas e uma tigela em forma de crânio, na qual bebe sangue. Nessa forma, ela é chamada de "A noite da destruição", simbolizando o fim deste mundo, o Poder Espiritual Feminino sempre pronto para lutar até derrotar o último demônio, para que nada possa corromper o próximo mundo.

Com o título de Bhadra Kali, ela porta dezesseis, dezoito ou cem braços, todos trazendo proteção para seus devotos. Bhadra Kali é sempre visualizada como uma gigante, usando uma estrela com três pontas com a crescente lunar e uma cobra ao redor de seu pescoço, com corpo vermelho e humor alegre. Ela penetra o corpo de um búfalo com sua lança, uma de suas muitas armas.

No aspecto de Bhairavi Kali, é considerada a contraparte de Shiva, tendo prazer pela destruição e assumindo a forma de separação final do Universo.

Como Mahadevi é representada com a pele negra e três olhos, como Shiva. Assim, Kali é demonstrada com quatro braços, os dois superiores carregando uma espada com sangue e uma cabeça decapitada, e os dois inferiores estendem as mãos em boas-vindas e bênçãos aos seus devotos.

Muitas vezes, ela é tida como um dos aspectos de Parvati, a esposa de Shiva. Inúmeras especulações têm sido feitas por pesquisadores sobre essa controvertida Deusa hindu.

O *Significado de Cada Deusa* | 185

Ela é a própria natureza, o fogo da verdade, que não pode ser escondido pela ignorância. Kali é a representação do completo círculo da criação e da destruição, contido nela mesma. Representa o poder criativo e destrutivo inerente ao Cosmo. Muitas vezes, é representada com uma espada nas mãos. Essa é a espada do conhecimento, que simboliza a destruição da ignorância e o alcançar do conhecimento e da sabedoria. Sua espada corta e destrói a falsa consciência, abrindo os portões da liberdade.

A moradia de Kali, o chão do crematório, denota o lugar onde os cinco elementos são dissolvidos. Em termos devocionais, isso representa a dissolução dos grilhões, raiva, cobiça e outros sentimentos limitantes.

É chamada de "Mãe Escura" e traz em si o poder da criação, da proteção e da destruição. É a imagem arquetípica do nascimento e da morte. Ensina que a morte não pode existir sem a vida e que a vida não pode existir sem a morte.

Kali é a corporificação da violência feminina, protetora do coração, aquela que vem para nos afastar de tudo o que não é verdadeiro. É a feroz energia da psique, a luz da discriminação, a espada do conhecimento, o poder para reconhecer o que precisa ser feito. A espada de Kali se transforma e redefine nossas vidas, nos afiando e nos esculpindo, trazendo a ordem para fora do caos, nos ensinando os significados, as belezas e os propósitos de nossas vidas. Kali é a sombra fertilizadora, a guardiã da profunda escuridão vazia, os sempre mutantes ciclos do tempo.

SIGNIFICADO DIVINATÓRIO: criação, destruição, regeneração, morte, maldição, egoísmo, materialismo, afastar a ignorância, transformação, combater o medo, conhecimento, sabedoria, banir o mal, cobiça, proteção, remover sofrimentos, exterminar a ilusão.

KUAN YIN

Kuan Yin é a Deusa chinesa da compaixão.

Conhecida pelos nomes de Kannon, Kwannon, Kwan Se Um, Kuan Te Am Bosa, Quan'Am, Kanin, ela era a princípio considerada uma divindade masculina e posteriormente passou a representar um Bodhisatva feminino que acabou sendo deificado. Seu nome completo é Kuan Shih Yin, que significa "Aquela que ouve o choro do mundo". É tida como uma emanação do Budha Avalokitesvara, um Bodhisatva da compaixão do Budismo Indiano cujo culto foi introduzido na China por volta do século III. Como os chineses consideravam a compaixão, o perdão e o amor energias feminina, eles acabaram por transformar Kuan Yin em uma Deusa.

Estudiosos dizem que o monge budista e tradutor Kumarajiva foi o primeiro a mencionar a forma feminina de Kuan Yin em sua tradução do sutra Lotus em 406 DEC.

Com a introdução do Budismo Tântrico na China no século VIII, durante a dinastia de Tang, a imagem de um Bodhisatva celestial, na forma de uma mulher vestida de branco, foi o predominante culto que se tornou incrivelmente popular. Por volta do século IX, já existia uma imagem de Kuan Yin em cada monastério budista.

Entre os budistas era muito comum a descrição de um Bodhisatva como Deus e Deusa, já que ele teria o poder de assumir a forma que desejasse, homem, mulher, criança, até mesmo animal, dependendo do tipo de ser que ele desejasse salvar.

De acordo com as lendas, Kuan Yin estava prestes a entrar no céu e parou por um momento na entrada do reino celeste quando o choro e o lamento do mundo alcançaram seus ouvidos. Ela ficou tão preocupada com a humanidade que decidiu retornar, assumindo a forma humana para ajudar as criaturas da Terra.

Outra lenda nos conta que, muitos séculos atrás, havia uma jovem princesa chamada Miao Shan. Ela era a filha mais jovem de três. Diferente de suas irmãs, ela se afastava das brincadeiras de crianças e riquezas da corte, devotando seu tempo à meditação e às lições de Buda.

O pai dela, o rei Miao Chung, não tinha sucessores, assim ele desejava que suas filhas se casassem com homens dignos para que seu reino pudesse continuar seguro. Todas as suas filhas se casaram, menos Miao Shan. Somente ela se recusou. Tudo o que ela queria era se aperfeiçoar nos ensinamentos de Buda e curar a humanidade de todas as doenças, igualar todas as classes sociais, ter uma comunidade voltada para o bem, sem distinção entre as pessoas. Enfurecido, seu pai a enviou para um monastério. Dia e noite ela se colocava nas mais servis das tarefas. Sabendo disso, Miao Chung mandou incendiar o monastério e trazer Miao Shan de volta para ser executada.

De muitas formas, ele tentou acabar com Miao Shan, mas todas as tentativas foram inválidas. Finalmente ele decidiu estrangulá-la com uma corda. Repentinamente a Deusa da Terra, na forma de um tigre, entrou na corte e levou o corpo de Miao Shan embora.

Ela foi levada para o Submundo. Lá, os governantes estavam curiosos para conhecer a mortal de grande pureza. Ao chegar ao Submundo, Miao Shan começou a rezar e tudo se transformou em um Paraíso de alegria. Ela então retornou à vida.

Sempre procurando pela perfeição, ela jamais se enfureceu com seu pai. Apenas esperava que um dia ele a entendesse.

188 | *Oráculo da Grande Mãe*

Anos depois, notícias se espalharam de que o Rei Miao Chung estava com um mal mortal. Ele pediu o perdão de sua filha e nesse momento uma deliciosa fragrância surgiu e flores começaram a chover do céu.

Miao Shan foi revelada como Kuan Yin. Assim, iniciou-se um período de paz e justiça, o rei reinou com compaixão e piedade e Kuan Yin ascendeu aos céus em um arco-íris, de onde passou a abençoar e conceder os desejos de todos aqueles que recorressem à Deusa.

Kuan Yin é a Deusa budista da compaixão, da doçura, da fertilidade, dos filhos, da maternidade e da Lua. Ela é considerada a Mãe das mães, a Grande Redentora, padroeira dos marinheiros, a Mãe da Doçura e Voz Divina. É cultuada pelos taoístas e budistas como aquela que direciona sua luz sobre a humanidade e livra da dor todos os que sofrem; auxilia os aflitos. Seus atributos são a modéstia, a coragem, a justiça, a beleza, a tranquilidade, a compaixão, o conhecimento, a paz. Protege as mulheres e é invocada por todas que desejam conceber. Os chineses acreditam que as mulheres que têm problemas para engravidar devem pedir a Kuan Yin e ela concederá o desejo.

Na teologia budista, é considerada a Capitã da Barca da Salvação, guiando as almas para o Paraíso do Ocidente, ou a Terra da Pureza, onde há felicidade eterna e as almas podem renascer para dar sequência às suas instruções e alcançar a perfeição.

É representada vestindo um grande pano branco que cobre todo o seu corpo e eventualmente está sentada em uma flor de lótus. Kuan Yin também aparece algumas vezes carregando uma criança em seu colo, perto dos pés ou com várias crianças ao seu redor. Nessa forma, ela é chamada de "A Honrada Vestida de Branco".

Muitas vezes, é retratada cruzando o mar, sobre um lótus, ou pisando sobre um Dragão. Nessa forma, assume o papel de Senhora do Mar Meridional e padroeira dos pescadores.

O *Significado de Cada Deusa* | 189

Às vezes, Kuan Yin aparece carregando um vaso com o néctar da imortalidade, e um ramo de salgueiro, que ela usa para espalhar o líquido sagrado que se encontra no vaso. O vaso representa a compaixão que ela devota a seus seguidores e o ramo seu interesse pela humanidade. O salgueiro é um antigo símbolo de feminilidade.

O pavão é um dos seus animais sagrados. As múltiplas penas do pavão, que dão a impressão de múltiplos olhos, representam a função de Kuan Yin como protetora de todas as criaturas. Algumas vezes, ela aparece com um arco e flecha, mais uma alusão à sua natureza protetora.

Os budistas acreditam que o simples pronunciar de seu nome faz com que Kuan Yin esteja presente, e altares dedicados a ela estão por toda parte na China. Para os necessitados, Kuan Yin se manifesta como a Grande Mãe amiga, benfeitora e protetora, a divina força da compaixão que espalha a harmonia pelo Universo.

Ela é a Deusa que concede os desejos e ajuda nas situações mais difíceis. É a amiga que devemos chamar em tempos conturbados. Representa as virtudes passionais, a absolvição e a fé.

Significado divinatório: compaixão, amor, cura, pedidos, salvação, purificação, perfeição, paz, justiça, harmonia familiar, doçura, gravidez, maternidade, modéstia, coragem, beleza, tranquilidade, conhecimento.

LAKSHMI

Lakshmi, também chamada de Shri, é uma Deusa indiana que não só é personificação da fortuna e riqueza, mas também a corporificação da amabilidade, da generosidade, do encanto, da beleza, da fartura e da saúde. É cultuada como uma Deusa da riqueza material e da liberação do ciclo de vida e morte.

É descrita como uma bela mulher, com quatro braços, sentada ou de pé em um lótus ou segurando-o nas mãos, ornada de joias preciosas, vestida com finas roupas vermelhas, que simbolizam o rajas (a ação de manter a vida). Muitas vezes, ela é representada com cântaros nas mãos, que vertem moedas e riquezas. Possui dois aspectos, por isso pode aparecer como uma moça jovem e cheia de vida e na forma de uma adorável mãe. Os mitos contam que de seu corpo desprende-se um forte perfume de lótus, que pode ser sentido de longe.

As lendas nos contam que Lakshmi se elevou de um mar de leite, o oceano primordial, trazendo nas mãos um lótus vermelho. Cada um dos Deuses que fazia parte da tríade divina, Brahma, o criador; Vishnu, o preservador e Shiva, o destruidor e sustentador do universo, quiseram tê-la para si. O pedido de Shiva foi negado, por ele já ter a Lua, Brahma já tinha Saraswati, então Vishnu acabou por ser seu consorte, e com Lakshmi ele nasceu e renasceu durante as suas dez sucessivas encarnações.

A ligação de Lakshmi e Vishnu é tão grande que no Vishnu Purana encontramos as seguintes palavras para descrever a relação entre as duas divindades: "Vishnu é a Política, Lakshmi é a

Prudência; Vishnu é a Retidão, Lakshmi é a Fé; Vishnu é o intelecto, Lakshmi é a Compreensão; resumindo, entre Deuses, homens e animais, Vishnu é o Masculino, e Lakshmi é o Feminino".

Apesar de ser a consorte de Vishnu, Lakshmi passou a ser uma ávida devota de Shiva. Todos os dias ela colhia com suas criadas mil flores para ofertar a Shiva durante a noite. Um dia, enquanto contava as flores para oferecer a ele, Lakshmi percebeu que tinha colhido duas a menos que mil. Já era muito tarde para colher mais duas flores para completar a quantidade exata e as flores de lótus já tinham fechado suas pétalas para a noite.

Lakshmi achou que seria de mau agouro oferecer menos que mil flores a Shiva. Repentinamente ela lembrou-se de que Vishnu descreveu em certas ocasiões que os seios dela eram semelhantes aos lótus que floriam. Ela decidiu oferecer os próprios seios.

Lakshmi foi até a imagem de Shiva, onde todos os dias fazia suas oferendas, cortou um dos seios e colocou-o junto às flores no altar. Antes que ela pudesse cortar o outro seio, Shiva, que estava extremamente comovido com a Devoção de Lakshmi, apareceu e pediu a ela que parasse. Ele então circulou a parte do peito cortado com um fruto sagrado e o entregou para a terra, para que pudesse florescer perto de seu templo.

Alguns textos dizem que Lakshmi é a esposa do Dharma. Ela e inúmeras outras Deusas que personificam qualidades elevadas são consideradas esposas de Dharma. Essa associação representa o casamento de Dharma (conduta virtuosa) com Lakshmi (prosperidade e bem-estar). O ponto de associação nos ensina que aquele que age de acordo com o Dharma obtém prosperidade.

Tradições associam Lakshmi a Kubera, o horrível Senhor dos Yakshas. Os Yakshas foram a raça de criaturas sobrenaturais que viveram longe da civilização branca. A conexão deles com Lakshmi talvez seja pelo fato de que eles eram notavelmente conhecidos por sua propensa habilidade em conseguir, guardar e distribuir riquezas.

Associações com Kubera dependem da aura de mistério e ligação com os mundos inferiores associados a Lakshmi. Yakshas também são símbolos da fertilidade. As Yakshinis (feminino de Yakshas) eram pintadas nas esculturas dos templos com seios e coxas fartas, bocas generosas e em formas sedutoras em frente às árvores.

Como as Yakshinis, Lakshmi envolve e revela a si mesma na fecundidade das plantas, como demonstrado na lenda citada, em sua associação com o lótus.

Lakshmi também é associada ao Deus Indra, que tradicionalmente é conhecido como o Rei dos Deuses, o primeiro Deus, e também descrito como o Deus dos Céus. Isso é compreensível, já que ela é considerada uma divindade de extrema importância para qualquer rei, pois é a personificação da autoridade real, aquela cuja presença é essencial para o efetivo exercício do poder real e criação de prosperidade de um rei. Muitos mitos descrevem Lakshmi deixando um governante para proteger o outro.

Lakshmi é associada a diferentes Deuses masculinos como sendo a Deusa da Prosperidade, mas ao mesmo tempo da Inconstância. Em certos mitos, ela é considerada tão instável que acaba sendo atraída amorosamente por Vishnu por causa de suas diferentes formas. Um dos títulos de Lakshmi é *Chanchala*, que significa "A impaciente".

Sua notória inconstância é vista por seus devotos com muita cautela, pois eles acreditam que ela pode abandoná-los sem muito pretexto. Isso resultou em inúmeras estratégias para reter Lakshmi a seu lado, bem como a prosperidade. Uma dessas técnicas é oferecer somente o pior tecido para Lakshmi, pois eles acreditam que quanto menos mimos a Deusa tiver, melhor, pois assim ela trabalhará mais para seus devotos conseguirem melhorar suas oferendas. Na Índia, é muito comum dizer quando alguém se torna rico, que "Lakshmi veio visitar a casa da pessoa" e, quando ela passa por problemas financeiros, que "Lakshmi a abandonou".

Num sentido mais mitológico, a inconstância e a natureza aventureira lentamente começam a mudar ao ser identificada com Vishnu. Por outro lado, ela é a constante, obediente e leal esposa, que jura permanecer ao lado de seu marido em todas as suas vidas.

Lakshmi é fortemente associada ao lótus. A relação do lótus com a Deusa representa a sua pureza e poderes espirituais. O lótus é uma flor que nasce na lama, mas floresce acima das águas, completamente intocada pelo barro. Isso simboliza a perfeição espiritual, a autoridade e os poderes de fertilidade associados a Lakshmi e é por isso que ela frequentemente aparece sentada ou em pé dentro dessa flor. As associações de Lakshmi e o lótus sugerem muito mais que os poderes fertilizadores do solo úmido e os mistérios do crescimento. Representam também a perfeição ou o estado de refinamento que transcendem o mundo material, a importância da vida pura sem a qual a prosperidade se torna algo fútil e sem sentido.

Essa Deusa está associada não só à autoridade real, mas à autoridade espiritual e combina em si os poderes reais e sacerdotais em sua presença. O lótus e Lakshmi representam o total florescer da vida, o elo entre a Terra e o mundo dos Deuses.

O animal sagrado de Lakshmi é a coruja – um pássaro que dorme de dia e vaga pela noite – simbolizando que jamais devemos fechar os olhos e a mente para a luz, por maiores que sejam as bênçãos de prosperidade que Lakshmi distribua em nossas vidas. A riqueza deve servir a todos os que saibam como controlá-la e fazer o melhor uso dela.

SIGNIFICADO DIVINATÓRIO: amor, riqueza, amabilidade, generosidade, encanto, beleza, fartura, saúde, prudência, fé, compreensão, bem-estar, poder, fertilidade.

LILLITH

Lillith foi a princípio uma Deusa sumério-babilônica chamada Belit-ili ou Belili, que parece ter ocupado um lugar alterado na religião judaica, similar à integração de vários Deuses pagãos, como "demônios" ou espíritos infernais. Com isso, a lenda de Lillith foi excluída da Bíblia. Ela é o resultado da tentativa rabínica da assimilação de Belili na mitologia judaica.

Para os canaanitas, Lillith era chamada de Baalat, a "Divina Senhora", que se tornou uma "Grande Deusa" das tribos que resistiram à invasão dos vaqueiros nômades.

Era descrita como uma Deusa com longos cabelos e ornada de asas, com um corpo sensual e pés em forma de garras. Aparece geralmente sem roupas, representando sua natureza indomada. Muitas vezes, é representada sobre um leão e portando a coroa sumeriana da realeza.

Seus primeiros mitos são originalmente encontrados na Suméria.

Seu nome vem da raiz Lil, que significa "ar", e a palavra antiga mais conhecida associada a ela seria Lili, no plural Lilitu, que aparentemente possui a definição de "espírito". Em antigos tempos, era muito comum encontrar palavras associadas ao "ar" e ao "sopro" que também eram utilizadas para "espírito". Deduzimos daí que Lilitu era então um específico tipo de espírito.

Datando de mais de 2300 AEC, Lilith é uma Deusa sumeriana, hebraica e muçulmana. Considerada filha de Mehibatel, é uma divindade extremamente complexa. Sua imagem muda de cultura para cultura, tornando-se mais e mais demoníaca, conforme os valores patriarcais começam a dominar.

Lillith era como um súcubo sumeriano, e encontramos uma criatura entre os sumerianos e babilônicos com o nome de "Ardat Lili", considerada um demônio em forma de uma jovem mulher, que vagava pela noite enviando sonhos eróticos aos homens para roubar seu sêmen e vitalidade espiritual.

Lillith era a Deusa que juntava homens no templo de Inanna, para participarem nos ritos sexuais realizados em homenagem à Deusa. Era considerada a mão esquerda de Inanna. Como resultado, ela passou a ser conhecida como sedutora de homens e meretriz.

Entre os povos semíticos da Mesopotâmia, ela foi primeiramente semelhante a Lil, uma Deusa sumeriana que enviava seus poderes de destruição pelos ventos, raios e tempestades. Quando a moral judeu-semita passou a ser dominante no Oriente Médio, seu culto se uniu ao de Lamashtu, um demônio feminino, conhecida na Síria como devoradora de crianças. Nessa época, ela adquiriu sua caracterização como um demônio de asas que voava à noite, mãe dos íncubos, com o poder de assumir a forma de coruja. Muitos pensamentos e fantasias foram criados a seu respeito, como suas filhas, as Lillim, que foram modelos para a criação dos legendários Súcubos – demônios femininos que seduzem e atormentam os homens em seus sonhos, sugando sua energia vital e copulando com eles.

Acreditava-se que elas poderiam atacar as mães e os bebês. Isso passou a ser tão difundido e acreditado que inúmeros rituais, amuletos, talismãs e preceitos foram desenvolvidos pelos hebreus para proteger o recém-nascido dos possíveis ataques de Lillith e das Lillim. Tais costumes perduraram até a Idade Média. Os gregos adotaram a ideia das Lillim e passaram a chamá-las de Lamiae, as filhas de Hécate. Isso fica claro no mito hebraico sobre Lillith.

Dizem as lendas que Lillith rejeitou Adão, o primeiro homem, quando ele tentou forçá-la a ocupar uma posição submissa, sexualmente e em essência. Lillith foi a primeira mulher de Adão. Todas as vezes que eles se uniam sexualmente, Lillith demonstrava insatisfação por ficar embaixo de Adão. Ela não gostava de ter que suportar o peso do corpo dele, de ter que abrir o seu corpo para ele e ser dominada por ele. Acreditava que era seu direito ser igual a ele, pois tinha sido feita da mesma forma. Adão se recusou por sucessivas vezes a inverter a posição na hora da relação, pois a "ordem" não podia ser mudada, mas Lillith lutava por igualdade. Quando ela percebeu que não iria conseguir, rebelou-se e então o amaldiçoou e foi embora.

Usando seus poderes mágicos, voou para o Mar Vermelho e lá estabeleceu sua nova morada. As versões mais patriarcais das lendas de Lillith contam que, após sua partida, ela teria copulado com vários demônios e tido vários filhos deles. Jeová, tentando trazê-la de volta, enviou seus anjos Sanvi, Sansavi e Samangelaf para convencê-la a voltar, mas ela se recusou e rejeitou suas ordens. Algum tempo depois, Adão sentiu muito a falta de Lillith, e Jeová decidiu criar uma nova mulher, Eva, para fazer-lhe companhia. Ao saber, Lillith transformou-se numa serpente e enrolou-se na Árvore do Conhecimento, tentando mostrar a Eva a necessidade de ela buscar sua liberdade. A Deusa convenceu Eva a comer o fruto da Árvore do Conhecimento, e assim Eva se uniu sexualmente com Adão e dessa união nasceram filhos.

Os anjos enviados por Jeová para buscar Lillith acabaram matando seus filhos para puni-la por ter-se disfarçado de serpente e tentado Eva a comer o fruto da vida. Lillith ficou extremamente abalada com a morte dos filhos e tentou matar os filhos de Adão com Eva. Os anjos enviados por Jeová queriam impedir que Lillith disseminasse ainda mais a sua maldade, já que o seu ódio contra Adão e Eva recairia sobre todas as gerações seguintes. Eles então fizeram Lillith jurar que jamais se aproximaria de nenhum recém-nascido e que não faria nenhum mal aos seres humanos, onde quer que visse o nome dos anjos. Como não podia vencê-los, ela concordou em não se aproximar de nenhum bebê protegido pelo amuleto com o nome dos anjos Sanvi, Sansavi e Samangalef.

No entanto, essa história sobre Lillith só aparece na época medieval, no controvertido livro *O Alfabeto de Bensirah*.

Os primeiros hebreus acreditavam que ela teria bebido o sangue de Abel depois que ele foi morto por Caim e que o Mar Vermelho era o seu ventre, que teria dado origem a todas as coisas.

Talvez exista uma conexão entre Lillith e a Deusa etrusca Leith, que não tem face e que aguarda no portão do Submundo, ao lado de Eita e Persipenei, as almas dos mortos. O Submundo desde tempos imemoráveis é o símbolo do útero. A admissão no Submundo pode ser simbolizada como a própria união sexual, mais uma conexão com os atributos associados a Lillith.

A religião patriarcal tentou aniquilar Lillith por meio de sua demonização. Em seus mitos, eles se esforçaram para destruir a Deusa pelo medo, criando temor e terror ao redor dela, e distorceram todos os seus aspectos de morte e regeneração. As histórias exemplificam a aversão às mulheres na religião patriarcal e a atribuição de todos os males à mulher, principalmente o "mal" da sexualidade feminina.

Lillith foi considerada uma devoradora de crianças, quando de fato ela era primordialmente considerada uma Deusa que trazia bênçãos para os bebês, fazendo cócegas em seus pés enquanto dormiam e que os protegia em seus dezenove primeiros dias de vida. Esse bom aspecto da Deusa foi desviado com a imposição das religiões patriarcais, quando passaram a afirmar que as mulheres não teriam honra, exceto com seus maridos. As mulheres foram condicionadas a se casar e ser submissas, e Lillith, a Deusa independente, que impulsionava para a libertação das garras dominadoras, fazia as mulheres escutarem suas energias, direcionando-as para a liberdade e a igualdade.

A princípio, ela foi cultuada como uma Deusa do nascimento, da sensualidade e do poder. Suas lendas sobre a rebelião contra os padrões patrilineares a classificaram como a primeira feminista e como a primeira esposa. Suas histórias sobre determinação e luta pela independência são muitas. Lillith representa aceitação da autoverdade, não importa o quanto custe, e é mostrada com animais de realeza e sabedoria. Representa também o desafio feminino e a força. O resultado de seu ataque aos homens à noite simboliza a vingança da mulher sobre o homem que tentou feri-la e tolhê-la.

Os povos antigos acreditavam que ao ouvir o grito de uma coruja era sinal de que Lillith estava por perto. Um de seus títulos era "Grito da Coruja" e isso é fácil de entender, já que ela simbolizava o grito e o clamor das mulheres; com ela, as vozes e os desejos de todas as mulheres podiam ser ouvidos. A voz da natureza humana não pode ser reprimida. Lillith é o primeiro instinto do espírito livre. A coruja também simboliza conhecimento.

Algumas histórias a respeito de Lillith nos falam de sua árvore de salgueiro, árvore muito sagrada aos sumerianos, que de acordo com os mitos teria sido plantada na terra pela própria Inanna. Acreditava-se que Lillith morava em um ninho do salgueiro, às margens do rio Eufrates. Essa árvore ela compartilhava com Zu, um Deus sumeriano da tempestade. Em um dos mitos, Gilgamesh, um herói sumeriano, aproximou-se dessa árvore com quatrocentos machados, e Lillith e Zu voaram para longe. Lillith preferiu desaparecer a ser dominada e submetida à vontade alheia, já que Gilgamesh nesse mito simbolizava o patriarcado.

Lillith representa a essência da mulher que deu o presente do grão, a criadora, a mãe protetora, aquela que deu nascimento à Lua. Ela não pode conceber a inferioridade de nenhum ser, um conceito muito distante da sociedade moderna.

Lillith é alegria, força, poder, conhecimento, sexualidade. A energia sexual de Lillith é viva, faminta e natural. Ela é pulsante, primal.

Essa Deusa simboliza a consciência de absoluta igualdade entre homem e mulher. Essa igualdade é reforçada pelo potencial andrógino em suas lendas. Sem suas bênçãos as águas da vida recaem em conhecimento empoeirado. Ela é o aspecto instintivo, o aspecto terreno do feminino e as lembranças da incorporação do despertar sexual.

SIGNIFICADO DIVINATÓRIO: sensualidade, sexo, magia, poder, alegria, força, conhecimento, sexualidade, igualdade, sabedoria, regeneração, sedução, prazer, maldição.

MAAT

Maat é a Deusa da lei física e da moral do antigo Egito, da ordem e da verdade. Ela foi considerada esposa de Thot, o Deus da Escrita e da Sabedoria, e com ele teve oito filhos. O mais importante de seus filhos foi Amon. Seus oito filhos eram os Deuses-chefes de Hermópolis e, de acordo com os sacerdotes daquela época, foram eles que criaram a Terra e tudo o que existe sobre ela. Maat estava associada não só a Thot, mas a Ptah e Khnemu, nos mitos da Criação egípcios.

O nome Maat significa "Aquela que é correta"; outros significados incluem "Verdade" e "Justiça". Isso implica tudo aquilo que é verdadeiro, ordenado e balanceado, todos atributos dessa Deusa.

Maat é representada na forma de uma mulher, segurando um *Ankh* em uma das mãos e um cetro na outra. O maior símbolo de Maat foi a pena de avestruz, e ela sempre é vista com uma dessas penas na cabeça. Em algumas de suas representações, ela aparece com longas asas, simbolizando a proteção.

Outro símbolo associado a Maat eram as antigas colinas, pois os egípcios acreditavam que a Divindade criadora teria se sustentado em uma colina no início dos tempos. Quando o mundo foi criado e o caos eliminado, os princípios de ordem de Maat foram institucionalizados. Os egípcios acreditavam que se o faraó falhasse no culto a Maat o caos poderia retornar ao Egito e ao mundo e tudo poderia ser destruído. Dessa forma, o faraó via isso como uma função cósmica para sustentar os princípios de Maat, e foi por causa dela que eles passaram a ter a autoridade para controlar a Terra.

Todas as leis civis no Egito eram chamadas de Lei de Maat. Essas leis eram essencialmente uma série de velhos conceitos e conduta moral utilizados desde o início da sociedade egípcia. Uma lei contrária à lei de Maat não era considerada válida no Egito. Os egípcios acreditavam que Maat estava sempre ao lado do faraó, pois ela é quem estabelecia o Rei como representante da ordem divina. É Maat que legitima a autoridade de governar do faraó e é ela quem sustenta as leis que ele estabelece, bem como as próprias leis do universo, antigas e imutáveis. Até mesmo Akhenaton, um dos faraós que foi chamado de herético, na tentativa de estabelecer o culto a um único Deus, repetidamente enfatizou a importância de Maat em seus muitos monumentos. Por ser uma Deusa do Equilíbrio, Maat era a responsável pela união do Alto e do Baixo Egito.

Quando alguém morria, acreditava-se que a pessoa iria ser julgada por Maat e que era sua pena que garantiria a vida eterna. Se o coração do julgado fosse tão leve quanto sua pena, a entrada no Outromundo, chamada Duat, e a eternidade eram garantidas à alma julgada. Era o coração que dizia se a alma tinha tido uma existência reta e justa ou sido má e transgredido as leis dos Deuses. Se o coração não tivesse o peso ideal, a alma do réu era consumida por Ammut. Se passasse na prova, a alma julgada era conduzida por Hórus ao encontro de Osíris, o Rei da Morte. Esse julgamento ocorria no "Salão das Duas Verdades", cujo nome era Maaty. Por causa disso, apesar de todos os seus altos atributos e ideais, Maat também está associada ao Submundo, quando se senta para julgar as almas dos mortos.

A última função de Maat era ajudar o Deus Sol Rá a fazer sua jornada pelos céus. Era ela quem determinava o curso de sua barca pelos céus a cada dia. Dizia-se que ela viajava na barca com ele, guiando sua direção.

Ela esteve associada às Deusas Renenet, Meskhnet e Seshat. Os gregos a cultuaram como Themis, a Deusa da Sabedoria e da Justiça.

Maat, como a personificação da ordem feminina, representa a cocriação, geração e está associada ao entendimento do ser humano com o Cosmo.

Maat representa o ideal de lei, verdade e ordem. Personifica as bases da lei da existência. Sem ela, a vida seria impossível, pois simboliza os elementos da harmonia cósmica.

SIGNIFICADO DIVINATÓRIO: lei, ordem, verdade, sabedoria, afastar o caos, equilíbrio, geração, entendimento, concórdia, harmonia, justiça.

MACHA

Macha é uma Deusa celta que é a personificação da batalha e uma das inúmeras Deusas célticas da guerra. Quando batalhas eram disputadas, dizia-se que os habitantes invisíveis de outros mundos se revelavam no sangue, no pânico, na raiva, na morte e no medo dos guerreiros humanos. Macha estava particularmente associada ao costume céltico da caça às cabeças, ou seja, as cabeças decapitadas nas batalhas eram recolhidas como troféus, e esse costume era chamado de "Colheita das Bolotas de Macha".

Macha também é uma Deusa da Magia. Ela está fortemente associada a Morrigu e Badb, que escondem o desembarque dos Tuatha de Dannan na Irlanda no início dos tempos. Usando o que eles tinham aprendido em suas quatro tribos místicas, Findias, Gorias, Murias e Falias, as três Deusas enviaram chuvas e nuvens negras para ocultar a chegada dos Tuatha. Macha, Morrigu e Badb fizeram o ar jorrar sangue e fogo sobre os Fir Bolgs, aqueles que inicialmente se opuseram contra os Tuatha, e depois os forçaram a abrigá-los por três dias e três noites.

Ela aparece em diferentes momentos da mitologia céltica, ora como Tuatha de Dannan, ora vivendo entre mortais para ajudá-los em tudo, caso não a ofendam. Isso causa certa confusão para decifrar quem é exatamente essa Deusa. Ela assume três diferentes aspectos, em três diferentes momentos da história do povo celta. O número três sempre foi sagrado para a cultura céltica, pois representa a totalidade e os três níveis do ser: físico, mental e espiritual.

A primeira Macha a aparecer nas histórias foi esposa de Nemhedh, o líder da terceira invasão da Irlanda, descrita no Livro das Invasões. Esse aspecto de Macha nos mostra a Deusa como uma Divindade visionária e uma profetisa. Ela teria morrido em uma das doze planícies pertencentes ao seu marido, e por essa razão algumas vezes ela é chamada de Ard Mach, que significa "Alta Planície de Macha".

Posteriormente, Macha, então filha de Red Hugh, apareceu como uma rainha guerreira, governante de toda a Irlanda durante um tempo, e repelida por aqueles que contestavam sua autoridade logo depois. Quando seu pai morreu, seus dois irmãos, Cimbaoth e Dithorba, desejaram dividir o Reino de Ulster com ela, mas de acordo com as antigas leis era Macha quem detinha poder sobre a Terra, pois era a única mulher da família; por isso se recusou a dividir o patrimônio com os irmãos. Então mandou matar Dithorba e forçou Cimbaoth a se casar com ela. Dessa forma, Macha permaneceu como parceira dominante na união.

Porém cinco filhos de Dithorba continuaram a se opor à Macha, que resolveu atraí-los, um por um, por meio de sua magia, até a floresta, para dormir com ela. Lá chegando, amarrou-os um após o outro. Depois de reduzi-los a servos, forçou-os a construir uma fortaleza real em sua homenagem, que levou o nome de Emain Macha.

A influência de Macha sobre os heróis de Ulster continuou mesmo depois de sua morte oficial, e dessa forma encontramos o terceiro aspecto de Macha. Um fazendeiro de Ulster de nome Crunniac foi visitado por uma misteriosa mulher que se tornou sua esposa. Ela dizia que seu nome era Macha, filha de Sainrinth Mac Imbaith, prevenindo Crunniac de que não devia perguntar sobre o seu passado, ostentando-a ou se gabando dela para outras pessoas. Eles viviam felizes e o fazendeiro prosperava.

O status de Crunniac cresceu tanto que ele foi convidado para uma festa na casa do Rei. Muitas celebrações foram feitas, incluindo jogos e corridas. Crunniac bebeu muito e, ao ver uma corrida de carruagem, esqueceu a advertência de sua esposa e ostentou que ela poderia correr muito mais rápido que qualquer um dos cavalos ali presentes. Crunniac chamou Macha e ordenou que ela vencesse a corrida contra os cavalos, mesmo sabendo que era o último mês de gravidez da esposa.

Macha venceu e deu à luz gêmeos, imediatamente após a corrida. Revoltada, ela jogou uma maldição sobre os homens da cidade de Ulster, dizendo que os seus descendentes por nove gerações iriam sofrer as dores do parto a cada ano por cinco dias e quatro noites. Esse foi o "Mal dos homens de Ulster" que, segundo as lendas, acometia todos eles em épocas de guerra, tornando-os inaptos para a batalha.

Essa lenda surge mais ou menos na época em que o patriarcado começou a suplantar o matriarcado e seus domínios e características estavam sendo mudados pelos guerreiros celtas. Macha, como uma Noiva Fada, demonstrou por meio desse mito que ela ainda era suprema, ágil, mágica e hábil, mas o mito indicou que mesmo com todos estes atributos o Rei pôde forçá-la a correr, mostrando que a posição feminina na sociedade tornava-se inferior.

Macha surgiu na cultura celta para compartilhar alguns de seus conhecimentos femininos com os homens, mostrar que a Deusa sobrevive em cada mulher, tanto que dá à luz em público. Isso ensina que o conhecimento feminino pode enfraquecer os homens. O período de fragilidade imposto pela Deusa, como forma de castigo, seria equivalente ao período menstrual que todas as mulheres vivem.

Além disso, com suas irmãs Badb e Morrigu ela assumiu seus aspectos de Deusa da Guerra, pois as mulheres também precisavam ter uma Deusa Guerreira. Elas eram três, mas ao mesmo tempo uma. Elas eram coletivamente chamadas de Morrigana. Todas as três eram conhecidas por terem o poder de aparecer em forma de pássaro no campo da batalha para dar avisos ou incentivo aos guerreiros. Em seu aspecto de Deusa Guerreira, Macha não só podia assumir a forma de um pássaro, geralmente o corvo, mas também a forma de uma égua sagrada, cujo leite era um antídoto contra os ferimentos de guerra dos guerreiros e guerreiras. Assim, ela assumiu o papel de Mãe do campo de batalha, capaz de garantir a vida dos que a invocassem.

Macha é uma Deusa associada aos cavalos. O cavalo era um dos maiores símbolos de energia, poder, fertilidade, e o culto aos cavalos é muito anterior à própria civilização celta. Todas as divindades possuem criaturas que lhes são associadas e que representam certos poderes ativos, bem como energias específicas da cultura na qual aquela divindade foi cultuada. Macha é a versão irlandesa do arquétipo de Deusas como Epona, na Britânia, e Rhiannon, em Gales. Ela está associada ao poder e à fertilidade do cavalo, e por isso são grandes as conexões entre Macha e o Rei, e consequentemente com a Terra.

Tributos eram pagos a Macha a cada ano perto de Lughnashad. Isso é compreensível, pois Macha também foi uma Deusa associada à fertilidade, às colheitas, e nessas épocas, rituais eram realizados para fertilizar a Terra. Ela simbolizava o Sol esquentando a Terra, tornando-a fértil e capaz de produzir comida. Por incorporar diversos aspectos, Macha é uma Deusa que vai desde a profetisa à guerreira, rainha ou noiva que vem do mundo sobrenatural. Ela tanto é a Deusa da batalha e da guerra como a que traz a fortuna e a prosperidade.

Os muitos atributos associados a Macha, sua importância, associações com ritos e animais sagrados e sua relação com a Terra demonstram sua importância entre os antigos povos celtas. O poder de Macha como Deusa égua reflete o valor da mulher na cultura céltica e sua posição na vida desses povos, como curandeiras, guerreiras, tecelãs, governantes e transmissoras de conhecimentos. Macha é uma Deusa primordial para o entendimento dos poderes da Terra, tão importante para a religiosidade céltica.

SIGNIFICADO DIVINATÓRIO: guerra, magia, profecia, resgatar a dignidade feminina, fertilidade, energia, poder, colheitas, fortuna, prosperidade, fartura, abundância, cura.

MORRIGU

Morrigu é a Deusa celta da guerra, da vingança, da morte, do renascimento, do destino, da mudança e da justiça. É a protetora de todas as sacerdotisas e a que impulsiona os guerreiros para suas vitórias ou derrotas.

Há evidências arqueológicas do culto a Morrigu desde a Era do Cobre nas regiões da Espanha, da França, de Portugal, da Inglaterra e da Irlanda. Inúmeras esculturas de uma mulher com uma cabeça de corvo, gralha ou falcão foram encontradas em sítios arqueológicos dessas regiões, e o corvo é o animal sagrado de Morrigu por excelência. Essas imagens mostravam uma distinta associação com a guerra e indicavam uma direta função de guerreiras, mostrando associações com proteção, fertilidade e personificação da Terra como Deusa da Soberania. Ela foi uma Deusa cultuada por toda a Europa sob diferentes nomes: foi chamada de Morrighan, Morgan, Morgana e Cathuboduwa. Provavelmente Morgan le Fay, considerada irmã do Rei Arthur nos mitos arthurianos, seja um dos inúmeros nomes pelos quais ela foi conhecida entre os galeses.

Seu nome etimologicamente vem da combinação do gaélico *mór*, que significa "grande", e *righan*, que quer dizer "rainha", ou seja, Grande Rainha, o que indica que ela foi uma Deusa de muita importância entre os povos celtas.

Morrigu era tida como uma Deusa que fazia o transporte entre a vida e a morte, uma Deusa pássaro e uma Deusa do Outromundo. A função de Morrigu claramente não é uma só, mas muitas, o que nos faz acreditar que ela acabou sofrendo uma fusão com atributos de outras inúmeras Deusas celtas menores.

As Deusas irlandesas da guerra são muito interligadas umas com as outras e, como todas as Deusas celtas, Morrigu possui três aspectos distintos. Isso lhe conferiu o título de "As três Morrigu" ou "As Fúrias da Batalha", momento em que a Deusa aparecia com suas duas outras irmãs.

Elas têm muitas características em comum, mas mostram uma função especial que as distingue uma da outra. Cada uma delas exerce uma particular magia ou poder sobrenatural. Ela é Badb, o corvo da batalha, aquela que sobrevoa o campo da batalha. É ela que canta a morte dos bravos guerreiros. É ela que leva a alma ao caldeirão do renascimento. Muitas vezes esse aspecto de Morrigu é visto como uma donzela.

Macha, a égua, é a face mãe de Morrigu. Nemhain, a Fúria, representa a face anciã de Morrigu. Ela é muitas vezes representada como a "Lavadeira do Vau", uma figura sombria de uma Velha que lava roupas manchadas de sangue no vau dos rios. Um guerreiro que visse essa aparição antes de uma batalha sabia que tinha chegado sua hora. Nesse aspecto, Morrigu coloca a fúria no coração dos guerreiros e também governa o exercício do sacerdócio. Ela inspira seu conhecimento e sabedoria para todos os que ousam desafiá-la e estão prontos para aprender.

Não existem muitas histórias sobre as origens de Morrigu. Alguns historiadores dizem que ela era conhecida como Moirah, quando os Dannans desembarcaram na Irlanda. Era vista como uma Deusa donzela, que tinha suas próprias opiniões, que se apaixonou pelo jovem Dagda. Ela e Dagda se casaram e se uniram às margens do rio Boyne. Ela engravidou, mas como as águas do rio estavam sob os domínios dos Fomorianos, ao finalmente dar à luz, seu filho Mechi nasceu com três cabeças e deformado. Os druidas o sacrificaram para preservar seu povo, pois o recém-nascido seria o futuro rei, e segundo a lei céltica um rei deformado ou mutilado não poderia governar. Com isso, Moirah foi esconder-se na floresta. Ela permaneceu escondida durante muitos anos, até que um dia surgiu usando uma capa com penas de corvos, duas espadas e com a habilidade de mudar de forma. Era uma guerreira habilidosa e nenhum homem ousava opor-se a Moirah, agora conhecida por um novo nome, Morrigu.

Alguns historiadores alegam que a união de Dagda e Morrigu ocorreu em *Samhain*, antes da batalha que conduziu os Tuatha de Dannan à vitória contra os Fomorianos, que os dominavam. Quando Morrigu se uniu sexualmente com Dagda, o líder dos Tuatha, isso representou a união do Rei com a Terra, pois só dessa forma seria possível se fortalecer para vencer. Qualquer homem que quisesse obter sua ajuda deveria ter relações sexuais com ela primeiramente e deveria ser feito com soberania, e se ele recusasse esse avanço jamais seria digno de governar a Terra.

Lugh também foi considerado um dos consortes de Morrigu. Ela aparecia frequentemente nos mitos, na forma de corvo, sobrevoando Lugh e lhe dirigindo incentivos de força e segurança para que ele lutasse bravamente contra os Fomorianos. Ela tentou seduzir Cuchulain, e quando ele a desprezou Morrigu passou a persegui-lo de várias formas; finalmente, ao conseguir matá-lo, ela apareceu em seus ombros como um maldoso corvo.

Fertilidade, soberania e guerra têm tudo a ver com a proteção e a prosperidade da Terra e estão fortemente ligadas aos antigos ritos da fertilidade e do Grande Rito entre a Sacerdotisa e o Rei. Morrigu personifica a Terra, sua soberania e fertilidade, e a guerra surge da necessidade de defendê-la.

Ela aparece frequentemente associada às Bansidhe ou na forma de uma delas. As Bansidhe são seres míticos dos povos celtas que se aproximavam dos seres humanos para avisar a morte iminente de pessoas queridas com seus gritos e choros através das noites. Elas eram descritas como mulheres vestidas de verde, com pés vermelhos, uma narina e um dente. Tinham longos seios caídos, e dizia-se que aqueles que conseguissem mamar em um deles teriam seus desejos concedidos por elas se pudessem responder às três questões que fizessem. Isso simboliza que o mesmo poder que traz a morte é o poder que nutre, gera e sustenta a vida.

O corvo aparece frequentemente associado a Morrigu, e ela inclusive pode assumir a forma física de um por meio de seus poderes mágicos. É interessante perceber que o corvo não causa a morte de ninguém, mas come e transforma o corpo, assim como Morrigu. Ela não é a morte em si mesma, mas aquela que traz a morte e a transformação por meio dela, comendo e sendo comida.

Sendo uma Deusa do destino, da morte, do renascimento, da guerra, Morrigu assume o papel de uma Deusa Negra e por isso é cultuada nas sombras e em períodos de lua nova. Como todas as Deusas Negras, Morrigu é muito mal interpretada. Ela é aquela que traz conforto aos mortos e aos sobreviventes. Ajuda-nos em todos os momentos de mudanças, seja pela morte de um membro familiar, pela perda de um emprego, perdas em acidentes, ou seja por qualquer outro tipo de perda. Pode ser invocada em exorcismos, já que está associada ao destino e o transporte da alma depois da morte, daí a associação céltica do corvo que conduz a alma dos mortos ao Outromundo. Os povos célticos acreditavam que quando vemos corvos Morrigu está por perto. Muitos veem isso como um sinal de morte, mas também pode ser interpretado como um sinal de mudança e a necessidade de buscar por força. Guerreiros não viam a presença dos corvos como um sinal de morte, mas Morrigu em seu aspecto de "Lavadeira do Vau". Ela pode ser a mais fiel amiga ou a mais terrível inimiga.

212 | Oráculo da Grande Mãe

Morrigu é a personificação da própria Terra, por isso um de seus símbolos é o triângulo invertido, o símbolo desse elemento. Ela é a tripla origem do poder do nascimento, da vida e da morte e a força necessária para regenerar esses ciclos.

SIGNIFICADO DIVINATÓRIO: vitória, vingança, morte, destino, transformação, justiça, proteção, fertilidade, guerra, transições, exorcismo, poder, força, coragem, guerra, vencer inimigos.

MULHER ARCO-ÍRIS

A Mulher Arco-Íris, cujo nome é Ke Anuenue, é uma Deusa que representa a personificação do Arco-Íris e da chuva, entre os nativos havaianos.

Na mitologia havaiana, o arco-íris representava o caminho que os Deuses percorriam entre o mundo superior e o inferior. Ele estava associado às mensagens do Espírito, do mundo e da morte. Na cosmologia havaiana, a morte é uma transformação que a alma passa para migrar entre a Terra e o reino superior, onde residem os ancestrais. Todos aqueles que puderem acessar esses níveis recebem o status de semideuses e filhos de Ke Anuenue.

Segundo os povos havaianos, existem mais de 35 tipos diferentes de arco-íris, e cada um deles representa um aspecto diferente da Deusa. Assim como existem diferentes tipos de arco-íris, diferentes nomes também são atribuídos a eles. Um dos nomes mais comuns é Makole, que não só quer dizer "arco-íris", mas também "presença de chefe, Deuses ou Espíritos". Isso deixa clara a crença havaiana de que quando um arco-íris aparece no firmamento, Ke Anuenue está descendo do mundo dos Deuses para visitar a Terra. Eles acreditam também que, como o arco-íris é a ponte existente entre os dois reinos, qualquer Deus que queira visitar a Terra só poderá realizar esse feito com o auxílio da Mulher Arco-Íris.

Associada a ela está a serpente criadora, responsável pela vida na Terra. O arco-íris era representado como uma grande serpente, chamada de Kanaheka Anuenue. A serpente arco-íris simboliza a combinação da luz do Sol, que toca a água da vida em forma de bruma ou chuva como fundamento para que todas as coisas viventes existam.

As representações da Mulher Arco-Íris são muito simples. Geralmente ela aparece como uma linda mulher de longos cabelos luminosos, com uma guirlanda de flores na cabeça. Algumas vezes seus cabelos aparecem com múltiplas cores, e por isso o arco-íris frequentemente simboliza os cabelos de Ke Anuenue, sendo banhados pelas águas das chuvas.

Muitas lendas lhe são atribuídas, nas quais podemos perceber os diferentes tipos de temperamento dessa Deusa. Seu caráter volúvel simboliza na realidade as diversas formas de chuvas e o que elas podem acarretar, já que a Mulher Arco-Íris é a responsável direta pela dádiva da chuva, branda ou tempestiva, sobre a Terra. Exatamente por esse motivo era e ainda é muito cultuada entre os havaianos, um povo que vive à beira do mar, onde as chuvas são mais fortes, principalmente no verão. Ela era invocada para conceder chuvas gentis, brandas e finas, que não destruíssem as plantações e moradias.

Uma de suas lendas nos conta que muito tempo atrás viveu no Havaí um belo e jovem chefe chamado Makaha. Sua habilidade como pescador percorreu longas distâncias e chegou aos ouvidos de Ke Anuenue.

Ela ficou tão intrigada que acabou enviando seu amigo alado, Elepaio, para investigar Makaha. Elepaio retornou com histórias fascinantes sobre as habilidades e a coragem de Makaha.

Na manhã seguinte, Ke Anuenue criou um imponente arco-íris que ia do Vale Mano até onde Makaha vivia, assim ela e seus acompanhantes puderam observar o pescador e seus feitos de coragem.

As pessoas daquele vale ficaram petrificadas com o magnificente arco-íris que terminava no vale sem nome onde Makaha vivia.

Sabendo que Ke Anuenue estava presente na Terra, eles pediram por meio de suas orações que a Deusa enviasse a chuva gentil e não tempestades, que poderiam ser enviadas por ela quando estivesse descontente, pois já não chovia havia sete anos.

Makaha, sabendo de sua presença, chamou Mauna Lahilahi e invocou em voz alta seu aumakua (espírito ancestral) Mano ai Kanaka, o mais cruel tubarão comedor de homens. Quando Mano ai Kanaka surgiu no oceano, Makaha saltou do pico de uma alta montanha e se elevou atrás dele e o cavalgou.

Quando os dois desapareceram no oceano, o mar se acalmou. Repentinamente Makaha apareceu, espumando o oceano enquanto Mano ai Kanaka o carregava até a beirada da praia. É por isso que até hoje a água do mar possui espuma. Makaha logo em seguida carregou muitas oferendas até o arco-íris para Ke Anuenue. Isso agradou à Deusa, mas ela ficou intrigada com a escolha das comidas que lhe foram oferecidas, como banana e batata, que eram secas e fibrosas. Ela mandou perguntar o porquê das oferendas, pois estava acostumada com frutas da mais alta qualidade; então ficou sabendo que era por causa da falta de chuva no vale.

Ke Anuenue se apaixonou por Makaha e então seu duplo arco-íris apareceu no vale onde Makaha morava. Uma branda chuva caiu sobre o vale e sobre o povo de Waianae e com isso eles puderam ter bonitas bananas e abundantes colheitas. Eles construíram um Heiau (templo) para Ke Anuenue e Makaha, mas a Deusa graciosamente recusou sua parte na honra, mas nomeou o vale inteiro com o nome de seu amado, Makaha, e é por isso que existe um vale no Havaí com esse nome até hoje.

Sendo uma Deusa da chuva, Ke Anuenue possui um temperamento instável. Ora ela apresenta uma face benigna e graciosa, enviando chuvas gentis que trazem a fertilidade do solo ao seu povo, ora enviando grandes tempestades que arrastam casas, árvores e pessoas. Os havaianos acreditam que, quando a Mulher Arco-Íris está descontente ou furiosa com alguém, ela pode destruir o lar dessa pessoa com suas tempestades e raios. Isso é demonstrado por seus mitos.

Makaha jurou amor eterno a Ke Anuenue, mas um dia, quando voltava da pescaria, encontrou uma linda donzela de nome Malili. Ele ficou instantaneamente fascinado por sua beleza e assim fizeram amor na praia. Makaha deu os peixes que levaria para Ke Anuenue à jovem Malili e voltou tarde demais para aonde o povo dividia o peixe pescado. O que sobrara eram peixes que ninguém mais queria, a pior parte da pesca. Em desespero, ele recolheu as sobras e apressadamente foi ao encontro de Ke Anuenue. Ao olhar os peixes, a Deusa ficou furiosa, mas, como o seu amor pelo pescador era grande, ela decidiu relevar a falta de seu amado. No entanto, ficou alerta às atividades dele. Na manhã seguinte, foi olhá-lo por meio do arco-íris e viu Makaha encontrar-se com Malili na praia. Agora sua fúria não tinha limites. Ela fez surgir grandes nuvens negras no horizonte, relâmpagos e trovões e uma forte chuva se abateu sobre o Vale de Waianae. A Terra foi devastada. Cavalos, animais, colheitas e pessoas foram carregados pelas águas. Poucos sobreviveram e logo em seguida uma forte seca se abateu sobre a Terra como castigo.

Ela também pode ser vista como uma Deusa protetora, zelando pela segurança das crianças e presente nos momentos mais necessários. Quando um bebê chamado Ua, que significa chuva, caiu de um penhasco, Ke Anuenue usou o seu arco-íris para impedir sua queda. Naquele momento, a Mulher Arco-Íris passou a proteger essa criança, que cresceu sob suas bênçãos e posteriormente se casou com o filho do chefe de uma tribo rival à sua. O casamento deles trouxe paz e prosperidade à ilha do Havaí.

A Mulher Arco-Íris representa o colorir da alma, as diferentes personalidades que podemos assumir e o nosso autoconvívio com nossas sombras e o que há de melhor em nossa personalidade.

Mostra-nos que é possível muitas vezes nos assemelharmos a ela, já que a pessoa mais gentil, capaz de auxiliar tudo e todos, pode tornar-se a mais amarga, cruel e vingativa, quando seu coração é realmente ferido.

Ela simboliza a presença divina, capaz de nos transformar com suas diferentes cores e aspectos. Seu arco-íris gentilmente abraça as criaturas da Terra, conectando-nos ao mundo dos Deuses. Nele reside o segredo do Divino Feminino, seus aspectos de divina beleza, amor, compaixão, sabedoria, esplendor e entendimento, que esperam ser descobertos.

SIGNIFICADO DIVINATÓRIO: ligação com o mundo dos Deuses, cura, chuva, tempo, instabilidade, amor, fúria, proteção de crianças, prosperidade, compreender nosso interior, aprender a lidar com a sombra, proteção, beleza, compaixão, sabedoria.

MULHER BÚFALO BRANCO

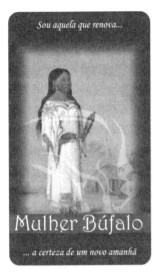

A Mulher Búfalo Branco, chamada de Ptesan Wi ou Pawosee, é a figura dominante na lenda mais importante dos Sioux, uma das tribos guerreiras nativas norte-americanas.

É provável que ela fosse inicialmente uma Mulher Vaca Branca, a Mãe da Vida. É frequentemente chamada de Grande Mulher Novilha de Búfalo Branco, Mulher Filhote de Búfalo Branco e Mulher Búfalo.

É uma Deusa que trouxe o sagrado cachimbo, um símbolo de cura pelo qual a comunicação com o Grande Espírito se faz. Foi ela que ensinou como usar o cachimbo, instruindo-os no ritual de fumá-lo. Sua primeira aparição aos humanos foi na forma humana. Até seu aparecimento, os Sioux se encontravam perdidos, sem saber como viver. Acredita-se que foi ela quem deu o direcionamento necessário à alma, a ideia da sacralidade da mente e transmitiu o conhecimento espiritual dos Lakota.

O búfalo branco sempre foi sagrado para as tribos das planícies e considerado um talismã, uma posse sem preço.

A Mulher Búfalo Branco é tão importante para os Sioux que, na Dança do Sol, à mulher mais velha e respeitada de toda a tribo é dada a honra de representar a Deusa durante a realização da cerimônia. Isso ocorre porque os Lakota Sioux acreditam que a Mulher Búfalo Branco teria ensinado as sete cerimônias sagradas ao seu povo, que são:

O *Significado de Cada Deusa* | 219

- a sauna sagrada, uma cerimônia de purificação
- a cerimônia do nome, realizada quando a criança nasce
- a cerimônia da cura
- a cerimônia da criação de parentesco, também chamada de cerimônia de adoção
- a cerimônia de casamento
- a cerimônia de Busca da Visão
- a cerimônia da Dança do Sol

Ela também teria ensinado seus cânticos, danças e caminhos tradicionais. Ela é a criadora mítica da cultura Sioux.

Seus ensinamentos e instruções podem ser resumidos em:

- ter carinho pela Terra e pelas outras raças
- respeitar a Mãe Terra e sua criação
- honrar a vida e dar suporte a essa honra
- ser grato por toda vida, pois é pela vida que há sobrevivência
- agradecer sempre ao Espírito Criador pela vida
- amar e expressar esse amor
- ser humilde, pois esse é o caminho para o conhecimento e o entendimento
- ser gentil consigo mesmo e com outros
- trocar sentimentos pessoais, preocupações e compromissos
- ser honesto consigo mesmo e com os outros
- ser responsável por essas instruções sagradas e compartilhá-las com outras nações.

Para entender corretamente quem é esta Deusa e o que ela representou para os Sioux e pode representar nos dias atuais para nós, precisamos conhecer a sua lenda. Seguramente, a lenda da Mulher Búfalo Branco é uma das mais lindas e tocantes histórias que podemos encontrar entre os antigos povos. Ela nos traz a revelação de um novo tempo, sustentado pelas mulheres, em que a harmonia com a natureza será a base para uma vida feliz e plena e o único caminho para a integração com o Wakan Tanka ou Grande Espírito, a divindade universal e criadora dos nativos norte-americanos.

A lenda da Mulher Búfalo Branco se inicia quando dois guerreiros Sioux estavam caçando e, ao subirem uma colina, foram surpreendidos por uma jovem mulher, que surgiu diante deles em uma nuvem. Ela estava vestida com uma roupa feita de corça branca e trazia na mão uma pele de búfalo. Era bela e majestosa. A mulher disse-lhes que não temessem, pois trazia paz e felicidade, e perguntou por que estavam longe de sua aldeia. O mais jovem dos irmãos respondeu que estavam em busca de caça, pois a aldeia estava passando fome. Ela então lhe entregou um pacote para ser entregue ao seu povo e pediu-lhe que avisasse os chefes das sete fogueiras para se reunirem em conselho e esperarem por ela.

O irmão mais velho, que permanecia calado até o momento, excitado pela beleza da mulher, tentou agarrá-la. Ao fazer isso, ela envolveu-o na pele do búfalo que trazia em suas mãos e instanta-neamente seu corpo transformou-se num esqueleto.

E ela disse ao guerreiro:

"O homem que olha primeiro a beleza exterior de uma mulher jamais terá acesso à sua beleza divina, pois é um cego. Mas aquele que vê em primeiro lugar a beleza do seu espírito e sua verdade conhecerá o Grande Espírito nessa mulher. Se ela desejar que façam amor, ele poderá compartilhar com ela um prazer sem dimensões.

Ao me olhar, você não pensou em minha beleza, mas quem eu era e de onde eu vinha. Saiba que terá o que deseja.

Você e seu irmão representam dois caminhos a serem seguidos. Se procurar pela visão real, a sagrada visão, a visão do Grande Espírito, poderá ver as coisas da mesma forma que a Força Criadora e assim saberá que aquilo que precisa da terra chegará até você. Mas se desejar o primeiro caminho, como aquele que seu irmão escolheu, estará esquecendo o Grande Espírito, satisfazendo apenas seus desejos carnais e morrendo interiormente."

Nesse momento, o jovem decidiu perguntar quem era tal mulher, e ela respondeu:

"Eu sou o Espírito da Verdade, conhecida como a Mãe dos Antigos. Sou a Grande Mãe que vive no interior de cada mãe, a donzela que brinca em cada criança, a face do Grande Espírito que seu povo esqueceu. Vim para falar com as nações das planícies; vá para o seu povo e prepare minha chegada. Vou ensinar ao seu povo as coisas sagradas que ele esqueceu."

Ele foi à sua tribo e transmitiu a mensagem da Mulher Búfalo Branco ao seu povo. Eles prepararam uma grande cabana para recebê-la.

Graciosa e bela, ela então veio, brilhando. Estava descalça, como sempre andava quando viajava pela Terra. Entrou na cabana, onde o fogo ardia ao centro, deu sete voltas ao redor da fogueira e então falou:

"Eu circulei sete vezes este círculo, em reverência e silêncio. O fogo é o símbolo do amor que arde eternamente no coração do Grande Espírito. O fogo aquece todos os seres da Terra. Vocês são um só.

Esta cabana, construída com muitas peles, é o seu corpo. Este fogo, que arde no centro da cabana, é o amor de vocês."

Ela tirou um graveto incandescente da fogueira e continuou:

"Este fogo é mais forte do que todos vocês. Vocês esqueceram coisas que são mais preciosas que a água. Esqueceram aquilo que os liga ao Grande Espírito. Eu vim como um raio dos céus para reacender a memória do que foi esquecido e fortificá-los para aquilo que virá."

Então pegou uma sacola de pele que trazia e disse:

"Nesta sacola encontra-se um cachimbo que irá ajudá-los a lembrar os ensinamentos que trago. Vocês devem tratá-lo com respeito e reverência. Ele deve sempre ser levado em sacolas feitas com finas peles e bordadas pelas mãos mais sábias e reverentes. Neste cachimbo deverá ser queimado um tabaco sagrado especialmente destinado para esta finalidade. Deve ser fumado com sentimentos de gratidão ao Grande Espírito, que lhes deu o sopro da vida. O fumo deve ser usado para representar seus pensamentos, suas orações e desejos ao Grande Espírito."

Retirou o cachimbo da sacola e disse:

"Este cachimbo e cada tragada dada através dele os ajudarão a lembrar que cada sopro seu é divino. O fornilho dele é de pedra vermelha e está em forma de círculo. Isso simboliza a Roda Sagrada, o Círculo da Vida, a capacidade de dar e receber, a inalação e a exalação, por meio dos quais todas as coisas passam a viver pela força do Grande Espírito. A pedra representa o búfalo, mas também a carne e o osso do homem vermelho. O búfalo representa o universo e as quatro direções, pois ele se estende sobre quatro patas, para as quatro gerações do homem."

Colocou o tabaco no cachimbo e revelou:

"Este tabaco representa o reino das plantas, o musgo das pedras, as flores, as ervas, as folhas da relva que cobre a colina para que a Mãe Terra não repouse nua ao Sol. Vocês estão neste mundo para cuidar da Terra, suas vidas são acesas pelo fogo da vida do Grande Espírito."

Acendendo um graveto no fogo, ela continuou:

"Assim como acendo este graveto, assim todo ser humano é uma chama do amor do fogo eterno do Grande Espírito.

No dia em que vocês viverem em harmonia com o Grande Espírito, sentirão amor em viver e entenderão a razão da vida e acenderão o fogo do amor no coração de todos os que encontrarem. Conhecerão o amor que está neste mundo e compreenderão que o Grande Espírito deu uma chama de vida a todos vocês, não para

O *Significado de Cada Deusa* | 223

a guardarem somente para si, mas para doar o seu amor e com o fogo desse amor trazer a consciência para a Terra."

Ao acender o cachimbo, pronunciou as seguintes palavras:

"Este tabaco que aqui queima representa as plantas, e o búfalo entalhado no fornilho representa os quadrúpedes que compartilham este mundo com vocês. As doze penas penduradas no tubo do cachimbo representam os pássaros com os quais vocês compartilham o céu."

Ela passou o cachimbo ao chefe do conselho e disse:

"O Grande Espírito sorri para nós, pois agora somos um. Terra, céus, todas as coisas viventes, os bípedes, os quadrúpedes, os seres alados, as árvores, a vegetação. Com as pessoas eles estão ligados, são uma família. O cachimbo os engloba. Agradeça ao grande Espírito e passe o cachimbo às outras pessoas presentes neste círculo. Que os seus pensamentos se elevem ao Grande Espírito que agora mexe com suas memórias, abrindo seus olhos. Cada Sol, nascendo vermelho no céu do Leste, como o fornilho desse cachimbo, representa o nascimento de um novo dia, de um dia sagrado. Lembrem-se de tratar com respeito cada criatura como um ser sagrado, tanto as pessoas que vivem além das montanhas, como os pássaros, os peixes ou outros animais, todos eles são seus irmãos e irmãs. Todos são partes vitais e sagradas do corpo do Grande Espírito. Tudo é sagrado."

O cachimbo foi passado de mão em mão e, ao retornar para a mão dela, ela disse:

"Levem sempre o cachimbo com vocês para todos os lugares aonde forem. Ele deve ser tratado como um objeto sagrado. Honrem todas as coisas e vivam sua vida em harmonia com o Caminho do Equilíbrio de que fala cada árvore, flor e cada novo dia. Haverá muitas estações nas quais seus corações se sentirão limpos, puros como uma nascente das montanhas, e vocês irão ter acesso à paz e à alegria do Grande Espírito. Mas se perceberem que estão se afastando da trilha do caminho sagrado e seus corações começarem a pesar, não percam tempo em arrependimento. Parem suas atividades, procurem uma pedra, acendam o cachimbo e deixem que ele lhes lembre do verdadeiro caminho, o caminho da vida.

Depois de terem fumado o cachimbo em honra ao Grande Espírito e à Mãe Terra e a todos os seres e agradecido às quatro direções, aspirem uma vez mais pedindo orientação ao mundo dos espíritos. Peçam que clareiem suas mentes e visões, façam a escolha mais sábia e reconheçam os passos corretos a serem dados. Digam que desejam ajudá-los, assim como ao Grande Espírito, em seu trabalho. Saibam que ao ajudarem o Grande Espírito, vocês estarão se ajudando. Ninguém é feliz ou saudável, se não está servindo aos propósitos pelos quais foi criado."

Uma vez mais o cachimbo passou de mão em mão, durante longo tempo, e ela continuou:

"Por muitos anos, vocês viverão à sombra da Árvore da Compreensão, que está sendo plantada hoje em suas consciências. Nas gerações seguintes, seu povo estará novamente unido no Círculo da Vida. Talvez essa árvore seja derrubada depois de algumas gerações e irá parecer que morreu. A Roda Sagrada será esquecida, mas alguns ainda manterão a verdade em seus corações, mesmo sendo fraca, pois até neles ela parecerá uma brasa pequena e imperceptível. Mas ela estará lá e em silêncio continuará, mesmo com suas terras sendo invadidas, vendidas e roubadas. Essa brasa ainda manterá sua luz acesa e saibam que um grande fogo pode surgir de uma única brasa. Quando a tempestade passar, essa brasa acenderá um alvorecer mais forte do que qualquer outra alvorada jamais vista. Uma nova árvore irá crescer, mais gloriosa do que essa que deixo agora com vocês. Eu então voltarei e viverei com vocês e debaixo dessa árvore estaremos todos reunidos, as tribos vermelhas, brancas, negras e amarelas que virão de todas as direções.

Em harmonia, todas as raças viverão e aquilo que foi quebrado será reconstruído, a comida será farta e os espíritos de todas as criaturas irão se alegrar. O Grande Espírito irá atuar dentro dessas raças, vivendo, respirando, criando e recriando por intermédio dos povos da Terra, e a paz enfim chegará para todas as nações."

A Mulher Búfalo Branco disse então às mulheres:

"O dia em que o homem morre é sempre um dia sagrado. O dia em que a alma é liberada para o Grande Espírito também. Vocês se tornarão sagradas para este dia e serão as únicas que poderão cortar a árvore sagrada para a Dança do Sol.

Tudo o que revelei surgirá por meio de seu trabalho, mãos e corpo. O cachimbo mantém homens e mulheres juntos, no Círculo do Amor, amor que só as mulheres são capazes de nutrir para que permaneça vivo. O ventre guarda os mistérios da vida. Todas vocês vieram da Mãe Terra e o que vocês fazem é mais sagrado e importante do que aquilo que os guerreiros fazem. As crianças geradas no ventre são a futura geração, e elas são o que há de mais precioso. Gerá-las e nutri-las é gerar e nutrir a esperança."

Ela se despediu, dizendo que um dia voltaria, e caminhou em direção ao Sol. Ao ir, ela parou e girou quatro vezes. Na primeira vez, ela se transformou num búfalo preto, na segunda, num marrom, na terceira, num vermelho e, finalmente, na quarta, num búfalo branco que desapareceu no horizonte para um dia voltar outra vez.

A Mulher Búfalo Branco é a personificação da força e da gentileza presentes em cada mulher, pois para os nativos norte-americanos o búfalo tem o espírito e o conhecimento da Terra, assim como a mulher.

A Deusa Mulher Búfalo Branco traz o símbolo da frutificação através da Mãe Terra. Seu cachimbo simboliza a Criança, capaz de trazer a renovação de um povo que possa andar com orgulho e viver em harmonia com a Terra.

A Mulher Búfalo Branco nos lembra de que quando a dependência e a ligação entre a Terra e os seres vivos são quebradas, prejuízo e disrupção ocorrem para todos. Ela nos ensina que é necessário avaliar o impacto de nossas palavras e ações. A Deusa trouxe uma mensagem de unidade entre as raças, o fim das guerras e o crescimento espiritual mediante essas atitudes. Sua mensagem ainda ecoa através dos tempos.

A razão pela qual a Mulher Búfalo Branco apareceu aos Sioux como uma mulher na visão é porque o povo tem uma profecia. Eles acreditam que um filhote de búfalo branco irá aparecer no futuro e assumirá as cores da Roda da Medicina, branco, preto, vermelho e amarelo. Muitos acreditam que esse milagre já aconteceu, pois um filhote de búfalo albino, chamado Milagre, nasceu em Janesville, em Wisconsin, em 20 de agosto de 1994. Esse filhote de búfalo é considerado um presente para todos os indígenas e pessoas do mundo, capaz de unir todas as crenças no ideal de harmonia e de amor universal. Se o filhote albino é ou não o búfalo branco prometido talvez nunca saibamos, o que podemos afirmar seguramente é que todos aqueles que buscarem viver por meio de separatismo, medo, divisão, conflitos, discórdia estão vivendo longe do reino da Mulher Búfalo Branco. Mas para aqueles que vivem em unidade, harmonia, cooperação, divisão, irmandade, respeitabilidade, um novo tempo já chegou e seguramente as bênçãos da Mulher Búfalo Branco estarão presentes em sua vida.

> SIGNIFICADO DIVINATÓRIO: ligação com a Terra e com o espiritual, cura, cultura, família, humildade, gentileza, sentimentos, preocupações, honestidade, regeneração, revelação, felicidade, poder feminino, harmonia com a natureza, frutificação, renovação, paz universal, amor universal, unidade, cooperação, irmandade, respeitabilidade.

MULHER QUE MUDA

Quando a Deusa ancestral Atse Estsa descobriu Estsanatlehi sobre o solo, debaixo da montanha, decidiu educá-la para ser a salvadora da Terra. Quando ela cresceu, Estsanatlehi encontrou um jovem homem. Todos os dias eles iam para a floresta fazer amor. Um dia, os pais de Estsanatlehi, ao procurá-la, encontraram apenas um curso de pegadas. Então descobriram que sua filha tinha o próprio Sol como amante.

Felizes com a honra que sua família tivera, eles ficaram mais contentes ainda quando Estsanatlehi deu à luz gêmeos, que cresceram miraculosamente e tinham como missão livrar o mundo dos monstros, de acordo com as profecias. Oito dias após seu nascimento, eles já eram homens, prontos para encontrar seu pai. Mas ao chegarem à casa de seu pai, encontraram outra mulher lá. Decepcionados com a intrusão, eles trataram os meninos com raiva.

Sem desistir, os gêmeos permaneceram no reino paterno e, utilizando um dos instrumentos mágicos de seu pai, eles exterminaram vários monstros, já que essa era uma de suas missões. Depois de dançarem com sua mãe em celebração à vitória, os gêmeos construíram para Estsanatlehi uma magnífica casa construída com pedras de turquesa no fim do céu, onde o Sol poderia visitá-la novamente.

Mas a guerra dos gêmeos com os monstros diminuiu a quantidade de habitantes na Terra. Então, Estsanatlehi limpou a poeira dos seios, e do pó branco que caiu do seio direito e da farinha amarela do esquerdo ela fez uma pasta e moldou o homem e a mulher. Colocando-os sob uma manta mágica Estsanatlehi os deixou. Na manhã seguinte, o casal criado pela Deusa estava vivo e respirando, e Estsanatlehi abençoou sua criação. Nos quatro dias seguintes, o casal reproduziu constantemente, formando os quatro grandes clãs dos Navajos. Mas Estsanatlehi não tinha terminado sua função. Ela deu mais quatro grupos de pessoas com o pó dos mamilos dos seios, e as mulheres desses clãs passaram a ser famosas por seus mamilos.

Sentindo que sua criação estava completa, Estsanatlehi se retirou para seu palácio de turquesa, de onde continua abençoando seu povo com estações, plantas, comida e os brotos da primavera. Somente quatro monstros sobreviveram da guerra de seus filhos contra o mal: a idade, o inverno, a miséria e a fome, que ela permitiu que sobrevivessem para que seu povo pudesse apreciar mais ainda suas dádivas.

Estsanatlehi, mais conhecida como Mulher que Muda e chamada algumas vezes de Mulher Turquesa, é uma Deusa dos céus, esposa do Sol. Os povos Navajos acreditavam que ela vivia num palácio de turquesa no Oeste, no qual toda noite recebia o seu brilhante esposo. Ela é considerada a irmã de Yolkai Estsan, a esposa do Deus da Lua.

Talvez ela seja a Deusa mais reverenciada entre os nativos norte-americanos. Eles acreditavam que a Mulher que Muda era capaz de se transformar de criança em mulher, de mulher em anciã e de anciã em jovem novamente. O nome Estsanatlehi significa "Aquela que se autorrenova".

Ela representa o ciclo universal da vida e detém o poder total da criação e também está identificada com a Lua. É a Senhora da Benevolência, pois é quem dá a seu povo a abundância e quem provê as lições necessárias para que os humanos vivam em harmonia com todas as coisas. É a personificação da Terra e a ordem natural de todas as coisas.

No Xamanismo, ela é a principal divindade do Caminho da Bênção. Na iniciação das mulheres Navajos, a iniciada compreende o poder da Mulher que Muda, conhecendo as dádivas da hospitalidade e da generosidade, entendendo que ela é a fonte da alimentação e da harmonia.

É uma Deusa capaz de nos ensinar os mistérios da natureza e os ciclos de vida e morte. A Terra e sua doação de vida, o sustento da vida e suas qualidades de produção estão associados a essa Deusa. Ela está ligada à Criação e à proteção, à fertilidade e à reprodução, pois foi ela quem criou a raça humana e logo em seguida deu tudo aquilo que era necessário para seu próprio sustento. É então a Primeira.

Os Navajos acreditavam que por intermédio de rituais seria possível pedir à Mulher que Muda bênçãos que os protegessem dos malefícios e perigos.

Alguns símbolos que estavam associados a ela:

- a pena do beija-flor: proteção dos Espíritos
- fitas brancas e borboletas: o puro espírito e o renascimento
- cristais: contêm a alma
- pássaros em geral: simbolizam a jornada celestial
- garra de urso: trazia poderes sobrenaturais e força
- penas em geral: simbolizam a verdade
- espiral: o vórtice de poder, continuidade e movimento dos céus, o centro, a casa, simboliza a manifestação da energia na natureza
- datura: era a planta sagrada associada a ela
- serpente: símbolo do renascimento
- estrelas: morada das almas
- abeto: a árvore associada à vida

Sendo a própria Terra, quando a vegetação aparecia na primavera, a Mulher que Muda era considerada uma mulher jovem; já no outono, ela aparecia como uma mulher anciã em seu declínio. No verão, quando ela se tornava jovem novamente, era chamada de Mulher Concha Branca. Então, ao morrer no inverno, é chamada de A Mulher que Muda a Longa Vida, para renascer novamente jovem na primavera.

Os Navajos se consideravam os filhos da Mulher que Muda e asseguravam sua colheita na Deusa. Segundo os mitos, ela tinha prometido ao seu povo provê-los com grãos de todas as cores e sementes para plantio.

SIGNIFICADO DIVINATÓRIO: fartura, prosperidade, criação, benevolência, abundância, harmonia, hospitalidade, fartura, generosidade, sustento, produção, proteção, fertilidade, reprodução.

NEITH

Neith é uma antiga Deusa do Egito. Desde cedo, na história egípcia, foi muito honrada e cultuada. Ela assumiu o título de Divindade regional de Sais, seu principal local de culto, durante o período de 20 AEC, quando os reis de Sais expulsaram os invasores assírios e reuniram o Egito. Seu nome significa "Aquela que é" ou a "Terrível" e sua representação era de uma mulher com uma coroa vermelha, segurando um ou dois cetros ou um arco e duas flechas.

Ela é muito mais complexa do que pode parecer e os textos antigos dão informação apenas de parte de sua natureza. Considerada a personificação da guerra, posteriormente era também tida como uma Deusa da tecelagem. Ocasionalmente, é mostrada amamentando um crocodilo que representa seu filho, Sobek. Ela se autogerou, e por isso os egípcios acreditavam que simbolizava a essência masculina e feminina. Nesse caso, ela não era vista como a "Mãe Original", mas como uma Divindade andrógina que criou o mundo de sua autogeração. Também pode ser vista como o primeiro ato de criação do vazio, que tomou a inerte potência de Nun e fez a criação começar.

Como contraparte feminina de Nun, Neith é o ativo elemento que causa a criação, utilizando poderes como o ar e a luz, penetrando na inerte e vazia qualidade de Nun de uma forma andrógina para fazer a vida e a matéria primordial. O ato de criação de Neith transforma a potência de Nun por meio da luz e do ar, causando as qualidades de desenvolvimento que fazem as coisas existirem.

Ela flutua sobre as águas de Nun, representando sua função como criadora, o primeiro monte primordial. Por estar associada ao início de tudo, seus sacerdotes eram especialistas obstetras e ajudavam nos nascimentos. Diziam que Neith teria dado nascimento a Rá, enquanto ela estava nas águas de Nun. Neith foi a protetora de Duamutef, o guardião do estômago e que protegia os cadáveres.

Aparece segurando nas mãos o cetro Was, que representa o governo e o poder, e o *Ankh*, o símbolo da vida. Criar matéria para existir e viver é uma das naturezas primárias de Neith no processo da Criação. Ela é sempre descrita nos textos egípcios como a "Anciã" e eventualmente como a "Primeira Divindade". Era famosa, sobretudo no período pré-dinástico, como a criadora do mundo.

Alguns de seus epítetos são "Vaca Celeste", quando assume o papel similar de Nut, e Deusa do Grande Dilúvio, que dá vida ao Sol diariamente. Nessa forma, associada ao tempo primário e à recriação diária, abria os caminhos para o Sol. Muitas referências feitas ao renascimento do Sol nos vários pontos do céu durante as mudanças sazonais demonstram os diferentes aspectos de Neith, que reina em forma de Deusa celeste.

Durante a disputa entre Seth e Hórus pelo trono do Egito, os Deuses não sabiam como resolver essa questão. Então enviaram uma carta para Neith pedindo por sua ajuda. Ela sugeriu que Hórus fosse feito rei e que Seth recebesse duas Deusas semíticas como consolação. Todos os Deuses concordaram com sua sábia solução.

O templo de Neith, chamado de Sapi-meht, encontrava-se em Sais, no Baixo Egito, e era muito grande. No Alto Egito, ela era representada por uma Deusa com cabeça de leoa. Nessa parte do Egito, ela tinha como marido o Deus Khnemu, um Deus com cabeça de carneiro, considerado o criador da primeira catarata, e seu filho era Tutu.

Um dos seus epítetos era "Aquela que abre os caminhos", indicando que talvez fosse uma Deusa protetora do Faraó, aquela que marchava à frente do monarca e seu exército. Alguns pesquisadores afirmam que nesse aspecto estava associada ao Submundo e era uma espécie de Anúbis feminina. Era considerada a protetora da vida e da morte. Suas flechas cruzadas podem ser vistas como a representação padrão da contraparte feminina do Ká, a alma. Por isso, Neith é vista como a fase formativa no desenvolvimento do ser humano antes de seu nascimento. Junto a Nephtys, Ísis e Selket, Neith é uma das Deusas tutelares da morte e exerce função no renascimento da alma.

Neith é representada na maioria das vezes em sua forma mais cruel, atirando flechas contra os espíritos negativos que podem atacar o morto, na tumba ou na passagem ao Outromundo. Como protetora da casa real, ela é representada pelo furioso Sol ardente.

Também era uma Deusa da caça, e seu culto data dos períodos pré-dinásticos, recebendo por isso o título de "Mãe dos Deuses" e "Grande Deusa". Era considerada a guardiã de homens e Deuses.

Neith era também a protetora da morte. Assim, era frequentemente vista em pé à frente de Nephtys, à cabeça do caixão. É também representada prestando assistência a Ísis e Selket a guardar os jarros canópicos.

Foi muito confundida com Hathor e assumiu inúmeros de seus atributos como protetora da mulher. É uma das mais antigas divindades associadas à cultura egípcia. No início da história egípcia, a principal representação iconográfica dessa Deusa parece limitá-la ao cargo de uma divindade da guerra e da caça, no entanto, não há nenhuma referência mitológica que indique a função de caçadora a uma divindade. Por isso, acredita-se que Neith era uma Deusa chamada Tehenut, trazida da Líbia, a oeste e sudoeste do Egito, onde havia Deuses associados à caça.

Neith pode ser vista como um exemplo de toda a visão de um sistema teológico e cosmogonal personificado em uma só divindade. Como uma das mais antigas divindades do Egito, engloba os poderes criativos do primeiro tempo, o período da criação que foi o início da ética e da vida religiosa egípcias.

SIGNIFICADO DIVINATÓRIO: guerra, criação, nascimento, gestação, energia vital, paz, resolução de problemas, soluções, vitória, proteção, morte, reencarnação, afastar maus espíritos, proteção do lar, caça, proteção feminina.

NORNES

As Nornes são as três Deusas vikings do Destino, filhas do gigante Norvi. Seu culto esteve presente na Escandinávia e espalhou-se por inúmeras regiões da Europa. Elas eram vistas como três irmãs que viviam sob a Árvore do Mundo, a Yggdrasil, na esfera de Asgard. Chamavam-se Urd (Destino), Verdaniki (Necessidade) e Skuld (Existência) e governavam o presente, o passado e o futuro. Eram elas que todos os dias ungiam as raízes da Yggdrasil com um unguento feito com terra e água para mantê-la em boas condições e impedir sua putrefação, auxiliando-a a permanecer viva e não cair. Esse simbolismo representa o grande poder das Nornes, capaz de proteger, manter e sustentar a ordem cósmica.

Elas eram muito importantes para a cultura nórdica e podem ser vistas como as Parcas Germânicas.

Urd era a mais velha e considerada a guardiã de um poço sem fundo. Sua fonte representa o potencial ainda não manifestado e tudo aquilo que se eleva e retorna a ela. Seu nome vem da palavra anglo-saxã *Wyrd*, que quer dizer "primordial" ou "antigo" e que posteriormente deu origem à palavra inglesa *weird*, que significa "estranho". Skuld aparece velada e representa aquilo que pode ser descoberto ou feito, e Verdaniki é jovem e representa o que deve cair ou retornar ao não manifestado poço de Urd.

Acreditava-se que existiam mais de três Nornes e que elas estavam presentes durante o nascimento de uma pessoa para determinar o seu destino e que eram as responsáveis pelo desígnio dos acontecimentos na vida de alguém. Eram elas que mediam a vida dos homens e cortavam o fio da vida ao final de sua existência. Os vikings acreditavam que elas eram capazes de interferir na vida dos seres humanos, sendo participantes ativas na ocorrência dos fatos. Podiam alterar o destino para o bem ou o mal e por isso são vistas como os poderes universais. O controle do destino pelas Nornes não se resumia à vida dos humanos. Elas também alteravam e controlavam os fatos na vida dos próprios Deuses, transformando assim as leis do Cosmo.

Os nórdicos acreditavam que elas eram auxiliadas por um grupo de mulheres que apareciam nos sonhos dos seres humanos para orientar, aconselhar e dar avisos importantes, trazidos do mundo dos Deuses ou diretamente das próprias Nornes. Outra função desses espíritos era encontrar mulheres grávidas para que as almas pudessem encarnar na Terra.

> SIGNIFICADO DIVINATÓRIO: ordem cósmica, destino, karma, orientação, conselhos, avisos, fertilidade, proteção, banimento.

NU KUA

Nu Kua é uma Deusa chinesa responsável pela criação dos seres humanos e pelo estabelecimento da ordem no mundo. Ela recebeu diferentes nomes, como Nu Kwa, Neu Kwa, Nu Wa, Nu Hsi, Nu Gua e Nu Hua Shi. Era considerada a Rainha de todos os Nagas, que são todas as espécies de serpentes.

Muitas vezes é representada por uma sábia anciã, viajando pelos céus através de um dragão, e em outras é vista como uma mulher meio humana e meio dragão ou meio serpente. Ela restaurou a Terra e a ordem cósmica.

Suas lendas nos contam que, no início, Pan Ku estivera dormindo, apesar de ter de retirar alguma forma de alimento das nuvens que o rodeavam; enquanto ele dormia também crescia. Um dia ele acordou, mas tudo o que viu foram sombras e desordem. Diante disso, esmagou as trevas em diversos pedaços.

No mesmo instante, as nuvens ficaram claras. Os pedaços Yang (luminosos e quentes) das trevas voaram para cima e tornaram-se os céus. Os pedaços Yin (duros, escuros e frios) caíram para formar a Terra. Pan Ku se colocou de pé entre esses dois mundos. Os pés se fixaram na Terra e a cabeça suportou os céus. Pan Ku continuou a crescer. Para lhe fazer companhia, decidiu criar um dragão, uma fênix e uma tartaruga, que a partir de então se tornou o mais sagrado dos animais. Quando estava finalmente satisfeito, colocou um pilar em cada canto do mundo. Depois disso foi descansar, dormindo para nunca mais acordar.

238 | *Oráculo da Grande Mãe*

Mesmo em seu descanso eterno, Pan Ku continuou a servir o mundo. Seu sopro tornou-se as nuvens. Seu ronco, os trovões. Seus olhos tornaram-se a Lua e o Sol e seu sangue, todas as águas do mundo. A pele de Pan Ku são as plantas e árvores; seus ossos e dentes são os metais e pedras.

O mundo de Pan Ku era uma criação tão maravilhosa que passou a receber visitas de inúmeros Deuses. Uma das visitantes foi Nu Kua, que ficou maravilhada com a Terra. Viajou com o seu dragão de um lado para o outro, mas ela achou que, apesar da grande obra de Pan Ku, faltava alguma coisa. A Deusa pegou então um pedaço de barro amarelo e formou um ser humano. Nu Kua o colocou sobre o solo e soprou sobre ele, dando vida assim ao "boneco", até aquele momento inerte. Ela gostou tanto da ideia que começou a fazer várias figuras semelhantes, até que a Terra estivesse cheia, e instruiu-os sobre todas as coisas.

Ela ensinou como eles deveriam proceder para perpetuar a raça humana. Feito isso, retornou para seu palácio no céu onde a Deusa vivia com seu irmão, o Deus Dragão Fu Hsi.

Maravilhado com as criaturas que sua irmã tinha criado, Fu Hsi decidiu conferir sua própria magia aos humanos. Viajou para a Terra e ensinou aos homens como fazer redes de pesca para que assim pudessem aprender a se alimentar pelos mares. Para prover entretenimento, criou um instrumento de cordas para que os humanos pudessem produzir sons semelhantes aos que eram produzidos nos céus. E, para que os humanos não passassem frio, ensinou-os a fazer fogo, friccionando madeira com madeira, além de instruí-los sobre como sobreviver e prosperar. Por último, transmitiu um alfabeto para que eles pudessem se comunicar.

Por um longo tempo, as pessoas da Terra viveram felizes, mas então se instalou uma guerra entre dois poderes cósmicos, o espírito do Fogo e o espírito da Água, que quase destruiu a Terra.

O *Significado de Cada Deusa* | 239

Quando o conflito tomou altas proporções, Nu Kua decidiu vir à Terra para ver a devastação. O mundo estava em ruínas.

Imediatamente Nu Kua decidiu colocar o mundo em ordem. Usando seus poderes celestiais, apagou o fogo das florestas e empilhou as cinzas das plantas e canas queimadas para represar os rios que tinham transbordado. Enviou os animais novamente para suas tocas e gentilmente acalmou os seres humanos. Depois, ela fez o mais difícil de tudo, arrumar o céu queimado.

Nu Kua recolheu as pedras, escolhendo somente as vermelhas, amarelas, azuis, brancas e pretas, que naquele momento se tornaram as cores primárias. Algumas dessas pedras ela colocou num pilão gigante e transformou num fino pó. Ela misturou o pó, transformando-o numa massa, que usou para emendar as fendas feitas nos céus. Pegando outras pedras, colocou-as em um vasto caldeirão, derretendo-as e transformando-as num metal que brilhava como o jade, mas era duro como o ferro, e gentilmente remendou os buracos dos céus. Nu Kua cortou os dedos de uma tartaruga gigante e com eles marcou os quatro pontos cardeais. E com sua magia decretou que o mundo e suas criaturas iriam estar a salvo até o final dos tempos.

Finalmente, Nu Kua varreu a poeira de nuvens e escombros, e o mundo foi materializado uma vez mais do caos.

Os chineses acreditavam que logo após Nu Kua ter colocado ordem no mundo, ela também se preocupou com o caos das relações de suas criaturas e estabeleceu os ritos de casamento, para que assim as crianças pudessem crescer bem. A Deusa traz os poderes da ordem cósmica e está relacionada às águas, à terra e aos céus. Criou os seres humanos com barro amarelo e com sua arte restaurou a vida. Por isso, ela traz a harmonia e as inúmeras possibilidades. Era invocada pelos chineses para promover o intercâmbio entre céus e terra. Com seu dragão, podia viajar entre

240 | *Oráculo da Grande Mãe*

os mundos e, com isso, levar as mensagens dos homens ao mundo divino. É aquela que promove a união entre os opostos, mas quem também cria o sentido de responsabilidade, instruindo os homens e dizendo como procederem para perpetuarem sua raça.

Quando Nu Kua percebeu que era preciso intervir, veio à Terra e colocou em ordem o mundo que tinha entrado no caos. Isso nos ensina que não há problema que não possa ser resolvido, que tudo pode ser solucionado por meio das mãos experientes e pacientes de Nu Kua, transformando problemas em harmonia. Nu Kua também criou barragens com as cinzas das árvores caídas e destruídas, ensinando-nos que, mesmo quando algo é destruído, podemos transformar a situação com criatividade, assim como lindas florestas surgiram das árvores antes destruídas. Ela nos mostra como criar saídas alternativas e fazer tudo brilhar quando as sombras parecem vencer.

SIGNIFICADO DIVINATÓRIO: ordem, casamento, harmonia, águas, possibilidades, ligação com os Deuses, pedidos, união entre os opostos, responsabilidade, resoluções.

NUT

Nut é a Deusa egípcia considerada a Deusa Mãe dos Céus, representada por uma mulher nua estendida sobre a Terra, com os dedos das mãos e dos pés tocando a Terra, enquanto seu corpo forma um arco de estrelas. Seu nome significa "Céu". Era considerada filha de Shu e Tefnut. Primariamente, era considerada Deusa do céu matinal, e depois passou a representar o céu de uma forma geral.

Em sua origem, Nut é uma Deusa que teve muitos filhos. O hieróglifo para seu nome é um pote de água que representa o próprio útero.

Como Mãe da Noite, as estrelas cobrem seu ventre e ela se estende sobre a Terra, protegendo tudo o que existe. Suas pernas e braços representam os quatro pilares nos quais o mundo repousa.

Exerce um papel proeminente no Submundo do Antigo Egito e foi pintada em sarcófagos. Seus braços esticam-se para baixo para proteger o morto e receber os espíritos que queriam se unir às estrelas. Como Deusa da Noite, também representa o inconsciente.

Nut é representada como a Grande Vaca, a Senhora que criou tudo o que existe, a vaca cujo ubre revelou a Via Láctea.

Ela é a mãe de todas as divindades e talvez o nome Neith seja uma corruptela de seu nome. Com seu marido e irmão Geb, o Deus Terra, deu à luz Ísis, Osíris, Nephtys, Seth e Hórus, o Velho. Os antigos obeliscos egípcios são representações do falo de Geb, que se eleva do solo para unir-se com Nut.

Durante o dia, Nut e Geb ficam separados, mas a cada noite ela desce para encontrar Geb, causando as sombras. Os egípcios acreditavam que quando tempestades surgiam durante o dia, Nut estava se aproximando da Terra.

Acreditava-se que ela dava à luz o sol no leste e o engolia no oeste, e os faraós eram considerados seus filhos e consortes. Algumas de suas representações mostram a Deusa carregando um vaso de água sobre a cabeça, e por isso ela passou a ser considerada a Deusa da Chuva.

Exerce um papel muito importante no mito da criação. Quando Atum reinava sobre o vazio, da união do nada com o nada Atum gerou duas crianças, Shu e Tefnut. Shu e Tefnut geraram dois filhos, Terra e Céu, que receberam o nome de Nut e Geb. Eles se amaram intensamente e, em virtude desse amor, o corpo de Nut, a Mãe dos Céus, abrigava milhares de estrelas. Nut deu a Geb milhares de filhos. Um deles chamava-se Rá, o próprio Sol, e o outro, Thoth, a Lua. Essas duas crianças saíram de Nut e passaram a girar em torno dela sem parar, determinando os ciclos, as estações e o próprio tempo.

Logo, Nut ficou grávida novamente, e Rá, sentindo ciúme da mãe, planejou um meio de separar Nut de Geb. Ele ordenou que seu avô Shu erguesse a mãe e a fizesse se afastar cada vez mais de Geb, incapacitando-a de tocá-lo, a não ser nas bordas do horizonte, onde seus dedos das mãos e dos pés se encontravam com a Terra. Rá amaldiçoou Nut e decretou que nenhuma criança nasceria em nenhum dia do ano. O ventre de Nut crescia cada vez mais, tornando-se mais redondo a cada dia. Rá se afastou e sozinho gerou a humanidade; o tempo passou e seus irmãos ficaram presos no ventre de Nut durante muito tempo. Dentro de Nut eram gerados Ísis, Nephtys, Osíris, Seth e Hórus, duplamente nascido, uma vez na Terra e outra nos céus. Muitas eras se passaram e as crianças cresceram e, ainda no ventre de Nut, Ísis casou-se com Osíris e Nephtys com Seth.

Os anos e séculos se passavam, mas os filhos de Nut não nasciam. Thoth decidiu então ajudar sua mãe. Para isso, jogou infindáveis partidas de inúmeros jogos com seu irmão Rá, deixando-o ganhar a maioria das partidas. Thoth era muito astuto e durante as jogadas ganhou do irmão vários pedaços de sua luz. Quando tinha o suficiente para gerar cinco dias, fez um trato com Rá, dizendo que esses dias lhe seriam devolvidos se ele permitisse que Nut desse à luz. Ele relutou, mas por fim concordou, e assim os filhos da Senhora do Céu nasceram.

Nut é mãe que protege e cujo corpo é o Universo. Sua união com Geb nos protege, nutre e assegura a própria vida.

Era considerada a barreira que separava as forças do caos e do cosmo ordenado. Segundo as lendas, o Deus Rá entrava pela boca da Deusa quando anoitecia e viajava pelo corpo dela durante a noite, renascendo a cada dia. Ela, da mesma forma, engolia as estrelas, que também renasciam posteriormente. No culto aos mortos, ela estava associada à ressurreição da alma. É frequentemente retratada na parte de dentro da tampa do sarcófago. Dizia-se que o Faraó adentrava o corpo da Deusa depois de sua morte, e do qual poderia ressuscitar posteriormente.

Há duas partes nas lendas de Nut. Uma na qual ela é separada violentamente de seu marido Geb por Shu e outra quando Rá deseja abandonar a humanidade, e Nut deixa Geb e se transforma em uma vaca. Por isso, muitas vezes é associada a Hathor, pois ela pode ser vista como uma vaca e Hathor é vista como a Deusa Vaca.

SIGNIFICADO DIVINATÓRIO: abundância, fertilidade, criação, geração, maternidade, proteção, nutrição.

PAX

Pax (Paz) é a personificação romana da Paz, conhecida entre os gregos como Irene. Ela foi muito cultuada durante o reinado de Augusto e teve um pequeno santuário, o Ara Pacis, no Campus Martius e um templo no Fórum Pacis. Festivais em sua honra eram celebrados durante o mês de janeiro.

Pax era constantemente representada com uma cornucópia em sua mão esquerda e um ramo de oliveira em sua mão direita. Porém, algumas vezes, aparece segurando um caduceu em vez do ramo de oliveira.

Considerada filha de Zeus e Themis e uma das 3 Horas, as divindades que personificavam o ano e as estações, seu culto em Atenas se firmou a partir de 374 AEC, quando os atenienses estabeleceram a paz com os espartanos.

Hesíodo nomeia as 3 Horas como:

- Eunomia: que significa disciplina e ordem
- Dike: que significa justiça e retidão
- Irene ou Pax: que significa paz

Elas na realidade representam diferentes formas através das quais a sociedade e indivíduos podem viver em harmonia uns com os outros e com a ordem divina.

Sendo uma das Horas, Pax presidia não só a mudança das estações, mas também a manutenção da fertilidade e crescimento das plantas e flores. Exatamente por causa disso também estava relacionada com os processos de crescimento, mudança e desenvolvimento em todas as suas manifestações.

Sendo assim, percebemos que Pax zela pela estabilidade e crescimento da sociedade e indivíduos. Os gregos acreditavam que ela, assim como as outras Horas, permitia que as coisas crescessem e se desenvolvessem.

Seus principais centros de culto eram Atenas, Argos e Olímpia.

Aproveite o mês de janeiro para pedir paz ao mundo e para a sua vida durante este ano com ajuda da Deusa Pax, aquela que pode nos levar rumo ao equílibrio e harmonia interior e exterior.

SIGNIFICADO DIVINATÓRIO: paz, equilíbrio, verdade, harmonia, crescimento, desenvolvimento.

PACHAMAMA

Pachacamac, era o Deus dos Céus que uniu-se a Pachamama. Desta união, nasceram dois Deuses gêmeos, um menino e uma menina. Algum tempo depois, Pachacamac morre.

Pachamama fica viúva, só com seus filhos reinando na escuridão da solidão da noite. Um dia viram uma luz situada em um distante pico, seguiram viagem para ver o que era. No caminho, diversos monstros temíveis os espreitavam. Por último, chegaram a Waconpahuin uma caverna na colina do Reponge. Lá morava um homem semidespido chamado Wakon que fervia em uma panela de pedra algumas batatas. Ele pediu aos meninos que fossem a uma fonte buscar água. Assim eles fizeram, mas ao voltar perceberam que o cântaro que ele lhes dera estava rachado e por isso os meninos demoraram a retornar à caverna. Todas as vezes que estavam no meio do caminho, tinha que retornar à fonte para completar o cântaro com a água.

Enquanto os filhos do Pachamama estavam ausentes, Wakon tentou seduzir Pachamama e, como não conseguiu, a matou e devorou parte de seu corpo e guardou os restos em uma panela.

Finalmente os gêmeos retornaram, indagando por sua mãe. Wakon garantiu a eles que ela não demoraria a voltar. Mas os dias foram passando e ela não retornava.

A ave que anuncia a saída do sol, Huaychau, se compadeceu da dor dos meninos e contou sobre a morte de sua mãe e sobre o perigo que estavam correndo se continuassem com o Wakon. Ela os aconselhou a irem para a caverna de Yagamachay, onde Wakon dormia e amarrassem os cabelos dele em uma grande pedra e fugissem rapidamente. Assim eles fizeram.

Enquanto fugiam, encontram a raposa Añas, que ao descobrir o que se passava escondeu as crianças em sua toca. Nesse meio tempo, Wakon despertou e, depois de muito tentar, desamarrou os cabelos da pedra e partiu furioso em busca dos gêmeos.

Enquanto os procurava se deparou com um puma, um condor e uma serpente, mas nenhum deles lhe disseram onde os meninos estavam. Ao encontrar a raposa Añas, ela com astúcia o aconselhou a subir numa colina bem íngreme e começar a cantar imitando a voz de Pachamama, para chamar a atenção dos gêmeos.

Wakon saiu correndo, sem perceber que Añas o havia enredado em uma armadilha, e quando pisou na pedra caiu para sempre no abismo. Sua morte causou o terremoto mais violento que já se teve notícia.

Os gêmeos ficaram com Añas, mas cansados de se alimentar somente com o que ele provia foram ao campo colher batatas. Lá encontraram um ganso em forma de boneco e começaram a brincar com ele, o brinquedo se partiu em diversos pedaços. As crianças choraram muito porque haviam perdido o brinquedo e adormeceram.

Ao despertar, a menina contou o sonho que teve ao irmão e, enquanto se questionavam sobre o que o sonho significava, viram descer dos céus uma imensa corda. Eles subiram para ver onde a corda os levaria. A corda os levou para o Céu, onde encontraram seu pai Pachacamac, que se compadeceu de tudo o que havia ocorrido.

Como recompensa, o menino foi convertido no Sol e a menina, na Lua, e Pachamama ficou para sempre como a Deusa da Terra que concede abundância e fartura aos homens graças aos ciclos da natureza provocados por seus filhos, que finalmente haviam se reunido com o pai nos céus.

248 | Oráculo da Grande Mãe

Esta hierogamia nos revela um simbolismo muito peculiar e recorrente nos mitos ancestrais que relatam o casamento sagrado entre um Deus que rege a atmosfera e uma Deusa da Terra. Em geral, o Deus sempre morre ou é integrado de alguma forma pela Deusa.

O movimento dual se torna sacrificial e um morre para que renasça o seu oposto. Pachacamac, filho do Sol, é o oposto da escuridão noturna da Terra. É a história provocada por sua morte que acaba por prover os frutos que dão vida aos humanos e animais, filhos da Deusa. O drama vivido pelos filhos gêmeos encerra outro ensinamento muito importante: os humanos e todos os seres vivos devem cuidar da Mãe Terra para continuarem possuindo seu senso de identidade e não vagarem perdidos pela Terra.

Na mitologia Inca, Pachamama foi uma Deusa da fertilidade que presidia as plantações e colheitas. Quando enfurecida, podia causar terremotos. Seu consorte chamava-se Pacha Camac ou Inti.

Após a colonização e conquista dos territórios Incas pela Espanha Católica, sua imagem foi sincretizada com a Virgem Maria, com a qual ela é identificada em algumas partes do Chile, Bolívia e Peru até hoje.

O nome Pachamama é geralmente traduzido como "Mãe Terra", do Quechua *Mama* significando mãe e *Pacha* que significa terra.

Na cultura inca, Pachamama e Inti eram vistos como as Divindades mais benevolentes e ainda é comum ver pessoas cultuando esses Deuses em partes das cordilheiras andinas, como acontece em Tahuantinsuyu.

Pachamama é a Deusa mais popular da mitologia inca. Seu culto ainda sobrevive com força em quase todas as regiões andinas. Mesmo as pessoas que professam intensamente a fé católica, continuam venerando Pachamama, como era feito há séculos.

Muitas são as cerimônias em sua honra, incluindo rituais propiciatórios quando começa a colheita. Mas sua homenagem

O Significado de Cada Deusa | 249

principal se observa durante o mês de agosto, especialmente no primeiro dia desse mês.

Nesse ritual se cava um grande buraco no solo e nele são depositadas oferendas de bebidas, comidas, folhas de coca e outros alimentos sagrados à Pachamama. Este ritual recebe o nome "dar de beber e comer à Mãe Terra". O buraco então é fechado, e para completar a cerimônia os presentes dançam e cantam ao seu redor ao som da flauta peruana e outros instrumentos musicais incas.

Visto que Pachamama é considerada a "Boa Mãe", as pessoas realizam oferendas em sua honra antes de cada encontro ou festividade derramando um pouco de bebidas fermentadas sobre o solo antes de beber o resto. Este ato é chamado "chala" e é realizado quase que diariamente entre as famílias andinas.

Pachamama possui um dia especial de adoração todas as semanas, a terça-feira, que é chamada de "Terça-feira de Chala", em que as pessoas enterram comida, lançam doces, queimam incensos em sua homenagem. Em alguns casos, celebrantes ajudam sacerdotes tradicionais da cultura inca chamados "Yatiri" em ritos antigos para trazer boa sorte ou as bênçãos da Deusa.

Pachamama compreende a terra, o espaço, o tempo e o meio ambiente. Pachamama unifica o passado e o presente, contendo em seus seios os seres do passado e os do futuro, ao mesmo tempo que protege e cuida de todos os seres vivos. O Universo contém o selo vital da Pachamama, e nela se concentra todo o espaço e todos os seres de todos os tempos.

SIGNIFICADO DIVINATÓRIO: fartura, abundância, colheita, prosperidade, realização de desejos.

PELE

Pele é uma Deusa havaiana considerada uma Malihini, ou seja, Deusas que migraram para a ilha do Havaí depois que a colonização lá começou. Ela e seus irmãos foram incorporados à mitologia havaiana por volta do século XII. Ela é a Deusa do fogo e do vulcão Kilauea.

É chamada nos cânticos sagrados havaianos de Pele Honua Mea, "Aquela que muda a sagrada terra". Nos tempos atuais, seguramente é a Deusa havaiana mais famosa e visível.

Acredita-se que Pele resida nas crateras da ilha do vulcão Kilauea e faça as lavas flamejantes caírem do vulcão, provocando novas ilhas a seu redor. Crê-se que ela governa o vulcão com seus irmãos e irmãs. Seus irmãos são: Kamohoalii (Deus do Vapor), Kapohoikahiola (Deus da Explosão), Keuakepo (Deus do Fogo), Kane Kahili (Deus do Trovão) e Keoahi Kamakaua (Fogo que Impulsiona a Criança para a Guerra). Suas irmãs são: Makole Nawahi Waa (a Canoa de Olhos Ardentes), Hiiaka Wawahi Lani (Detentora da Nuvem que Rasga o Céu), Hiiaka Noho Lanei (Detentora da Nuvem que Reside no Céu), Hiiaka Kaalawa Maka (Detentora da Nuvem Visível Rapidamente), Hiiaka Hoi Ke Poli a Pele (Detentora da Nuvem que Abraça o Âmago de Pele), Hiiaka Kapuenaena (Detentora da Nuvem Próxima à Quente Montanha Vermelha), Hiiaka Kaleiia (Detentora da Nuvem que Forma uma Grinalda), Hiiaka Opio (Detentora das Nuvens que são Formadas). Todos os irmãos de Pele estão associados aos fenômenos das tempestades e atividades vulcânicas.

Sua lenda se inicia quando Haumea estava esperando seu bebê nascer e os Anciões de sua tribo disseram-lhe que seria uma "Criança Sagrada" e que ela nasceria quando a noite estremecesse, o céu se abrisse em luz e uma tempestade estrondeasse o vale. Essa noite chegou e Haumea foi para uma caverna e deu à luz uma linda garota chamada Pelehonuamea.

Pele era diferente de seus irmãos e irmãs. O tio dela, chamado Lonomakua, era o Guardião do Fogo e conhecia todos os segredos do fogo, mas não tinha ninguém para transmitir seus conhecimentos. Quando Pele tinha poucos dias de vida, ele viu o reflexo do fogo nos olhos da sobrinha.

Pele vivia em uma vila numa ilha frequentemente consumida por um vulcão que entrava em erupção. Os moradores da vila e a irmã de Pele, chamada Namaka, culpavam-na por isso. Banida da ilha, Pele e alguns de seus irmãos, que a amavam, foram embora e velejaram. O Deus tubarão Kamohoalii tomou conta da viagem de Pele através do mar. O tio de Pele, Lonomakua, presenteou-a com um bastão mágico para ajudá-la a encontrar fogo em sua nova casa, e sua mãe lhe deu um ovo mágico.

Por muitos meses, Pele seguiu uma estrela a noroeste e migrou nessa direção. Numa manhã, ela avistou um nevoeiro num pico e sabia que tinha encontrado sua nova casa. Deu o nome de Havaí à ilha.

Pele, carregando seu bastão mágico chamado Paoa, subiu até a montanha e colocou o bastão no solo. Chamou o lugar de Kilauea. Dentro da cratera do Kilauea havia um largo buraco, que ela chamou de Halemaumau; maumau era a vegetação ao redor do vulcão. Halemaumau seria sua nova casa.

Havia um Deus do Fogo chamado Ailaau que vivia em Kilauea. Ele e Pele queriam ter aquele lugar como moradia. Começaram então a disputar, jogando bolas de fogo um no outro e causando uma grande destruição. Ailaau fugiu e dizem que

252 | Oráculo da Grande Mãe

ainda vive numa caverna sob a terra. Sozinha Pele governaria a ilha do Havaí. O povo da ilha amava e respeitava Pele. O ovo de sua mãe chocou uma linda garota. Pele chamou sua nova irmã de Hiiaka Ikapoliopele.

Pele se apaixonou por um homem que viu em seus sonhos, ao enviar seu espírito para longe da ilha, viajando através dos mundos. Seu nome era Lohiau, um chefe de uma ilha vizinha. Quando o viu, instantaneamente se apaixonou por ele. A Deusa decidiu tomar a forma física de uma linda mulher e seduziu Lohiau. Juntos passaram três dias fazendo amor, até que Pele decidiu voltar. Prometendo buscá-lo, Pele foi embora, reaparecendo no Havaí. Depois enviou sua irmã, Hiiaka, para trazer Lohiau para junto de si. Hiiaka tinha 40 dias para trazê-lo ou Pele iria puni-la, ferindo Hopoe, seu namorado.

Quando chegou à ilha onde Lohiau morava, Hiiaka encontrou-o morto. Ela ungiu seu corpo com ervas sagradas e cantou em homenagem aos Deuses para que o trouxessem de volta à vida. Os Deuses ouviram os pedidos de Hiiaka, e ele foi para o Havaí com ela ao encontro de Pele.

Os 40 dias já haviam passado, e Pele achou que sua irmã e Lohiau tinham se apaixonado e não voltariam. Em sua fúria, Pele causou uma erupção e transformou Hopoe em uma pedra. Quando Hiiaka chegou à ilha, encontrou o seu namorado transformado em uma estátua de pedra. Hiiaka, enraivecida, decidiu se vingar. Ela levou Lohiau para a beira do Halemaumau, onde Pele podia vê-lo, e então o abraçou e o beijou. Furiosa, Pele cobriu Lohiau com lava e chamas.

Quando as duas irmãs se acalmaram, ficaram com remorsos de seus atos. Pele decidiu trazer Lohiau de volta à vida para escolher com qual delas gostaria de ficar. Quando Lohiau foi trazido novamente à vida, escolheu Hiiaka. Pele deu aos dois suas bênçãos, e Hiiaka e Lohiau foram viver na ilha onde ele era chefe.

Lendas sobre Pele, com seus rivais e amantes, são abundantes. A maioria dos amantes com quem ela se relacionava não tinha sorte suficiente para escapar com vida quando a Deusa enviava suas lavas sobre eles. Um dos Deuses que provou o fogo de Pele foi Kamapuaa. Ele era um Deus que cobria as encostas dos vulcões usando uma capa. Podia aparecer como uma planta ou como vários tipos de peixes. Ele e Pele divergiam havia muito tempo. Ela enviava lavas para cobrir a terra e ele causava torrentes de chuva para apagar o seu fogo e pedia aos javalis para trazerem à tona a terra para que as sementes pudessem crescer. Ele e Pele se enraiveceram um com o outro. Os irmãos de Pele imploraram a ela que cedesse, pois eles perceberam que as tempestades de Kamapuaa poderiam apagar todas as tochas e exterminar com o poder de Pele de restaurar o fogo. Em Puna, Kamapuaa finalmente rendeu Pele e os dois se apaixonaram.

A grande rival de Pele é a Deusa Poliahu, que cobre as montanhas com neve e é tão bonita quanto ela e também seduz mortais.

Pele, invejosamente, depois que Poliahu seduziu o chefe de Maui, chamado Aiwohikupua, decidiu conquistá-lo também. Poliahu, vingativa, amaldiçoou os dois com gelo até que eles se separaram e Aiwohikupua ficou sem nenhum amor.

Pele é considerada o Espírito Sagrado do Fogo, mas também é uma Deusa da Terra, pois cria nova terra com suas lavas. É também uma Deusa Criadora, mantenedora e protetora da vida. Aquela que dá e toma a vida, já que o seu vulcão pode ser visto como o símbolo do útero criador. Os havaianos acreditam que ela pode muitas vezes tomar a forma humana e aparecer como uma sábia anciã ou uma jovem mulher com um temperamento ardente. Ela geralmente aparece nas estradas pedindo cigarros àqueles que passam. É uma Deusa Akua Noho, uma Deusa que fala e que pode incorporar em um ser terreno. Os sons da Hula não são compostos por mortais, mas pelos Espíritos de Pele que os transmitem aos

254 | Oráculo da Grande Mãe

seus cultuadores. Acredita-se que todos aqueles que aprendem as danças estão possuídos por Pele. Um erro nos passos representa que Pele rejeitou o dançarino. Até os dias atuais, os poderes e peculiaridades de Pele continuam. Inesperados encontros com Pele acontecem com motoristas que dão carona a uma mulher toda vestida de branco, acompanhada com um cachorro, nas ruas do Parque Nacional de Kilauea e que, ao olharem para trás, encontram o banco vazio. Ela geralmente aparece nas imagens das erupções que são tiradas do vulcão.

Pele é uma Deusa muito invocada entre os havaianos para várias finalidades. É chamada para limpar e purificar tudo aquilo que é preciso. Ela muda e ajuda a trazer à tona o que está oculto e velado. Também é vista por seus devotos como uma Deusa que guia ao grande conhecimento. É a guardiã das emoções e está sempre desejando compartilhar seus conhecimentos e lições de transmutação.

É honrada como a essência da terra ígnea por meio de inúmeras oferendas. Entre elas, as mais comuns são cabelos cortados, cana-de-açúcar, flores (especialmente o hibisco), pássaros brancos, dinheiro, morangos e cigarros, que são deixados em suas crateras.

Pele personifica o poder e a majestade do vulcão. Dentro da visão havaiana, todas as forças da natureza são consideradas forças de vida que interferem na existência dos seres humanos, pelos espíritos criativos dessa mesma natureza. Pele representa a natureza impetuosa e vigorosa, imprevisível e capaz de trazer fúria e grande violência. Mas também representa a natureza que pode ser gentil, amável e serena.

SIGNIFICADO DIVINATÓRIO: amor, paixão, sexualidade, magia, proteção, limpeza, purificação, revelações, conhecimentos, emoções, transmutação, poder, vigor, coragem, força, fúria, violência.

PERSÉFONE

Perséfone é uma Deusa grega considerada Rainha do Submundo e filha de Zeus e Deméter. Ela era a única filha de Deméter. Era cultuada em dois aspectos distintos, como a Donzela e como a Rainha do Submundo. Também é conhecida pelo nome de Kore.

Muitos pesquisadores veem Kore, sua face donzela, como uma Deusa e Perséfone como outra. Kore também é tida como apenas um título para referir-se a ela, representando seus aspectos de luz. Muitas vezes, Perséfone é considerada uma das faces de Deméter, pois nos mitos fica claro que seu poder não vem dela mesma, mas de sua mãe. É Deméter quem retira seus poderes da Terra para causar a morte da vegetação e é por intermédio dela que Perséfone retorna do Submundo.

É a Deusa que foi raptada por Hades para governar o Submundo com ele. Muitos dizem, no entanto que ela era considerada a Rainha dos Mundos Inferiores antes do patriarcado suplantar o matriarcado. Os gregos acreditavam que ela era a Senhora da Morte abençoada e que guardava as chaves que abrem as portas do Submundo ou dos mundos superiores.

É considerada tão antiga quanto o mito dos mistérios de Elêusis, que representava a descida da Deusa ao Submundo e o seu anual retorno para a Terra, a cada primavera. Perséfone era conhecida pelos romanos como Prosérpina.

O mito de Perséfone conta que Zeus a entregou a Hades sem o conhecimento de Deméter. Um dia, quando Perséfone estava brincando nos campos de Elêusis, enchendo sua cesta de flores, Hades raptou-a, levando-a para o Submundo.

Deméter procurou-a por todos os lugares, mas não a encontrou. Indo para Elêusis, encontrou um velho homem que a convidou para jantar com ele e sua filha. Ele comentou com Deméter sobre o seu filho que estava morrendo. Então Deméter colheu papoulas e beijou o filho adoentado nos lábios, restaurando sua vitalidade. Secretamente ela colocou suco de papoula em seu leite. Então, depois daquela noite, ela reformou-o, mas antes que pudesse colocá-lo no fogo de purificação, a mãe do bebê interveio e impediu a Deusa de continuar seu trabalho mágico, que iria lhe conceder vida eterna. Deméter revelou sua forma radiante para a mãe da criança e advertiu-a para ser uma mãe cuidadosa, pois a criança não se tornaria mais imortal, mas em vez disso iria ensinar o cultivo do solo aos homens. Destemida, Deméter continuou a busca por sua filha.

Procurou por todos os lugares, até que decidiu amaldiçoar a terra, tornando-a infértil. A Primavera de Arethusa intercedeu e disse a verdade a Deméter, ou seja, que sua filha era agora a Rainha do Submundo e esposa de Hades. Ela decidiu apelar para Zeus, pedindo que intercedesse e fizesse Perséfone retornar. Zeus concordou, mas agora o retorno definitivo da Deusa era impossível, pois ela já havia comido do fruto do mundo dos mortos, a romã, e estaria confinada a esse mundo para sempre. Ela então não poderia passar mais que meio ano no mundo dos vivos. Na outra metade, deveria retornar ao Submundo e governar os planos inferiores com Hades. Perséfone emergiu do reino dos mortos e teve sua passagem iluminada pela tocha de Hécate. Naquele instante, a Donzela madura retornava a sua mãe novamente, abençoando o solo com fertilidade e abundância.

Hécate é uma presença ambígua nos mitos de Perséfone. Ela viaja livremente entre a terra e o Submundo e por isso pode ser considerada uma mediadora de Deméter e Perséfone. É uma Deusa anciã, portanto é o símbolo da mulher que sobreviveu com experiências de seus próprios submundos, sendo capaz de trazer a Deusa de volta ao mundo dos vivos.

Em algumas versões dos mitos, ela parece figurar como acompanhante de Perséfone no Submundo durante algum tempo. Também encerra a triplicidade da Donzela (Perséfone), Mãe (Deméter) e Anciã (Hécate), em eterna solidariedade, tornando-se apenas uma.

A história de Perséfone simboliza o ciclo de plantio e da colheita. Diz-se que os mistérios de Elêusis foram instituídos pela própria Deméter. Em Elêusis, eles utilizavam uma espiga de milho para simbolizar a bondade e fertilidade da terra. Elevando uma espiga de milho, os sacerdotes inspiravam os iniciados a verem o ciclo de renascimento nos ramos das espigas e a vida individual nas sementes. O mistério reside no fato de as sementes serem plantadas, se esconderem no solo e renascerem a cada ciclo, como a Donzela Perséfone entrava no Submundo a cada ano. Ela era a Rainha da Morte e trazia beleza por intermédio das sombras. Quando ela emergia novamente, a primavera florescia com nova vida.

Podemos ampliar o mito da Deusa e perceber que Perséfone representa nosso *self* jovem, a criança interior que reside em cada um de nós e que vive dividida entre as sombras e a luz. Metade de nossa vida é passada na Terra e a outra no Submundo. Metade do dia passamos acordados e a outra metade, dormindo. Por causa disso, estamos sujeitos a medos e receios que não compreendemos. Isso é o que o mito de Perséfone personifica. Ele também nos fala dos recursos internos, da força das mulheres e do poder da solidariedade feminina.

SIGNIFICADO DIVINATÓRIO: colheita, plantio, conhecimento interior, sabedoria, renascimento, morte, afastar o medo, força feminina.

RHIANNON

Rhiannon é uma Deusa celta associada à fertilidade, mas também ao Outromundo e aos sonhos e é uma divindade lunar simbolizada por um cavalo branco. Seu nome significa "Divina", "Grande Rainha" ou "Rainha do Outromundo". Tem sido chamada de Deusa Galesa da Lua, Deusa do Amanhecer, Deusa dos Cavalos, Deusa da Fertilidade e Senhora dos Pássaros que cantam. Ela geralmente é representada por uma linda mulher, vestindo uma longa roupa verde com uma guirlanda de flores na cabeça. Aparece nas representações com olhos castanhos e um longo cabelo da mesma cor e é considerada irmã de Brigit.

Os galeses acreditavam que ela era uma Deusa que tinha o poder de mudar de forma e aparecer como uma égua branca. Ela era acompanhada pelos pássaros para dar as boas-vindas às estações, e segundo os mitos teria três pássaros em particular que eram mágicos. Um deles era branco, outro, esmeralda, e o terceiro, dourado. Eles estavam sempre juntos e conta-se que quando os fiéis de Rhiannon passavam por dificuldades, os pássaros, com o seu canto, faziam-nos dormir, e quando acordavam todo pânico se fora. Rhiannon tanto podia trazer sono e sonhos tranquilos quanto pesadelos.

Rhiannon, cavalgando seu cavalo branco, apareceu ao seu futuro marido Pwyll quando ele, sentado em uma colina mágica, esperava uma visão mística. Ele retornava diariamente e a cada dia Rhiannon se fazia visível para ele, mas Pwyll era incapaz de alcançá-la. Apesar de enviar seus cavaleiros mais velozes para alcançar a Deusa, assim mesmo ela escapava. Passados três dias, depois de persegui-la uma vez mais, Pwyll cansou de não obter êxito. Decidiu então gritar, pedindo que ela parasse. Um dia, ela parou. Apesar de ter sido prometida em casamento para outro, Rhiannon estava determinada a ficar com Pwyll. Um ano e um dia depois, usando sua magia e sua sabedoria para livrar-se do casamento com quem ela detestava, casou-se com Pwyll.

Ela foi acusada falsamente de matar seu filho recém-nascido. Ele foi sequestrado uma noite quando suas criadas caíram no sono. Temendo ser punidas por sua negligência, as criadas conspiraram contra Rhiannon para se salvar. Sacrificaram um cachorro e pintaram-na com o sangue do animal, colocando os ossos do cão perto da cama e convencendo-a de que ela tinha comido a criança à noite. Dessa forma, foi considerada culpada. Sendo do outro mundo, muitos acreditaram que ela seria capaz de tal feito, mas Pwyll, Senhor do Dyved, sabia que seu coração era bom e puro. Em lugar de matá-la, Pwyll ordenou que ela ficasse na porta de sua cidade, próximo à montaria, amarrando rédeas em seus longos cabelos. A cada pessoa que aparecesse no portão da cidade, Rhiannon devia contar sua história e então carregá-la em suas costas.

Com gratidão, a criança perdida retornou depois de anos de sofrimento, e descobriu-se que o homem que ela tinha desprezado para casar com Pwyll era o sequestrador. Seu filho tinha sido deixado aos cuidados de um casal desprovido de filhos.

A imagem de sua égua branca também é relacionada a Epona, e muitos pesquisadores acreditam que elas sejam a mesma divindade, ou ao menos derivam da mesma raiz arquetípica.

Rhiannon era invocada para trazer fertilidade e em ritos relacionados ao sexo, à magia, à prosperidade e aos sonhos. Ela é uma ótima Deusa para ser invocada para ampliar as habilidades na adivinhação, vencer os inimigos, desenvolver a paciência e na busca pela autoconfiança. Ela é a Deusa da mudança, do movimento e da magia. Por ser uma Deusa da Morte, Rhiannon possuía pássaros que cantavam de forma doce para acalmar os vivos, fazendo-os dormir. Seus pássaros podiam levar os vivos à morte e trazer os mortos à vida. Tinham o poder de curar todas as doenças, tristezas e pânicos. Seus pássaros representam o voo do espírito para o outro mundo, e como são mágicos e possuem poderes sobrenaturais eles podem assumir a forma humana e voltar para a forma de pássaro e vice-versa. É a personificação da vida, da morte e do renascimento. Ela é uma Deusa da transformação. Acreditava-se que Rhiannon era a musa dos poetas, e da qual toda inspiração poderia vir.

SIGNIFICADO DIVINATÓRIO: sonhos, mudança de forma, pesadelos, bom sono, bondade, pureza, sexo, magia, prosperidade, ampliar habilidades, vencer inimigos, paciência, autoconfiança, mudanças, cura, afastar a tristeza, liberdade.

SARASWATI

Saraswati é uma Deusa que foi muito importante para os indianos. Ela tinha três funções: era vista como um rio, como Vak (fala) e como uma Deusa.

Nos Vedas, suas características e atributos são claramente associados ao poderoso rio Saraswati. É um dos primeiros exemplos de uma Deusa associada a um rio na Tradição Indiana.

Num sentido simbólico, ela sugere a sacralidade inerente nos rios ou água em geral. Enquanto o simbolismo da água é rico e complexo nas religiões do mundo, duas associações típicas são importantes nas descrições védicas de Saraswati. Primeiro, ela é tida como uma das Deusas que concede a generosidade, a fertilidade e as riquezas. Suas águas enriquecem a terra para que possam produzir. Segundo os mitos, Saraswati representa a pureza, como a água, particularmente a água corrente. Isso também sugere o poder de cura dos rios.

Um antigo ancião védico chamado Vasishtha fazia penitência nas margens do rio Saraswati, quando um de seus inimigos apareceu e disse: "Flua e traga Vasishtha flutuando em suas ondas". Saraswati hesitou por um momento, mas, vendo que Vishvamitra, o inimigo, estava mal-intencionado, avançou até onde Vasishtha estava meditando. Vishvamitra ficou muito satisfeito, mas Saraswati não parou. Ela caminhou em direção ao leste, com Vasishtha no cume de suas ondas, para longe das garras maldosas de Vishvamitra. Ele ficou indignado e transformou Saraswati num rio de sangue.

Quando os sábios pobres, que viviam em retiro em suas margens, foram tomar banho, ficaram chocados ao ver um rio de sangue. Saraswati pediu a eles: "Eu era um rio de pura água, mas o sábio Vishvamitra me ordenou que trouxesse seu inimigo até ele através de minhas águas. Senti que não devia, mas tive medo da ira de Vishvamitra. Assim, carreguei Vasishtha, mas, em vez de entregá--lo ao inimigo, levei-o para um lugar a salvo. Vishvamitra percebeu minha intenção e me transformou nesse rio de sangue. Vocês, sábios, podem limpar minhas águas e restaurar minha pureza?"

Eles responderam que certamente iriam ajudá-la. Assim, por intermédio dos pobres mágicos ermitãos, Saraswati restaurou sua pureza e novamente se tornou um rio de águas claras. É por isso que ela até hoje é chamada de Shonapunya, que significa "Aquela que foi purificada pelo sangue".

O conceito da Deusa Saraswati como um fluente rio de sangue é o próprio símbolo do sangue menstrual, já que ela é a Deusa que purifica e fertiliza a Terra.

Também é considerada desde tempos imemoráveis a Deusa da Fala. A importância da palavra na cultura indiana é central. Todo o processo de criação foi realizado com base na sílaba *Om*. Na cultura hindu, pronunciar um mantra significa fazer a divindade presente. No som reside uma potente qualidade que está personificada em Saraswati, a Deusa da Fala.

Como a personificação da fala, Saraswati está presente em todos os lugares onde a fala existe e, por isso, a Deusa está associada à poesia, à literatura, aos rituais sagrados e à comunicação racional entre os seres humanos.

Até hoje na Índia, onde quer que um bebê cresça, as avós fazem uma estrela de cinco pontas, chamada "Marca de Saraswati", com mel na língua do bebê. A língua, o órgão da fala, é então protegida por Saraswati.

Existem claras descrições de sua forma, vestimenta, ornamentos e instrumentos que indicam sua ligação com a fala. É sempre descrita como uma mulher extremamente bonita, com quatro braços, sempre jovem e graciosa. Ela frequentemente aparece sentada em uma flor de lótus, acompanhada por um cisne, com um instrumento de cordas. Em suas outras mãos repousam um rosário, um livro e um pote de água. O livro a associa às ciências e ao aprendizado. O instrumento de corda simboliza sua ligação com as artes, e o rosário e o pote de água demonstram sua ligação com as ciências espirituais e ritos religiosos. Ela se veste de branco e azul, lembrando sua conexão com as águas.

As lendas afirmam que Saraswati brotou da testa de seu pai, Brahma, assim como Athena nos mitos gregos. Assim que Brahma a viu, desejou-a. Ela não gostou das atenções e tentou ficar longe dele, mas Brahma perseguiu-a. Como resultado disso, quatro cabeças cresceram para poder vê-la melhor. Mas Saraswati ainda o evitava.

Brahma ficou furioso, pois sendo o criador ele era poderoso. Finalmente conseguiu casar-se com ela e produziu com sua mente os Quatro Grandes Vedas, mas, por causa da má vontade da Deusa em relação à união, ele acabou trocando-a por Gayatri. Saraswati nunca gostou dos afazeres domésticos e por isso não teve nenhum filho. Por ter um temperamento difícil, era facilmente provocada e brigava. Tinha a personalidade mais independente entre todas as Deusas e não se submetia às vontades dos Deuses masculinos.

Como uma filha deserdada e uma esposa separada, Saraswati vivia em seu próprio mundo, enfatizando sua calma e contemplação no passado, como pura experiência. A capacidade de lembrar fatos sem ressentimento é uma dádiva de Saraswati cedida a seus filhos, que são os escritores, músicos e todos os tipos de idealizadores e criadores. Ela nos ensina que, enquanto não cortarmos o "cordão umbilical", nenhum início inovativo pode ser realizado no meio do que é criado ou gerado. Saraswati é uma Deusa para a qual nenhum templo pode ser melhor do que a mente e cuja melhor oferenda é o conhecimento.

SIGNIFICADO DIVINATÓRIO: generosidade, fertilidade, riquezas, pureza, cura, eloquência, inteligência, sabedoria, purificação, poesia, literatura, comunicação.

SEKHMET

Sekhmet é a Deusa egípcia que representa os aspectos destrutivos do Sol. Seu nome significa "Aquela que é poderosa" e possui muitas variações. Ela e Bast são consideradas Deusas irmãs gêmeas, filhas do Deus Sol Rá. Alguns mitos contam que Sekhmet foi colocada na sobrancelha de Rá, pois assim ela poderia soltar chamas sobre os inimigos do Deus. Seu principal templo era em Mênfis, no sul. É considerada consorte do Deus Ptah e mãe de Nefertum. Geralmente é representada como uma Deusa com corpo de mulher e cabeça de leoa. Sekhmet é uma divindade muito antiga e por isso era conhecida como "Senhora do Lugar do Início dos Tempos" e "Aquela que era antes dos Deuses serem".

O mito de Sekhmet conta que Rá estava receoso, pois a humanidade conspirava contra ele, acreditando que o Deus estava muito velho para continuar governando. Os Deuses encorajaram Rá a punir os ingratos humanos, soltando o poder de fogo de seu olho vingativo sobre eles. Rá enviou Hathor para castigar a humanidade, fazendo-a transformar-se em uma leoa que se tornou Sekhmet. A Deusa matava cada pessoa que se colocava à sua frente, e a Terra tornou-se vermelha de sangue. À noite, ela deixava a Terra para ir dormir, mas voltava a cada amanhecer para continuar seu trabalho sangrento. Rá percebeu que Sekhmet tinha gosto por sangue e havia se tornado incontrolável. Viu que se ela não fosse detida tudo iria terminar e um grande massacre iria ocorrer. Como precisava parar o massacre, colocou em ação um plano que lhe foi instruído por um sacerdote de Heliópolis.

Ele pegou uma resina vermelha e misturou em sete mil jarros de cerveja para criar um líquido vermelho, que parecesse sangue, mas que tivesse diferentes propriedades. O sacerdote espalhou toda a mistura sobre o solo e, na manhã seguinte, quando Sekhmet retornou para terminar seu serviço, lambeu o que acreditava ser sangue, mas na realidade era cerveja. A cerveja fez com que ela ficasse bêbada, o que efetivamente impediu que ela continuasse o enlouquecido extermínio.

No entanto, Sekhmet não é só vista como a insaciável bebedora de sangue ou o olho vingativo do Deus Sol. Como se acreditava que ela trazia as pragas pelo Sol do deserto, os sacerdotes egípcios realizavam uma série de rituais de magia simpática para evitar e curar as infecções e doenças. Nessa função, Sekhmet era conhecida como "Senhora da Vida" e muitos de seus sacerdotes eram médicos. Em tempos de pragas, eles realizavam grandes rituais em homenagem à Deusa leoa. Durante o reinado de Amenhotep III, inúmeras estátuas de Sekhmet foram criadas, indicando um grande respeito pela Deusa naquela época ou uma virulenta praga que assolou todo o Egito. Nas festas em homenagem a Hathor e Sekhmet, muitos jarros de cerveja avermelhada eram oferecidos aos participantes das celebrações.

Sekhmet também tinha uma forma masculina chamada Sekhmet Min. Ela é uma Deusa mais complexa que Bast. Para os faraós, era vista como símbolo de sua proeza como guerreiros e suas habilidades para vencer as batalhas. É reconhecida como uma Deusa poderosa. Em tempos antigos, era perigosa e feroz, aquela que trazia as pragas e punições, o fogo do olho do Deus Sol. Mas ela também era adorada como uma Mãe gentil e o símbolo da força, independência e assertividade. Poderia ser considerada o símbolo da mulher moderna. Seu poder pode ser reivindicado quando se necessita de cura, justiça e proteção.

266 | *Oráculo da Grande Mãe*

Ela simboliza o poder de exterminar o que é mal e proteger o que é bom. Com cabeça de leoa e corpo de mulher, ela possui a força do pai, é o Sol do meio-dia, queimando forte em nossa cabeça. Por ser o Sol escaldante do deserto, que traz as doenças, ela também era reconhecida como a Senhora da Tumba, mas também aquela que era a graciosa destruidora da rebelião, soberana dos encantamentos. Encara o oeste, enquanto sua irmã Bast encara o leste. Abraça todos os aspectos de luz e sombras, nascimento e morte, cura e destruição. Ela representa o uso equilibrado do poder.

> Significado divinatório: proteção, vingança, justiça, vencer inimigos, cura, força, independência, destruição.

TARA

Tara é uma Deusa tibetana. Ela é chamada de "A Fiel" ou "A Feroz Protetora". O nome Tara significa "Estrela", e ela é a Deusa da compaixão universal, representa a virtude e personifica nosso próprio conhecimento interior, a transformação da consciência, a jornada para a liberdade.

Ela exerce um papel muito importante nos cultos tântricos budistas, em que a energia feminina tem proeminência. Como consorte de Shiva, Tara possui formas suaves ou ferozes.

Os budistas acreditam que ela nasceu das lágrimas do Bhodhistva Avalokitesvara.

Quando Avalokitesvara estava olhando para o mundo do céu, vendo um mundo de seres sofredores, ele chorou e duas Taras nasceram de suas lágrimas. A Tara Branca, representando a paz e a harmonia, e a Tara Verde, o aspecto cruel da Deusa.

Para os budistas, o simbolismo das cores é muito importante, assim como as cores das divindades que eles visualizam. As cores não só representam a natureza da divindade, mas também as funções que ela desempenha. A Tara Verde é representada por uma jovem donzela, com uma natureza travessa, e a Tara Branca é vista como uma divindade madura, sábia e com grandes seios.

Outra lenda conta que anos atrás ela nasceu como uma princesa. Uma espiritual e misericordiosa princesa que regularmente fazia oferendas e rezas. Assim, desenvolveu grande mérito, e os monges lhe disseram que por causa de seu talento espiritual eles iriam pedir a ela que nascesse como um homem e espalhasse os ensinamentos de Buda. Tara respondeu que não havia homem nem mulher, que nada existia na realidade e que ela desejava retornar na forma feminina para servir aos outros seres até que todos alcançassem a iluminação, dessa forma lembrando o erro dos monges que acreditavam que somente os homens tinham importância para a religião budista. Então, ela tornou-se uma das primeiras feministas.

A Tara Verde é uma manifestação dinâmica da Deusa. Sua cor simboliza vigor juvenil e ação. Os Senhores do Karma do budismo são associados a essa face de Tara. Acredita-se que ela protege contra perigos, medos e teria a força de realizar todos os desejos. Sua feminilidade lhe dá sentimentos suaves e misericordiosos, e por isso ela age como salvadora. Por ser a compaixão ativa, é particularmente invocada por sua habilidade em resolver as situações mais difíceis.

A Tara Branca é considerada a mãe de todos os Budas. Representa os aspectos maternais da compaixão. Sua cor branca indica pureza, mas também a verdade, completa e indiferenciada.

É representada com sete olhos. Os dois olhos usuais, mais um olho no centro de sua testa e olhos em cada uma de suas mãos e pés. Isso indica que ela olha todos os que sofrem e clamam por ajuda no mundo usando os poderes físicos e extraordinários. Eles também simbolizam a vigilância da compaixão. A Tara Branca é uma emanação de Tara conectada com a longevidade. Ela auxilia seus seguidores a vencer os obstáculos, particularmente os impedimentos para a prática religiosa.

A Tara Branca e a Verde representam a interminável compaixão da Deusa que trabalha noite e dia para aliviar os sofrimentos.

Ela possui outras cores também. Suas emanações mais conhecidas são: Tara Azul, invocada para destruir os inimigos, e nessa forma chamada de Ugra Tara ou Ekajata; Tara Vermelha, uma das emanações da Deusa relacionada com o amor; Tara Amarela, chamada de Bhrkuti, um aspecto colérico da Deusa.

Existem 21 tipos diferentes de manifestações e títulos de Tara. Algumas trazem proteção, outras, longa vida, paz etc.:

1) Tara Verde, que protege dos perigos
2) Tara que salva os seres conscientes de todas as calamidades
3) Tara que salva do tremor da terra
4) Tara que salva das calamidades das águas
5) Tara que salva da calamidade do fogo
6) Tara que salva da calamidade do vento
7) Tara que aumenta bens e sabedoria ao praticante
8) Tara que salva das calamidades dos céus
9) Tara que salva da calamidade da guerra
10) Tara que salva os aprisionados
11) Tara que salva dos ladrões
12) Tara que aumenta o poder
13) Tara que salva da perturbação dos maus espíritos
14) Tara que salva das calamidades com animais de estimação
15) Tara que salva prejudicados por animais selvagens
16) Tara que salva os seres dos venenos
17) Tara que subjuga o Grande Demônio
18) Tara, Rainha da Medicina
19) Tara que ajuda a conseguir a longevidade
20) Tara que ajuda a enriquecer
21) Tara que realiza os desejos

Dizem que Tara protege contra os oito medos internos: vínculo, cólera, ignorância, inveja, orgulho, misericórdia, visões erradas e dúvidas.

270 | Oráculo da Grande Mãe

Tara é a Grande Mãe, Senhora da Sabedoria e Realidade. A sabedoria é a causa fundamental para a alegria e para nosso próprio crescimento espiritual mediante o conhecimento.

SIGNIFICADO DIVINATÓRIO: compaixão, virtude, conhecimento interior, transformação da consciência, liberdade, harmonia, paz, perigos, medos, desejos, resoluções difíceis, verdade, longevidade, vencer obstáculos, aliviar sofrimentos, destruir inimigos, amor, paz.

YEMANJÁ

Yemanjá, cujo real nome é Iyemojá, é a Deusa yorubá dos mares. Na África, contudo, seu culto está intimamente ligado aos rios que correm para o mar.

A raiz de seu nome vem de *Yeye Omo Eja*, que significa "A Mãe dos filhos peixes". É considerada a mãe de todos os Orixás e foi casada com Oxalá. É filha de Olokun, o Rei dos Oceanos, e em alguns mitos figura como a esposa de Olofin, rei de Ifé.

É uma Deusa do povo Egbá, uma das nações estabelecidas onde antigamente se situava Ifé e Ibadan, onde existe o rio Iyemojá. Quando o povo Egbá migrou em direção a Abeokutá, levaram o culto a Yemanjá e o rio Ogun, que atravessava a região, passou a ser a nova morada da Deusa.

Suas ligações com as águas, tanto doces quanto salgadas, são muitas. As lendas contam que ela era casada com Olofin e com ele teve dez filhos. Amamentou todos e por isso seus seios tomaram altas proporções. Esse foi o motivo dos desentendimentos do casal, mesmo ela tendo prevenido a Olofin de que jamais toleraria que ele ridicularizasse seus seios. Numa noite, ele se embriagou e fez vários comentários deselegantes sobre o tamanho dos seios de Yemanjá.

Enfurecida, ela fugiu em direção ao oeste e foi morar em Abeokutá, levando um pote mágico, que ganhara anos atrás de seu pai Olokun. Olofin enviou todo o seu exército para resgatar Yemanjá, até conseguirem cercá-la. Em vez de se deixar prender e ser conduzida a Ifé, ela quebrou seu pote mágico e um rio criou-se na mesma hora aos seus pés, levando-a para o fundo do oceano, conduzindo-a para a morada segura de seu pai.

272 | *Oráculo da Grande Mãe*

Outra lenda conta que quando Obatalá se casou com Oduduwá, eles tiveram dois filhos: Yemanjá (o mar) e Aganju (a terra). Yemanjá e Aganju se casaram e tiveram um filho, Orungã (o ar). Quando Orungã cresceu, apaixonou-se pela mãe, e um dia, aproveitando a ausência de Aganju, decidiu violentá-la. Ela tentava fugir, quando Orungã quase conseguiu alcançá-la. Yemanjá caiu no chão e seu corpo começou a crescer. Seus seios romperam e se tornaram dois grandes rios, que formaram os mares, e de seu ventre saíram dezesseis orixás: Exu, Ogum, Xangô, Oyá, Ossâim, Oxóssi, Obá, Oxum, Dadá, Ewá, Olosá, Okô, Okê, Ajê Xalugá, Orum e Oxupá.

Segundo algumas versões de seus mitos, de sua união com Oxalá nasceram Ogun, Exu, Oxóssi e Xangô. Ogun presenteou os homens com a evolução do mundo, já que ele era o Senhor da Forja, dos trabalhos com ferro. Foi ele que possibilitou a evolução da humanidade e o aperfeiçoamento de suas técnicas na caça, na arquitetura, no transporte. Exu é o mensageiro dos Orixás, a mola propulsora que faz todas as coisas se manterem vivas, a energia vital. Oxóssi é o Senhor da Caça, aquele que alimenta a tribo, distribuindo a fartura e a abundância. Xangô trouxe o sentido de justiça, fazendo os homens se organizarem. Como podemos perceber, foi pelas criações de Yemanjá que chegamos a ser o que hoje somos. Mas como ocorre com toda mãe, seus filhos tiveram que partir para suas conquistas individuais e um dia eles se afastaram dela.

Yemanjá é um orixá da fertilidade. Ela é a mãe de todas as cabeças e por isso ocupa posição principal no rito de Obori, uma cerimônia africana que visa fortalecer a cabeça, o centro do poder humano. É ela quem dá o equilíbrio necessário para que todos nós possamos lidar com nossas emoções e desejos. Tem como função cuidar de todo ser humano a partir do momento em que ele aprende a andar e a falar, até o fim de sua vida. É responsável pelo aprendizado, pela cultura e pelo processo de entendimento de nosso papel como seres humanos, quem verdadeiramente somos.

É seguramente uma Deusa muito antiga, pois está relacionada ao mar, o início do mundo. Os seus peixes simbolizam o embrião e as infinitas possibilidades da água que gera.

Um de seus principais instrumentos mágicos é o abebé, um leque redondo, que simboliza os poderes de fecundidade, mas ela também é uma Deusa Guerreira, e por isso porta uma espada que separa e multiplica os seres, permitindo o nascimento de seres humanos únicos, com características únicas e intransferíveis. Suas danças sagradas imitam o movimento das ondas do mar trazendo à tona os aspectos da fluidez e constante renovação. Simboliza a grande força geradora feminina, o princípio de tudo. Yemanjá é tanto o mar que alimenta quanto o que devora. Está associada à profundeza do inconsciente e a tudo o que é cíclico.

SIGNIFICADO DIVINATÓRIO: fertilidade, amor, fluidez, geração, maternidade, início, proteção, viagens, limpeza, mente clara.

4

Embaralhando e Usando as Cartas

A primeira coisa que qualquer pessoa que fará uso do *Oráculo da Grande Mãe* precisa ter em mente é que ele não prediz o futuro, mas, através da sincronicidade, lança luz aos arquétipos da Deusa que estão mais próximos de nós nesse momento e que desejam se comunicar conosco para nos transmitir sua mensagem. O oráculo até pode sugerir o que tem probabilidade de acontecer num futuro próximo, mas isso se dá totalmente pautado nos fatos do presente, pela análise acurada dos comportamentos e ações de quem indaga sobre tais prognósticos.

Cada uma das lâminas do *Oráculo da Grande Mãe* traz um trabalho artístico de um artista do passado que possui uma aura própria. Essas pinturas e estátuas são a materialização da Deusa por meio da percepção de cada artista. Sendo assim, podemos dizer que a Deusa as tem utilizando por gerações para continuar se comunicando conosco nos níveis interiores. Todas as pinturas usadas aqui são como portais pelos quais a força e energia da Deusa tem fluído em nossa direção para inspirar, renovar e curar a humanidade.

Ao embaralhar o oráculo, estamos mesclando a nossa energia com a aura das próprias cartas, que, por sua vez, são uma extensão do campo vibratório de cada obra de arte, e assim nos tornamos mais próximos do divino. Exatamente por isso a atitude ao manipular as cartas é de extrema importância, pois este deve ser um momento revestido de certo respeito e sacralidade.

Aqui você comprenderá como manipular as cartas como uma ferramenta divinatória.

Conhecendo as Deusas e se familiarizando com o baralho

Se você não tem um conhecimento abrangente sobre os mitos e atributos de cada Deusa, o primeiro passo é se familiriazar com eles. Leia a história de cada Deusa, descritas nas páginas anteriores deste guia, e procure criar uma intimidade com o imaginário de cada uma delas. A princípio, será difícil decorar as lendas e significados de cada uma das Deusas. Porém, você vai ver que existem determinados padrões que se repetem em muitas das histórias que você conhecerá e, assim, em breve, poderá facilmente reconhecer se uma Deusa rege os céus, a terra, se é dócil ou vingantiva. Isso será suficiente para começar suas primeiras experiências com o oráculo. Estude cada carta com cuidado. Leia o mito correspondente a cada uma das Deusas e comece a desenvolver sua própria tabela para classificá-las. Quais são amorosas, compassivas, guerreiras, vaidosas ou temíveis? A lista de atributos é imensa e você pode ir criando sua listagem própria aos poucos conforme for mergulhando mais profundamente no imaginário da Deusa. Reveja sua tabela com frequência. É normal reclassificar uma Deusa de um lugar a outro. Conforme você for ficando mais íntimo da Deusa e conhecendo com mais profundidade seus mitos, verá por trás dos véus da aparente ilusão e poderá reconsiderar suas percepções iniciais acerca de cada arquétipo com o qual se deparar neste livro em um primeiro encontro. Levantar o véu que oculta a verdadeira natureza é um trabalho de toda uma vida. Use o *Oráculo da Grande Mãe* para auxiliá-lo nessa jornada.

A consagração do oráculo

Ainda que possam ser usadas sem qualquer consagração tão logo sejam tiradas da caixa, consagrar as cartas é um ato que sacraliza esse instrumento divinatório.

A consagração consiste em simplesmente abençoar o seu baralho com a energia dos 4 elementos da natureza e apresentá-lo e oferecê-lo como um instrumento de conexão com a Deusa. Para isso você precisará de:

- 1 pires de sal
- 1 incenso de mel
- 1 vela vermelha
- 1 cálice com água

278 | *Oráculo da Grande Mãe*

- Procedimento: disponha os itens acima sobre o seu altar ou de qualquer superfície plana que possa ser improvisada para essa finalidade. Coloque cada item de acordo com os quadrantes que representam os elementos da natureza. Assim, coloque o pires de sal representando a Terra ao norte; o incenso, representando o Ar, a leste; a vela representando o Fogo, ao sul; e, por fim, disponha o cálice de Água a oeste, e o seu baralho do *Oráculo da Grande Mãe* no centro de tudo isso.

Você deve se lembrar da maneira de lançar um Círculo Mágico como demonstrado nas páginas anteriores. Caso contrário, simplesmente feche os olhos e visualize um círculo de luz ao seu redor. Chame o poder dos 4 elementos para ajudar você nesta consagração invocando a Terra, o Ar, o Fogo e a Água. Invoque a presença da Deusa nesse importante momento.

Toque o baralho no sal e diga:

Eu te consagro, abençoo e purifico pelos poderes da Terra que gera e frutifica.

Passe as cartas na fumaça do incenso, dizendo:

Eu te consagro, abençoo e purifico pelos poderes do Ar que renova e inspira.

Passe rapidamente as cartas pela chama da vela, tomando cuidado para que não as queime, e então repita:

Eu te consagro, abençoo e purifico pelos poderes do Fogo que transforma e energiza.

Respingue algumas poucas gotas da água sobre o baralho, tendo cautela para não o danificar, dizendo:

Eu te consagro, abençoo e purifico pelos poderes da Água que traz o amor e o equilíbrio.

Eleve as cartas e ofereça-as à Deusa e diga:

Deusa, abençoe este baralho
Que com ele eu possa obter seus conselhos e direcionamentos.
Pela Terra, Ar, Fogo e Água
Que assim seja e que assim se faça!

Seu baralho está pronto para ser utilizado.

A atitude durante a consulta

Usar as cartas do *Oráculo da Grande Mãe* de forma divinatória é algo bastante simples.

A atitude mais importante é a concentração daquele que busca orientação através do oráculo, pois é muito importante ter bem claro em sua mente a questão que o motivou a consultar as cartas. Você pode colocar música, acender um incenso e velas, por exemplo, para criar o clima ideal e ajudar a relaxar. Claro que lançar mão desses artifícios não é imprescindível, mas ajuda a alterar e elevar a sua consciência.

Embaralhando as cartas e fazendo a leitura

Diferente de outras formas de cartomancia, o *Oráculo da Grande Mãe* não possui grandes regras de embaralhamento e nem precisa ser cortado. Embaralhe o oráculo por aproximadamente um minuto tendo em mente a questão ou foco mental direcionado para receber os aconselhamentos da Deusa. Se desejar, faça uma invocação à Deusa solicitando suas bênçãos para esse momento como o que segue:

Deusa, conhecida por infindáveis nomes.

*Ilumine a minha vida para que eu possa servir
de altar sagrado a Ti.*

*Responda ao meu chamado sob a luz da Lua, no cume das
montanhas, enquanto elevo meus braços em adoração ao seu
eterno Espírito.*

Donzela, Mãe e Anciã, Guardiã da Terra.

Eu sei que Tu és as leis da natureza, Senhora.

*Por isso, faça-me compreender que caminho sobre o seu corpo
com os seus pés e que um seguidor seu faz todas as coisas se
tornarem boas e belas.*

Eu sinto sua respiração no vento,

O seu calor chega a mim através dos raios do sol

Suas lágrimas descem dos céus durante a chuva gentil.

Mãe de tudo, cujo amor é vertido sobre o mundo.

Toda a vida é sua

Ensine-me a ser sincero e respeitar todas as coisas viventes

Pois você está presente em tudo o que vive.

Abençoada seja a vida que brota e retorna a Ti.

Pela raiz e folha, botão e espinho.

Abençoada seja, Mãe de toda a vida.

Blessed be!

Ao finalizar, faça um grande leque com todas as cartas no
sentido dos ponteiros do relógio. Enquanto faz isso, concentre-se
profundamente e pare quando sua intuição lhe der um sinal. Retire
uma carta ou quantas cartas forem necessárias para usar um dos
métodos de leitura disponíveis adiante e faça sua interpretação.

Cruzamento de mensagens entre as cartas

Um dos grandes diferenciais do *Oráculo da Grande Mãe* é que é possível cruzar as mensagens das cartas que saem. Cada carta possui uma frase no topo da lâmina e uma na base. Quando você utilizar mais de uma carta, cruze as frases de uma com as outras e obtenha assim uma mensagem cifrada, mas completamente coerente e que pode fornecer um vislumbre sobre a leitura. Isso é muito simples de ser feito: basta ler a frase do topo de uma carta e mesclar com a frase que está na base da outra próximo a ela e vice-versa. Abaixo damos o exemplo de como duas cartas criam uma terceira ou quarta mensagem quando as frases-chaves são cruzadas em uma leitura:

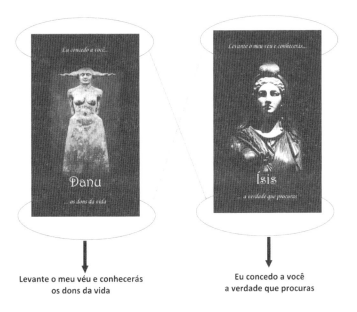

Levante o meu véu e conhecerás
os dons da vida

Eu concedo a você
a verdade que procuras

Quando apenas uma carta é tirada do monte para uma leitura mais elementar, é óbvio que não há frases para serem cruzadas entre duas ou mais cartas e que a mensagem a ser interpretada é aquela que consta na única lâmina retirada.

Use e abuse desse recurso e torne sua experiência com o *Oráculo da Grande Mãe* muito mais interativa e surpreendente.

5

Métodos de Leituras

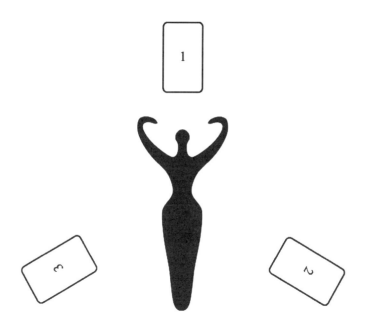

Aqui apresentaremos 5 métodos básicos que podem ser usados para consultar o *Oráculo da Grande Mãe* para si ou para outras pessoas.

Os arquétipos da Grande Mãe possuem uma quantidade imensa de conhecimentos ocultos, e por isso o uso e interpretação de cada face da Deusa aqui apresentada é praticamente interminável. Quanto mais você estiver familiarizado com os mitos, lendas e atributos de cada Deusa, melhor.

Método 1 - uma carta, uma Deusa

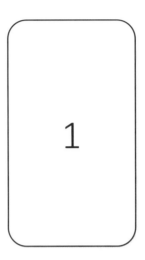

Esse é o método mais simples.

Consiste em sacar uma carta do baralho e estar aberto para a mensagem que a Deusa traz para você neste momento. A carta que sair representa algo que você está precisando agora.

Ela pode trazer uma força, aviso, cura etc. que você esteja precisando. Fique atento à mensagem da carta e veja como ela se encaixa nessa fase que você está vivenciando.

Método 2 - mente, corpo, espírito

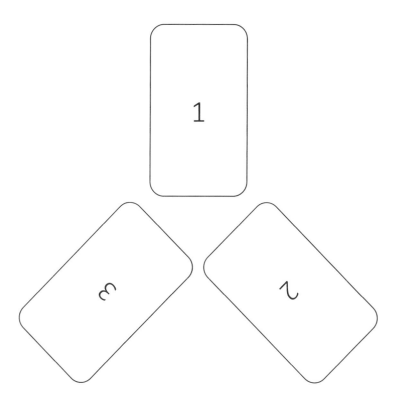

Use este método para avaliar sua situação física, mental e espiritual:
1. Corpo – Vitalidade, força, flexibilidade, saúde.
2. Mente – Lógica, emocionalidade, iluminação.
3. Espírito – Instinto, intuição, interligação, energia-vibrações/fluxo.

Método 3 - o pentagrama

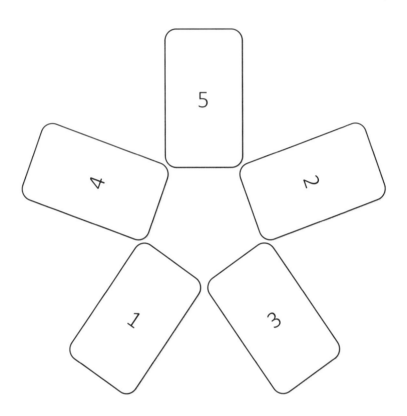

Esse método é uma ampliação do anterior:
1. Representa o elemento Terra – Aspecto físico
2. Representa o elemento Ar – Aspecto intelectual
3. Representa o elemento Fogo – Aspecto emocional
4. Representa o elemento Água – Aspecto Intuitivo
5. Representa o elemento Espírito – A conclusão

Método 4 - o caldeirão

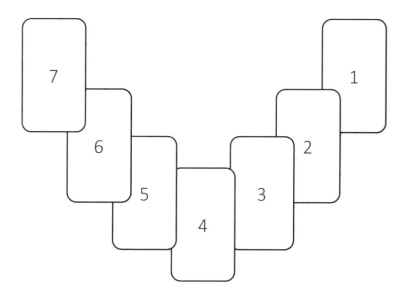

Esse método deve ser usado para questões mais complexas.

1. O que já passou
2. O que está acontecendo
3. O que vai acontecer
4. Aviso importante
5. Como você tem sido influenciado
6. Quais os obstáculos a serem enfrentados
7. Resultado final

Método 5 - os ciclos da vida

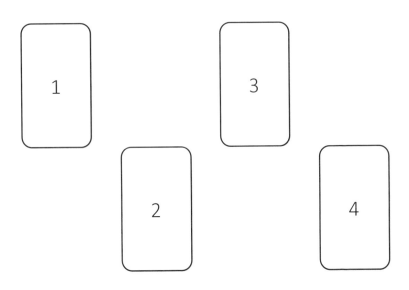

Use esse método para verificar os diferentes arquétipos da Deusa que foram, estão sendo ou serão vividos em cada período de sua vida e veja a influência de cada um deles na sua história.

1. Infância
2. Adolescência / Juventude
3. Maturidade
4. Velhice

6

Palavras Finais

Em um mundo que se perdeu na senda da evolução e que perdeu completamente o sentido de ser, às vezes nos perguntamos:

- Por que nosso mundo está tão cheio de desumanidade?
- Por que o ser humano é tão cruel com os outros de sua espécie e com o Planeta?
- O que nos impulsiona em direção à crueldade em vez da bondade, em direção à guerra em vez da paz, em direção à destruição em vez da construção?

A resposta é muito simples: porque a humanidade se separou da Deusa!

Riane Eisler, em sua Teoria da Transformação Cultural, afirma que na grande diversidade da cultura humana sempre existiu dois modelos básicos de sociedade:

1) DOMINADOR: fundamentado na supremacia de um grupo sobre outro.

2) PARCERIA: que se baseia na união e aceitação da diversidade.

Durante muito tempo, o rumo de nossa evolução caminhava para uma sociedade de parceria pelas culturas ancestrais da Deusa, mas foi impedida pelo Patriarcado. Assim, as sociedades que veneravam os poderes da vida, simbolizados pelo Cálice, foram interrompidas pela Espada, o poder de tirar a vida em vez de conferi-la, de impor a dominação em vez de se adaptar. Isso trouxe vários prejuízos à humanidade. Machismo, misoginia, escravidão, exploração das mulheres, homofobia, são apenas alguns dos prejuízos proporcionados pela cultura patriarcal, aquela que exalta a espada e a dominação de tudo e todos, do poder opressivo que se impõe sobre todas as coisas.

No momento atual em que vivemos, encontramo-nos em um ponto crucial, pois o poder aniquilador e descontrolado da Espada ameaça pôr um fim em toda a humanidade por meio da energia nuclear, superexploração dos recursos não renováveis, guerras químicas, disputas territoriais e imigratórias.

O ecofilósofo Sigmund Kwaloy usou o termo Sociedade de Crescimento Industrial para se referir à nossa atual sociedade, cuja economia é totalmente dependente do consumo sempre crescente de recursos renováveis, em que a terra se torna ao mesmo tempo depósito de suprimentos e seu esgoto. O corpo do Planeta não é apenas escavado e transformado em mercadoria, mas também é a pia para os venenosos subprodutos de nossas indústrias, que envenenam a terra e que acabam por também nos envenenar. Em larga escala, isso tem levado o homem não só ao envenenamento do seu corpo e espírito, mas ao total distanciamento com a natureza, que é a expressão viva da Deusa sobre a Terra.

A cultura androcrástica levou a humanidade à total apatia. Essa palavra é muito interessante, pois pode nos levar diretamente ao conceito da Deusa por meio de uma das múltiplas interpretações do seu radical. Apatia se relaciona à "Apatheia", uma palavra de origem grega que significa literalmente Sem A Deusa. Apatia também tem sido decodificada com o significado de Negação do Sofrimento, o que por sua vez nos leva direto ao conceito de incapacidade ou a recusa de sentir a dor por algo.

Qual é a dor que a humanidade atual não tem sentido?

Se observarmos todos os abusos naturais que os homens têm cometido na atualidade concluiremos que a dor que nos recusamos a sentir é a dor pelo Planeta e pelas perdas tão vastas resultantes desse processo que mal podemos perceber. A humanidade se nega a sentir a dor pelo mundo.

Somente o retorno da Cultura do Cálice pode dar o antídoto que precisamos para restabelecer o equilíbrio sobre a Terra com a força da Deusa:

- Da imposição à adaptação.
- Da exploração à nutrição.
- Da guerra à paz.
- Da destruição do Planeta ao amor à natureza.

A Cultura da Deusa é aquela que fala do fortalecimento do fraco em vez do enfraquecimento dos fortes, pois é a Deusa aquela que confere valor à humanidade. Restaurando a Cultura do Cálice resgateremos nosso sentido de identidade, as noções humanas de respeito, os valores éticos e familiares, a compreensão, o entendimento, e descobriremos nosso verdadeiro papel e lugar no mundo.

A Deusa tem lições importantes a compartilhar com todos nós agora. Ela nos mostra que, ao contrário do que pensamos, o Divino não é algo transcendente e nem separado da humanidade. Tudo o que existe é uma diferente manifestação do Divino, e na Cultura da Deusa prejuízos individuais são encarados de maneira coletiva e o dano de um é prejudicial para o todo, porque o divino a tudo permeia. Tudo está interconectado, como fios de uma mesma teia que forma o grande todo.

As religiões mais visíveis na atualidade falam sobre a relação do ser humano com as outras pessoas e o Divino, mas a Deusa ensina não só sobre as nossas relações humanas, mas com toda forma de vida. A natureza é o coração e alma da conexão com os poderes da vida. Todos os seres, animados e inanimados, possuem vida e são merecedores de nosso respeito e consideração, pois a natureza expressa as diferentes faces da Deusa, que são capazes de nos nutrir, suportar, proteger e nos manter.

A Teoria de Gaia ou a Theagênesis afirma que a Terra é um organismo vivo e, quando preservada e reverenciada, torna-se nossa aliada e não inimiga. O contrário ocorre quando ela é explorada e usurpada. Podemos perceber quantas doenças e desastres naturais estão ocorrendo nos últimos tempos por causa da exploração indiscriminada da Mãe Terra. O retorno da ligação com a natureza é a única maneira de preservar nossa própria existência, para vivermos melhor e em harmonia com toda a vida. Podemos satisfazer nossas necessidades sem destruir o sistema que sustenta a vida. A verdadeira sociedade sustentável é aquela que satisfaz suas necessidades sem pôr em risco as perspectivas das gerações futuras.

Este mundo, no qual nascemos e no qual temos nossa existência, é algo vivo. Nossa verdadeira natureza é bem mais antiga e abrangente do que o Eu separado definido pela atual sociedade. O resgate de nossa experiência de dor pelo mundo, o da EMPATIA (empatheia – com a Deusa), deriva de nossa interconexão com todos os seres, da qual também provém nosso poder de agir em seu benefício. O fim da apatheia ocorre quando nossa dor pelo mundo é não apenas intelectualmente validada, mas também experienciada e nos reconectamos com a vida. Suportando voluntariamente nossa dor por ela, a mente recupera sua clareza natural, e a experiência de reconexão com a comunidade da Terra gera o desejo de agir em seu benefício. Recuperamos a lembrança de que somos um com a Terra e que por isso sentimos suas dores e necessidades.

Durante todo esse livro-guia encontramos os mitos e arquétipos da Deusa e aprendemos a usá-los como fonte de inspiração para trazermos a força da Grande Mãe de volta às nossas vidas e ao mundo.

A porta entre o Céu e a Terra está novamente aberta compelindo uma revolução sem precedentes.

Quando invocamos os nomes da Grande Mãe, chamando-a de volta para governar o mundo, estamos nos tornando os agentes dessa revolução que mudará para sempre toda a humanidade e escreverá definitivamente a história do retorno da Deusa à Terra!

Claudiney Prieto

Lammas – 17º ARD.

Bibliografia

Atlas do Extraordinário, Volumes I e II, Editora Ediciones del Prado.

Beth, Rae. *A Bruxa Solitária*. 1ª edição. Editora Bertrand, 1997.

Biedermann, Hans. *Dicionário Ilustrado de Símbolos*. Editora Melhoramentos, 1994.

Blanchefort, Jean de. *Guia da Magia*. Editora Maltese.

Boechat, Walter. *Mitos e Arquétipos do Homem Contemporâneo*. Editora Vozes, 2ª edição, 1995.

Bontempo, Márcio. *Medicina Natural*. Editora Nova Cultural.

Bourne, Lois. *Autobiografia de uma Feiticeira*. 3ª edição. Editora Bertrand, 1996.

_____. *Conversas com uma Feiticeira*. 2ª edição. Editora Bertrand, 1995.

Budapest, Zsuzsanna E. *A Deusa no Escritório*. Editora Ágora, 1996.

_____. *The Grandmother of Time*. Harper & How, 1990.

Burn, Lucilla. *Mitos Gregos*. 1ª edição. Editora Moraes, 1992.

Cabot, Laurie. *O Amor Mágico*. 3ª Editora Campus.

_____. *O Poder da Bruxa*. 4ª edição. Editora Campus.

Call, Henrietta Mc. *Mitos da Mesopotâmia*. 1ª edição. Editora Moraes, 1994.

Campanelli, Dan e Pauline. *Circles, Groves and Sanctuaries*. Editora Llewelyn, 1993.

_____. *Wheel of the Year*. Editora Llewelyn, 1989.

_____. *Rites of Passage*. Editora Llewelyn, 1994.

Campbell, Joseph. *As Transformações do Mito Através do Tempo*. Editora Cultrix, 1992.

296 | Oráculo da Grande Mãe

_____. *As Máscaras de Deus: Mitologia Oriental.* 6ª edição. Editora Palas Athena, 2008.

_____. *As Máscaras de Deusa: Mitologia Oriental.* 1ª edição. Editora Palas Athena, 2010.

_____. *As Máscaras de Deus: Mitologia Primitiva.* 10ª edição. Editora Palas Athena, 2014.

_____. *Deusas: O Mistério do Divino Feminino.* 1ª edição. Editora Palas Athena, 2015.

_____. *As Máscaras de Deus: Mitologia Ocidental.* 3ª edição. Editora Palas Athena, 2016.

Castilo, Monteserrat. *Magia Mediterrânea – Un Manual Práctico.* Ediciones Obelisco, 1991.

Cavalcanti, Raissa. *O Casamento do Sol com a Lua.* Círculo do Livro, 1987.

_____. *Civilizações Antigas.* Editora Nova Sampa Diretriz.

_____. *Civilizações Perdidas.* Editora Nova Sampa Diretriz.

Clark, T. Rundle. *Símbolos e Mitos do Antigo Egito.* Editora Hemus.

Conway, D. J. *A Magia Celta.* Editora Estampa, 1994.

_____. *Livro Mágico da Lua.* 1ª edição. Editora Gaia, 1997.

_____. *Maiden, Mother, Crone.* Editora Llewellyn Worldwide.

Cotterell, Arthur. *Encyclopedia of Mythology.* Lorenz Book, 1996.

Crow, W. B. *Propriedades Ocultas das Ervas e Plantas.* 1ª edição. Editora Hemus.

Cunningham, Scott. *Magia Natural.* 1ª edição. Editora Gaia, 1997.

_____. *Guia Essencial da Bruxa Solitária.* 1ª edição. Editora Gaia, 1998.

_____. *A Verdade sobre a Bruxaria Moderna.* 1ª edição. Editora Gaia, 1998.

_____. *A Casa Mágica.* 1ª edição. Editora Gaia, 1999.

_____. *Enciclopédia de Cristais, Pedras Preciosas e Metais.* Editora Gaia, 1999.

_____. *The Magical Household.* Llewellyn Publications, 1996.

_____. *Enciclopédia Cunningham de las Hierbas Magicas.* Luis Cárcamo Editora, 1995.

Dickson, Marion Woodman e Elinor. *Dancing in the Flames.* Shambhala, 1997.

Dunne, Claire. *Carl Jung: Curador Ferido de Almas*. Editora Alaúde, 2012.

Dunwich, Gerina. *Wicca – A Feitiçaria Moderna*. 3ª edição. Editora Bertrand.

____. *Os Segredos da Magia do Amor*. 1ª edição. Editora Bertrand, 1994.

Eisler, Riane. *O Cálice e a Espada*, Editora Imago, 2001.

____. *O Poder da Parceria,* Editora Palas Athena, 2002.

Eliade, Mircea. *História das Crenças e das Ideias Religiosas – Da Idade das Pedras aos Mistérios de Elêusis*. Tomo I, Volume II, Zahar Editores, 1978.

Estés, Clarissa Pinkola. *Mulheres que Correm com os Lobos*. 8ª edição. Editora Rocco, 1996.

Eymerich, Nicolau. *Directorium Inquisitorum – O Manual dos Inquisidores*, 1993.

Farrar, Janet e Stewart. *O Deus dos Magos*. 1ª edição. Editora Siciliano, 1993.

____. *Oito Sabás para Bruxas*. 1ª edição. Editora Anúbis, 1998.

____. *What Witches Do*. Editora Phoenix, 1991.

____. *Witches Bible*. Editora Phoenix, 1984.

____. *Witches Goddess.* Editora Phoenix, 1995.

Faur, Mirella. *Anuário da Grande Mãe*. Editora Alfabeto, 2015.

George, Demetra. *Mysteries of the Dark Moon*. Harper Collins, 1994.

Getty, Adele. *A Deusa – A Mãe da Natureza Viva*. Edições del Prado, 1997.

Godoy, A. F. C. *Sociedades Secretas*. Editora Nova Sampa Diretriz.

Gomes, Horivaldo. *A Magia das Velas – Teoria e Ritual*. Editora Pallas.

Gonne, Maud. *Celtic Wonder – Tales*. Editora Dover Publications, 1995.

Green, Marian. *Magia para a Era de Aquário*. Editora Pensamento, 1989.

Grimassi, Raven. *The Wiccan Mysteries*. Editora Llewellyn, 1997.

____. *Mistérios Wiccanos*. Editora Gaia, 2000.

Guimbutas, Marija. *The Language of the Goddess*. Thames & Hudson, 1988.

Hinds, Kathryn e Carl McColman. *Magic of the Celtic Gods and Goddesses*. New Page Books, 2005.

Holzer, Hans. *Como se Iniciar na Bruxaria*. 1ª edição. Editora Record Nova Era.

Houston, Jean. *A Paixão de Ísis e Osíris*. Editora Mandarim, 1995.

298 | Oráculo da Grande Mãe

____. *O Herói e a Deusa*. Bertrand Brasil, 1996.

Howard, Michael. *O Uso Mágico das Velas e seu Significado Oculto*. Editora Hemus.

Jones, Kathy. *The Anciente British Goddes – Her Myths, Legends and Sacred Sites*. Ariadne Publications, 1991.

____. *Spinning the Wheel of Ana*. Ariadne Publications, 1991.

Jung, Carl Gustav. *O Homem e seus Símbolos*. Editora Nova Fronteira, 2008.

Kerényi, Karl. *Os Deuses Gregos*. Editora Cultrix, 1997.

Keepin, Dr. Willian. *Dualidade Divina*. Cultrix, 2010.

Killinaboy, Paul. *Rituais de Magia com Velas*. Editora Maltese.

King, Francis. *Magia*. Editora Ediciones del Prado.

Knight, Gareth. *Prática da Magia Ritual*. 1ª edição. Editora Hemus, 1982.

____. *Prática de Exercícios Ocultos*. 1ª edição. Editora Hemus, 1984.

Kruta, Venceslas. *Os Celtas*. Editora Martis Fontes.

Kynes, Sandra. *Complete Book of Correspondences*, Llewellyn Publications, 2013

Loar, Julie. *Goddesses for Every Day*. New World Library, 2008.

Lipp, Deborah. *The Elements of Ritual*. Llewellyn Publications, 2003.

____. *The Way of Four*. Llewellyn Publications, 2004.

____. *The Way of Four* Spellbook. Llewellyn Publications, 2006.

Luna, Mario Roso de. *O Simbolismo das Religiões*. Editora Siciliano.

Lurker, Manfredição. *Dicionário dos Deuses e Demônios*. 1ª edição. Editora Martins Fontes, 1993.

____. *Manual do Feiticeiro* – Volumes I e II, Editora Três.

Marashinsky, Amy Sophia. *O Oráculo da Deusa*. Editora Pensamento, 2000.

Markall, Jean. *Druidas – Tradiciones y Dioses de Los Celtas*. 1ª edição. Editora Tauros Humanidades.

Markert, Christopher. *Yin-Yang. Círculo do Livro*, 1988.

Mather, S. L. MacGregor. *O Feiticeiro e seu Aprendiz*. Editora Pensamento.

Matthews, Caitlín. *Elementos da Deusa*. Editora Ediouro, 1994.

Mattiuzi, Alexandre A. *Mitologia ao Alcance de todos*. Editora Nova Alexandria, 2000.

Mattos, Márcia. *O Livro da Lua – Ano 2000*. Editora Campus, 2000.

____. *O Livro da Lua – Ano 2001*. Editora Campos, 2001.

Maura. *O Manual da Bruxa Autêntica*. Editora Best Seller, 1994.

McCoy, Edain. *Encantamentos de Amor*. Editora Gaia, 2001.

McCrickard, Janet E. *Brighde – Her Folklore and Mythology*.

____. *Mistérios do Conhecimento Humano*. Editora Nova Sampa Diretriz.

Morgan, Ffiona. *Daughters of the Moon Publishing*, 1991.

Moura, Ann. *Green Witchcraft*. Editora Llewellyn Publication, 1997.

____. *Origins of Modern Witchcraft*. Editora Llewellyn, 2000.

Neumann, Erich. *A Grande Mãe*. Editora Cultrix, 1996.

Nowicki, Dolores *Ashcroft*. *Manual Prático de Magia Ritual*. 1ª edição. Editora Siciliano.

Roséan, Lexa. *The Supermarket Sorceress*. Editora St. Martins Paperbacks, 1996.

Paracelso. *As Plantas Mágicas*. Editora Hemus, 1976.

Pollack, Rachel. *O Corpo da Deusa*. Editora Rosa dos Tempos, 1997.

Prieto, Claudiney. *Wicca – A Religião da Deusa*. Editora Alfabeto, 2015.

____. *Todas as Deusas do Mundo*. Editora Alfabeto, 2017.

____. *ABC da Bruxaria*. São Paulo: Gaia, 2002.

____. *Coven – Criando e Organizando seu Próprio Grupo*. São Paulo: Gaia, 2003.

____. *Ritos e Mistérios da Bruxaria Moderna*. São Paulo: Gaia, 2004.

____. *Wicca para Bruxos Solitários*. Rio de Janeiro: Nova Era, 2005.

____. *Ritos de Passagem: Celebrando Nascimento, Vida e Morte na Wicca*.

____. *A Arte da Invocação*. São Paulo: Gaia, 2007.

____. *Wicca para Todos*. Editora Alfabeto, 2015.

____. *O Novo Tarô de Marselha*. Editora Alfabeto, 2016.

____. *Feitiços de amor*.

Russell, Jefrey Burton. *A História da Feitiçaria – Feiticeiros, Hereges e Pagãos*. Editora Campus, Série Somma.

Saboya, Jackson. *Iniciação à Magia*. Editora Nova Era.

300 | Oráculo da Grande Mãe

Sams, Jamie. *As Cartas do Caminho Sagrado.* 2ª edição. Editora Rocco, 1996.

Serith, Ceisiwr. *The Pagan Family.* Llewellyn Publication, 1994.

Spalding, Tassilo Orpheu. *Dicionário de Mitologia.* Editora Cultrix, 1986.

Sproul, Barbara C. *Mitos Primais.* 1ª edição. Editora Siciliano, 1994.

Starhawk. *A Dança Cósmica das Feiticeiras.* Editora Nova Era.

____. *Dreaming the Dark.* Beacon Press, 1988.

____. *Truth or Dare.* Harper San Francisco, 1987.

____. *The Twelve Wild Swans.* Ed Harper San Francisco, 2000.

Stepanich, Kisma K. *Sister Moon Lodge.* Llewellyn Publications, 1993.

Stewart, Iris J. *A Dança do Sagrado Feminino.* Editora Pensamento, 2016.

Telesco, Patricia. *O Poço dos Desejos.* Editora Pensamento, 1999.

Thiago, Miranda Arroyos de San. *O Livro das Feiticeiras.* 1ª edição. Editora Pallas.

Thompson, Janet. *Of Witches.* Editora Samuel Weiser, 1996.

____. *Magical Hearth – Home for the Modern Pagan.* Editora Samuel Weiser, 1995.

Torres, José Augusto Maciel. *Guia das Ciências Ocultas.* Editora Pen.

Vernant, Jean-Pierre. *O Universo, os Deuses, Os Homens*, 1999.

Vinci, Léo. *A Magia das Velas.* Editora Pensamento.

____. *Incenso – Preparo, Uso e Significado Ritual.* 4ª edição. Editora Hemus, 1984.

Welburn, Andrew. *As Origens do Cristianismo.* Editora Best Seller.

Whitmont, Edward C. *O Retorno da Deusa.* Summus Editorial.

Biografia do Autor

Claudiney Prieto é a principal voz da Wicca no Brasil e é considerado um dos autores mais respeitados e conhecidos da atualidade, tendo conseguido colocar diversos livros no ranking brasileiro dos best-sellers.

Seu livro mais conhecido, *Wicca – A Religião da Deusa*, atingiu a marca de mais de 200 mil exemplares vendidos em todo o Brasil. Ele escreveu também os livros *ABC da Bruxaria, Todas as Deusas do Mundo, Ritos e Mistérios da Bruxaria Moderna, Coven – Criando e Organizando seu Próprio Grupo, Wicca para Bruxos Solitários, Ritos de Passagem, A Arte da Invocação, Wicca para Todos* e o *Novo Tarô de Marselha*.

Claudiney Prieto foi iniciado na Wicca há mais de 20 anos e é fundador da Tradição Diânica Nemorensis, uma Tradição de Bruxaria genuinamente brasileira, fruto de anos de sua vivência com a Religião da Deusa no Brasil. É um Alto Sacerdote de 3º Grau da Tradição Gardneriana na Linha Long Island e também Arquissacerdote da Fellowship of Isis e membro da FOI ArchPriesthood Union. Em setembro de 2014, teve a honra de se tornar o primeiro e único homem ordenado por Zsuzsanna Budapest em sua Tradição, onde recebeu o título de Kouretes.

Claudiney tem trabalhado ativamente sendo um porta-voz da Wicca em todo o mundo, palestrando no Parlamento Mundial das Religiões e desenvolvendo atividades em países como Estados Unidos, México, Canadá, Alemanha e Argentina.

Foi fundador e idealizador da ABRAWICCA, a primeira associação pagã brasileira, e atualmente coordena há mais de 10 anos a organização da Conferência Anual de Wicca & Espiritualidade da Deusa no Brasil, o maior evento Pagão da América Latina, de âmbito nacional e internacional, direcionado à apresentação de teses, visões e discussões sobre as experiências transformadoras com o Sagrado Feminino em suas muitas manifestações.

Foi idealizador e coordenador da Universidade Livre de Estudos Pagãos (UNILEP), a primeira escola on-line no Brasil dedicada exclusivamente ao estudo da Wicca e Paganismo através do sistema de educação a distância (EAD).

É o criador do *Goddess Blessing* e do *Goddess Healing Systems®*, únicos sistemas de bênção e cura centrados no Sagrado Feminino e especificamente voltado para os pagãos.

Em 2014, criou o *World Goddess Day Project*, o Projeto Dia Mundial da Deusa, que reúne mais de 40 países. No Dia Mundial da Deusa, milhares de pessoas em todo o mundo compartilham os muitos mitos, histórias e diversidade de culto da Grande Mãe com atividades locais que visam dar visibilidade ao Sagrado Feminino por meio da arte e espiritualidade.

Além de ser muito procurado para ministrar palestras e fornecer ensinamentos sobre Bruxaria, Claudiney é frequentemente convidado a dar entrevistas em rádio e TV para desmistificar os velhos estigmas negativos, equívocos e deturpações associados à religião Wicca. Também ensina Bruxaria por meio de treinamentos iniciáticos privados que introduzem os buscadores nas diversas tradições às quais mantém afiliação e possui graus.

Atualmente, Claudiney dedica a maior parte do seu tempo na organização da *Mystic Fair Brasil*, a maior feira mística e esotérica do Planeta, que acontece anualmente em São Paulo.

Visite o site do autor em www.claudineyprieto.com.br para contatos e mais informações sobre o seu trabalho.

Conheça outros livros do autor

WICCA, A RELIGIÃO DA DEUSA
Claudiney Prieto • 312 páginas

Este livro foi o responsável pela grande visibilidade e pelo crescimento da Wicca no Brasil e se tornou o maior clássico sobre Bruxaria Moderna em nosso país. Tendo instruído os praticantes da Arte há mais de uma década, esta obra de características ímpares tem sido não só a origem primordial das práticas pessoais dos Bruxos brasileiros, mas também a fonte para o desenvolvimento de diversas Tradições Wiccanianas que aqui surgiram ao longo desse tempo. Em *Wicca – A Religião da Deusa*, Claudiney Prieto apresenta uma obra esclarecedora. Sendo uma fonte inesgotável de rituais, invocações, magia, exercícios, textos sagrados e tradições mágicas, o livro é também um verdadeiro guia para quem não conhece a religião e pretende se iniciar nela.

WICCA PARA TODOS
Claudiney Prieto • 416 páginas

Wicca Para Todos é um livro essencial para os que buscam os caminhos da Arte e desejam ampliar sua visão e conhecimentos sobre esse fascinante universo. A obra é uma fonte de referência para todos que têm se encontrado perdidos em meio a tantas informações distorcidas, deturpadas e equivocadas sobre a Wicca disponíveis na atualidade. O livro traz, ainda, um Compêndio de Reflexões que versa sobre os temas mais profundos e controvertidos da Wicca, destinado aos que buscam informações mais avançadas sobre os muitos aspectos das questões mistéricas da Bruxaria Moderna.

TODAS AS DEUSAS DO MUNDO
Claudiney Prieto • 336 páginas

Ao viajar pelo mundo da Deusa com Claudiney Prieto você vai ganhar insights sobre sua própria alma imortal. A Deusa Global abraçou a nossa diversidade, que é um dom divino dela. Seus muitos aspectos são expressões culturais, bem como a forma que a Deusa se mostra aos seus filhos que se voltam a Ela em oração. Sua espiritualidade brotou do nosso próprio ser, de todo o coração humano. Sua mitologia não exclui ninguém. Somos todos seus filhos. Desde a concepção até os nossos últimos ritos, estamos andando em seu caminho, resgatar, por meio de suas visões e mitos, a religiosidade wiccaniana.

O NOVO TARÔ DE MARSELHA
Claudiney Prieto • 168 páginas + 78 cartas

Agora o Tarô de Marselha ganha uma versão repaginada, incluindo personagens para as cartas que vão do 2 ao 10 de cada naipe dos arcanos menores. Assim, aqueles que desejam utilizar um Tarô altamente clássico, como o de Marselha, sem perder a possibilidade de fazer uma leitura mais livre e interativa, têm uma nova opção nessa versão do baralho.

Esta embalagem contém um livro e 78 cartas com belíssimas ilustrações coloridas que trazem novas cenas alegóricas, mantendo, no entanto, os traços medievais e clássicos do Tarô de Marselha tradicional.